憲法実感！ゼミナール

孝忠 延夫
大久保卓治
［編］

法律文化社

はしがき

　世界の動きや日本の政治，社会の諸問題について，自分なりに考え，一定の見解をもつこと，それが私たち「市民」1人ひとりに欠かせないものだと思います。テレビでキャスターあるいはコメンテータなどが語る内容に「共感」したり「反発」したりするだけでは，自分の意見を語ったことにはならないからです。また，基本的なことを曖昧にしたままで，もっともらしく語られることばに「喝采」するだけの「民主主義」は，日本国憲法のよって立つ立憲主義，そのもとで制度化された「民主主義」とは相容れないものだとも思います。でも，自分なりの考えを持つためには，人類がこれまでに築きあげてきた学問の基本的な成果をキチンと学び，批判的に受け継いでいくことが必要です。

　本書は，憲法の「入門書」です。憲法を大学などで初めて専門的に学ぶときの「教科書」とも考えています。したがって，憲法学の「各テーマの論点や知識」はまず確実に身につけてもらいたいと思っています。「教科書」っていうと「読まされるもの」，「書いてあることを覚えるもの」って思っていませんか。編者は，本書を読むほどに味わいの出る，関心を深めれば深めるほどそれに応えてくれるものにしたいと考えました。また，あまり書物を読まないといわれる層にも，手にとって欲しい，読んでほしいという想いが強くあります。そこで，本書は，できるだけ「面白いもの」にしたいと思っています。

　ここでいう「面白い」とはその本来の意味でのものです。「面白い」の古語は，「おもしろし」で，目の前が白く開け，心が晴れ晴れする感じを表すとされていましたが，それが原義となって「興味深い」，「楽しくて夢中になる」などの意味を持つ言葉となっていったようです。これらの意味のなかでは，「原義＋興味深い」というのが，本書がめざす「面白い」に近いようです。さらには，「楽しくて夢中になる」となった読者が1人でも出れば，著者冥利につきるということでしょうか。

　さて，上述の「面白さ」を出すため，本書がちょっとした工夫をこらしたとすれば，読者層の時代にできるだけ各執筆者がタイムスリップし，その年代の「気持ち」を想い出しながら執筆したこと，それを可能にするための舞台設定

として「憲法ゼミナール演習」のクラスを設け，各執筆者は，ゼミ生としての報告をおこなうという構成をとったことです。この構成は，編者（孝忠）の学部，大学院のゼミ，研究プロジェクト，そして自主的な研究会にかかわった研究者による執筆陣によって可能になりました。彼らは，憲法学を学び，ワインをともに飲み，そしてパンを分け合い，良い意味でのライバル意識を持ちながら研究者として育っていった憲法学の「同志」でもあります。

　本書の各章本文では，憲法学の基本的な課題，争点は，ゼミ生の報告として書かれています。そして，その報告にたいする質疑応答がおこなわれる『ゼミ風景』のなかで，「なぜ」そう考えられるのか（そう考えられないのか），「なぜ」そのような制度となっているのか（なっていないのか）という問題意識を出し合い，憲法理論，学説，判例などの紹介，検討を深めてみたいと思います。さらに，『After 5 ゼミ』の中では，諸外国の憲法，政治・社会の断片がとりとめもなく語られるでしょう（といっても紙数の関係でかなりカットされていますが）。

　上述の趣旨をふまえ，各執筆者は，それぞれ仮想のキャラクターを有する「ゼミ生」として登場します。それぞれの執筆者とこの「ゼミ生」の性格は，虚実入り混じったものです。作品としての完成度があるかどうかは，皆さんの判断によるところなのですが…。

　それでは，まずゼミ生を「紹介」しておきます。

※　※　※　※　※

（山鹿）論議に入る前に，みなさん，簡単に自己紹介をしていただけますか。えぇーっと，私の右から，長熊（ながくま）くんでしたね。

（長熊）「ながくま」です。ご覧の通り，名は体を表してはいませんが…。奈良の出身です。趣味はクラシック音楽鑑賞です。なんでも聞いてください（ただし，途中で僕の蘊蓄話（うんちくばなし）の腰を折らないでくださいね）。お酒は日本酒が好きです。というか，うるさいほうだと思います。普段はどちらかといえば無口な方ですが，妙なところでムクムクと正義感が湧いて（沸いて）くるところがあります。

（鶴巻）「つるまき」です。北海道の出身です。山歩きやお城めぐりが好きです。不審者と間違われるときもありますが，文化財の真摯な探求者です。食べもの・飲みものなら何でも挑戦してみたいと思います（このゼミを選んだ理由の1つで

す）。のんびりしているように見られますが，周りの空気が読めないタイプですし，妙に細かいところがあります。

（羽生）「はぶ」です。沖縄出身です。観るだけですが野球が好きです。甘党ですが，泡盛も嗜みます。ちょっとミーハー的な趣味があるとも言われますね（僕自身は，最新の芸術動向に不断の関心を抱いているだけだと思っているのですが）。発言内容と言い方などから強気に見られますが，打たれ弱く，くよくよ悩むところがあります。いわゆる「反中央派」，かつ「護憲派」です。

（梟）「ふくろう」です。ちょっと珍しい苗字なので印象に残るのか，すぐに覚えてもらえます。東京出身です。陸上（走るほう）をしていました。今は，テニスをしています。子どものころに舐めた（飲んだのではありません），薬草のようなウィスキー味が忘れられず，いまではシングル・モルト派です。熱くなりやすく，直情的なところがあり，いわゆる「体育会系」といわれたりします。

（乾）「いぬい」です。神戸出身です。ジャズが好きです（幾つかチャレンジしてみましたが，演奏はできません）。小学校まで海外にいました。リベラル派を自称していますが，「愛国心？」は強いような気もします。協調性に欠けるところがあるといわれたこともあります。結構，新しもの好きです。将来はIT業界を目指しています。

（時導）「ときどう」です。大阪出身です。音楽が好きです。自分の感性に合うものであればジャンルを問いません。食べものに対してもこの姿勢は共通しています。態度や発言は結構大胆に見えるので，誤解を招くことも多いのですが，自分では，かなり「論理的」であり，繊細で神経質だと思っています。

※　※　※　※　※

それでは，彼らがどのような報告をし，論議をしてくれるのか，各章をじっくりとお読みください（このゼミナールは，2014年度に実施したものです）。

2014年3月

編者を代表して　山鹿こと　孝忠延夫

目　次

はしがき
参考文献一覧

PART 1　総　　論

第1章　立憲主義（憲法主義）って最近の「考え」？ ——— 2
　　　　——憲法を学ぶにあたって

　はじめに　2
　Ⅰ　「国法学」って「憲法学」？　2
　Ⅱ　日本国憲法99条に「国民」が入っていないのは？　4
　　　——「法の支配」と「法治主義」
　Ⅲ　「立憲主義」ってどういう主義？　7
　むすびにかえて——立憲主義の将来　10
　ゼミ風景　10

第2章　「国民が主権者です」といわれても実感が？ ——— 14
　　　　——主権と代表

　はじめに　14
　Ⅰ　国民主権とは？　14
　Ⅱ　国民代表とは？　17
　Ⅲ　直接民主制と間接民主制のベストミックス　19
　むすびにかえて　21
　ゼミ風景　21／After 5 ゼミ　24

第3章　還暦を過ぎても「新」憲法？ ―― 26
　　　　――未来志向の現代立憲平和主義憲法

　　はじめに　26
　　Ⅰ　日本国憲法は，どのようにして成立したの？　26
　　Ⅱ　憲法って，どうやって「改正」するの？　29
　　Ⅲ　日本国憲法の特徴って？　30
　　Ⅳ　還暦を過ぎても新しい？　32
　　ゼミ風景　33

PART 2　基本的人権

第4章　「人間の尊重」はいつの時代，どこでも大切なもの？ ―― 38

　　はじめに　38
　　Ⅰ　人権の歴史を世紀ごとに辿ってみる　38
　　Ⅱ　人権の想定する「人」は誰だろう？　40
　　Ⅲ　人権の私人間効力　42
　　Ⅳ　人権の分類　44
　　Ⅴ　人権の限界　46
　　むすびにかえて　48
　　ゼミ風景　48

第5章　基本的人権をもっているのは誰？その「ひと」は皆平等？ ―― 51

　　はじめに　51
　　Ⅰ　人権をもっているのは誰？　51
　　Ⅱ　平等の実現には何が必要？―そもそも平等ってどういう意味？　56
　　Ⅲ　日本国憲法で保障されている平等の内容ってどんなもの？　57
　　むすびにかえて　59
　　ゼミ風景　60

第6章　書いてなくても保障はされる？ ── 62
　　　　　──かけがえのない人格，奪われたくない「自由」

　　はじめに　62
　　Ⅰ　「個人の尊重」原理って？　62
　　Ⅱ　生命，自由及び幸福追求に対する権利って？　63
　　Ⅲ　それで，何が保障されるの？　66
　　Ⅳ　これからの人権保障のためにすべきことって？　69
　　ゼミ風景　70

第7章　食べないのは，好き嫌いじゃない！ ── 73
　　　　　──思想・良心の自由，信教の自由

　　はじめに　73
　　Ⅰ　思想良心の自由を保障する憲法って珍しい？　73
　　Ⅱ　信教の自由は何を保障しているの？　76
　　Ⅲ　政治と宗教をなぜ分離しないといけないの？
　　　　分離の程度はどのぐらい必要？　77
　　むすびにかえて　80
　　ゼミ風景　81

第8章　「思想の自由市場」って何か売ってるの？ ── 85

　　はじめに　85
　　Ⅰ　精神的自由総論──二重の基準論について考える　85
　　Ⅱ　表現の自由の基礎にあるもの──表現の自由の価値　88
　　Ⅲ　表現の自由を実現する手段──表現の自由の「法理」とは？　91
　　ゼミ風景　95／After 5 ゼミ　96

第9章　「つぶやく」のも「ビラ配布」も同じ表現の自由？ ── 98

　　はじめに　98
　　Ⅰ　表現の自由ってもろい？　98
　　Ⅱ　表現の自由の保障範囲　99
　　Ⅲ　未成年を守るためにできること？　100

Ⅳ　表現の自由と対立利益をどう調整するか？　101
　　Ⅴ　知る権利？——情報公開制度（国家を知る権利？）　104
　　Ⅵ　マスメディアの「人」権？　105
　　ゼミ風景　106

第10章　お金もうけだって人権？ ――――――――――― 109
　　　　　——経済活動の自由

　　はじめに　109
　　Ⅰ　職業くらい自分で選びたい？——職業選択の自由　109
　　Ⅱ　引っ越す自由と住む自由——居住・移転の自由　113
　　Ⅲ　価値あるものを持つ権利——財産権　114
　　ゼミ風景　118

第11章　「勝ち組」「負け組」って言葉，変だよね ――――― 121
　　　　　——社会権と「公正な」社会のしくみ

　　はじめに　121
　　Ⅰ　社会権の保障はどうして必要なの？——近代憲法から現代憲法へ　121
　　Ⅱ　社会権の内容ってどんなもの？　123
　　Ⅲ　生存権は法律がなければ保障されないの？　126
　　むすびにかえて　131
　　ゼミ風景　131

第12章　教育をする人？受ける人？ ―――――――――― 134
　　　　　——憲法と教育の関係

　　はじめに　134
　　Ⅰ　学問の自由　134
　　Ⅱ　大学の自治と学問の自由　135
　　Ⅲ　教育を受ける権利　138
　　むすびにかえて　142
　　ゼミ風景　143／After 5 ゼミ　145

第13章　参政権って本当に人権・権利なの？ ── 147

　はじめに　147
　Ⅰ　選挙の大原則？　147
　Ⅱ　選挙は制度なのか権利なのか？　148
　Ⅲ　最高裁は議員定数不均衡をどう考えているのか？　152
　Ⅳ　最近の選挙はわかりにくい？　154
　Ⅴ　ネット選挙の解禁で何が変わったの？　156
　ゼミ風景　157

第14章　キチンとした理由と手続がないと！ ── 159
　　　　──人身の自由と適正手続の保障

　はじめに　159
　Ⅰ　移動の自由がなければ？　159
　Ⅱ　人身の自由がないと？　160
　Ⅲ　「権利」って書かれただけのもの？──裁判を受ける権利　162
　Ⅳ　被告人・被疑者となったときの権利こそが重要？　163
　Ⅴ　悪いヤツにはどんな「刑罰」でも？　164
　Ⅵ　目的のためには手段を択ばないって？──適正手続の保障　165
　ゼミ風景　167

PART 3　統治機構

第15章　「権力の分立」ってあの三角形？ ── 172
　　　　──統治の基本原理

　はじめに　172
　Ⅰ　権力分立の意義　172
　Ⅱ　権力分立の類型　175
　Ⅲ　現代国家における権力の分立　179
　むすびにかえて　181
　ゼミ風景　182

第16章　国会ってやっぱり「最高機関」なの？ ───── 184

はじめに　184
Ⅰ　国会ってどんなところ？　184
Ⅱ　国会の組織と国会議員の特典　187
Ⅲ　国会と議院の権能　190
むすびにかえて　194
ゼミ風景　194

第17章　大事なことは，内閣が決める！これって正解？ ───── 197

はじめに　197
Ⅰ　行政権って何？　197
Ⅱ　議院内閣制とは？　200
Ⅲ　内閣のしくみ　203
Ⅳ　内閣ってどんな仕事をするの？　205
むすびにかえて　207
ゼミ風景　208

第18章　「法的な問題は，裁判所に任せましょう」ですか？ ───── 211

はじめに　211
Ⅰ　裁判所のしくみを知ろう　211
Ⅱ　そもそも「司法権」って何？　212
Ⅲ　司法権は独立していなければ意味がない？　216
Ⅳ　国民も司法に参加できるって本当？　219
ゼミ風景　222

第19章　「憲法の保障」って何のこと？ ───── 225

はじめに　225
Ⅰ　司法権とは？　225
Ⅱ　二重の基準論と三段階審査って，いったい何なの？　229
Ⅲ　裁判官の違憲審査の方法ってどんなもの？　230
Ⅳ　違憲判決の効果は何におよぶ？　233

Ⅴ　緊急事態法制とは何か？　233
　　ゼミ風景　236

第20章　「自治体」は憲法には無いけれど？ ── 238
　　　　　── 自治と分権

　　はじめに　238
　　Ⅰ　地方自治権って何？　238
　　Ⅱ　地方公共団体にも色々あるの？　241
　　Ⅲ　地方公共団体の組織と権限ってどんなもの？　243
　　Ⅳ　地方分権ってどんなもの？　246
　　Ⅴ　地方自治・地方分権の進むべき方向は？　247
　　ゼミ風景　248

事項索引

判例索引

参考文献一覧（以下50音順）
※太字は本文中の略記

あ

赤坂正浩『憲法講義（人権）』（信山社，2011年）
芦部信喜（高橋和之補訂）『憲法（第5版）』（岩波書店，2011年）
芦部信喜『憲法学Ⅱ』（有斐閣，1994年）
芦部信喜『憲法学Ⅲ〔増補版〕』（有斐閣，2000年）
石川健治『自由と特権の距離——カール・シュミット「制度体保障」論・再考』（日本評論社，2007年）
市川正人『表現の自由の法理』（日本評論社，2003年）
伊藤正己『伊藤正己「裁判官と学者の間」』（有斐閣，1993年）【伊藤・裁判官】
岩村正彦他編『岩波講座現代の法3——政治過程と法』（岩波書店，1997年）【岩村ほか・政治過程】
上田勝美『立憲平和主義と人権』（法律文化社，2005年）
浦部法穂『全訂 憲法学教室（第2版）』（日本評論社，2006年）【浦部・全訂教室】
大石眞『憲法講義Ⅰ（第2版）』（有斐閣，2009年）
大石眞『憲法講義Ⅱ（第2版）』（有斐閣，2012年）
大石眞・大沢秀介編『判例憲法（第2版）』（有斐閣，2012年）
大石眞・石川健治編『新・法律学の争点シリーズ3：憲法の争点』（有斐閣，2008年）【大石ほか・争点】
奥平康弘『憲法Ⅲ』（有斐閣，1993年）
奥平康弘『なぜ「表現の自由」か』（東京大学出版会，1988年）

か

川岸令和・遠藤美奈・君塚正臣・藤井樹也・高橋義人『憲法（新版）』（青林書院，2005年）
君塚正臣『憲法の私人間効力論』（悠々社，2008年）

君塚正臣編『ベーシックテキスト 憲法』（法律文化社，2007年）
君塚正臣編『高校から大学への憲法』（法律文化社，2009年）
君塚正臣編『比較憲法』（ミネルヴァ書房，2012年）
憲法研究所・上田勝美編『平和憲法と人権・民主主義』（法律文化社，2012年）
駒村圭吾・小山剛編『論点探求 憲法（第2版）』（弘文堂，2013年）
駒村圭吾『ジャーナリズムの法理——表現の自由の公共的使用』（嵯峨野書院，2001年）
小山剛『「憲法上の権利」の作法』（尚学社，2009年）【小山・憲法上の権利】
木村草太『憲法の急所』（羽鳥書店，2011年）

さ

阪本昌成『憲法理論Ⅰ（補訂第3版）』（成文堂，2000年）
佐藤幸治他編『憲法五十年の展望Ⅰ』（有斐閣，1998年）【佐藤ほか・憲法五十年】
佐藤幸治『日本国憲法と「法の支配」』（有斐閣，2002年）
佐藤幸治『日本国憲法論』（成文堂，2011年）【佐藤・日本国憲法論】
宍戸常寿『憲法 解釈論の応用と展開（法セミLAW CLASSシリーズ）』（日本評論社，2011年）
渋谷秀樹・赤坂正浩『憲法1 人権（第5版）』（有斐閣，2013年）【渋谷ほか・憲法1】
渋谷秀樹・赤坂正浩『憲法2 統治（第5版）』（有斐閣，2013年）
渋谷秀樹『憲法（第2版）』（有斐閣，2013年）【渋谷・憲法】
初宿正典・辻村みよ子編『新解説世界憲法集』（三省堂，2010年）
杉原泰雄『憲法Ⅰ』（有斐閣，1989年）

た

高橋和之『国民内閣制の理念と運用』(有斐閣, 1994年)【高橋・国民内閣制】

高橋和之『立憲主義と日本国憲法(第3版)』(有斐閣, 2013年)【高橋・立憲主義】

高橋和之・大石眞編『法律学の争点シリーズ2：憲法の争点(第三版)』(有斐閣, 1999年)

高橋和之他編『憲法判例百選Ⅰ〔第5版〕』(有斐閣, 2007年)

高橋和之他編『憲法判例百選Ⅱ〔第5版〕』(有斐閣, 2007年)

辻村みよ子『憲法(第4版)』(日本評論社, 2012年)

辻村みよ子『比較憲法(新版)』(岩波書店, 2011年)

田中二郎『新版行政法〈上〉〔全訂第2版〕』(弘文堂, 1974年)【田中・行政法】

な

中谷実編『ハイブリッド憲法』(勁草書房, 1995年)

野中俊彦・中村睦男・高橋和之・高見勝利『憲法Ⅰ(第5版)』(有斐閣, 2012年)【野中ほか・憲法Ⅰ】

野中俊彦・中村睦男・高橋和之・高見勝利『憲法Ⅱ(第5版)』(有斐閣, 2012年)【野中ほか・憲法Ⅱ】

は

長谷部恭男『テレビの憲法理論——多メディア・多チャンネル時代の放送法制』(弘文堂, 1992年)

長谷部恭男『憲法(第5版)』(新世社, 2011年)【長谷部・憲法】

長谷部恭男編『リーディングス現代の憲法』(日本評論社, 1995年)

長谷部恭男『憲法の円環』(岩波書店, 2013)【長谷部・憲法の円環】

長谷部恭男『比較不能な価値の迷路：リベラル・デモクラシーの憲法理論』(東京大学出版会, 2000年)

播磨信義他編『新・どうなっている！？日本国憲法〔第2版〕』(法律文化社, 2009年)

樋口陽一『憲法(第3版)』(創文社, 2007年)

樋口陽一『五訂 憲法入門』(勁草書房, 2013年)

樋口陽一・佐藤幸治・中村睦男・浦部法穂『憲法Ⅰ(注解法律学全集)』(青林書院, 1994年)

樋口陽一・佐藤幸治・中村睦男・浦部法穂『憲法Ⅱ(注解法律学全集)』(青林書院, 1997年)

深瀬忠一・上田勝美・稲正樹編『平和憲法の確保と新生』(北海道大学出版会, 2008年)

ま

松井茂記『日本国憲法(第3版)』(有斐閣, 2007年)【松井・日本国憲法】

松井茂記『二重の基準論』(有斐閣, 1994年)

南野森編著『憲法学の世界』(日本評論社, 2013年)

毛利透『表現の自由——その公共性ともろさについて』(岩波書店, 2008年)【毛利・表現の自由】

元山健・建石真公子編『現代日本の憲法』(法律文化社, 2009年)

や

安西文雄・巻美矢紀・宍戸常寿『憲法学読本』(有斐閣, 2011年)

柳瀬昇『教育判例で読み解く憲法』(学文社, 2013年)

楠木純二・吉川寿一・金谷重樹編『新・学習憲法(改訂版)』(晃洋書房, 2010年)

PART 1

総　　論

第1章　立憲主義（憲法主義）って最近の「考え」?

憲法を学ぶにあたって

はじめに

(山鹿)　このゼミナール（演習）では，日本国憲法を主として扱いますが，それにかぎらず，日本国憲法などを手がかりとして「憲法」というものの基本的な内容，性格，特徴などを学んでいくことになります。つまり憲法を学ぶ「憲法学」のゼミナール（以下「ゼミ」と略記します）です。受講生（ゼミ生）のみなさんには，毎回憲法学の主要な内容，課題を割り当て，報告してもらうことにします。報告にあたっては，代表的な教科書や概説書などに書いてある主要な学説や重要な判例には必ず言及してください。十分に調べきれなかった論点や，分かりにくかったところは，その旨述べていただければ結構です。あいまいなところは率直に提示してください。みんなで論議すべき内容が明確になる報告が，良い報告だと私は思いますから。

今日は，初回なので私のほうから「立憲主義（憲法主義）って最近の『考え』?——憲法を学ぶにあたって」と題して，少し説明してみたいと思います。このゼミのイントロダクションというところでしょうか。

I　「国法学」って「憲法学」?

「国法学」ってあまりポピュラーではありませんが，聞いたことがありますか。大日本帝国憲法の制定（1889年）後は，制定された憲法の解釈学としての「憲法学」の講座を設けることが一般的になってきました。

1　「国家」の問題を法的に考えることの重要性

国家の問題を扱う学問として代表的なのは「国家学」などです。それらは政治学の学問分野に位置づけられます。したがって，憲法学の重要なキーワードの多くは，政治学の課題とされてきたものでもあります。しかし，国家の問題を政治学としてではなく，法学として扱おう，分析してみようということで「国法学」という学問分野が生まれたのです。

国法学は，19世紀の終わりごろドイツに生まれました。国家の問題，国家の諸作用，諸組織を「法的」に考え，体系化し，枠づけようと試みたのです。これらが憲法学の一般理論の形成に重要な役割を果たしたと思います。憲法学というのは法学のなかでは，民法学や刑法学などと比べるととても新しい学問分野だということになります。したがって，「憲法学」と聞いたとき，「法というよりは政治的なものを扱っているんじゃないのかな」というイメージと，「法のなかで1番大切な（基本的な）ものを扱うんだろうな」という2つのイメージがみなさんの頭のなかで錯綜するのは，ある意味当然なのかなとも思います。このゼミでは，一見すると政治的な問題のように見えるかもしれませんが，あくまでも「法学」の一分野としての「憲法」を扱います。過去においてもそうでしたが，現在とこれからの「憲法学」にとって，このことがとても重要だと思うからです。

2　「六法」っていうけれど

　有名な『ナポレオン法典』(1804年) とは，『フランス民法典（ナポレオン民法典）』のことなのですが，ナポレオン治政下に制定された諸法典は，「ナポレオン諸法典（ナポレオン五法典）」と呼ばれています。この五法典とは，1804年から1810年にかけて制定された民法典，商法典，刑法典，民事訴訟法典，治罪法典です。みなさんは，フランスの憲法典として，1789年フランス革命後の1791年憲法などを知っていますね。でもこの憲法典を入れた「六法」ではなく，あくまでも「五法」なのです。この「五法」は，「近代法典」，「制定法」，あるいは「法律」といってよいのかもしれませんが，そこに「憲法」は入らないのです。これらの法典の上位にあるものということも出来るでしょうし，これらの法典とは異なった性格のものということも出来ます。

　では，なぜ日本では「六法」という言葉が定着しているのでしょうか。箕作　麟祥がフランス法を翻訳した書籍である『仏蘭西法律書』(1874年) の中で先のナポレオン五法典と呼ばれる諸法典に憲法を加えた言葉として使ったことに由来するといわれています。日本で「六法」という言葉が定着したのは，憲法も「法」の1つであるということを明確に示すという意味では良かったかもしれませんが，民法などの法律（制定法）とは異なった性質と役割をもつとい

うことを曖昧にしてしまう機能を果たしたのかもしれませんね。では，憲法が「法」であるというときの「法」に支配されるのは誰か，「法」によって国政を運営しなければならないのは誰なのか，ということについて考えてみましょう。

II　日本国憲法99条に「国民」が入っていないのは？
　　── 「法の支配」と「法治主義」

1　憲法尊重擁護義務

　99条は，「公務員」（最も広い意味での「公務員」）の憲法尊重擁護義務を明記しています。為政者は，自分の気ままに（恣意的に）国政をおこなってはならず，法に基づいて統治しなければならないという，古代ギリシャに遡ることができるともいわれる古くからの考えを受け継ぐものです。11世紀イギリスに始まり，マグナ・カルタに結実するといわれる「法の支配」，あるいはドイツに生まれ，展開された法治国家の思想，法治国家原理は，「人間」をかけがえのないものとし，圧政・専制的な支配を認めないという国際社会の常識（「普遍的な思想・原理」）となりつつあります。99条は，この原理の日本国憲法的表現（日本国憲法版）ということも出来るでしょう。

2　「法の支配」

　「法の支配（Rule of Law）」は，「国王は，何人（なんびと）の下にもあるべきではないが，神と法の下にある」という13世紀のブラクトンの言葉に端的に示されています。ダイシー（A.V.Dicey, 1835-1922）は，イギリスの「法の支配」の特徴を次の3つにまとめています。①通常裁判所において通常の法的形式で定められた法に違反する場合を除いては，何人も処罰されることはなく，その身体又は財産に不利益を課されることはない。②すべての人は，その階層を問わず，通常の司法裁判所の運用する通常の法に服する。③具体的事件に関する司法裁判所の判決の集積結果が，憲法の一般原則となる。

　近年イギリスでは，1998年の人権法や，「法の支配」が憲法上の原則であることを明文で確認し，司法制度の大改革を定める憲法改革法（2005年）が制定されています。「法の支配」の内容も変わっていくのかもしれません。

　アメリカ合衆国は，イギリスと異なり成文憲法典を制定し（1788年），1791年

には，10ヵ条からなる憲法修正条項（権利章典）を付加しました。「法の支配」の内容を憲法典化したということができるでしょう。合衆国憲法は，「われら合衆国人民」が制定する憲法の最高法規性を認めています。そして，1803年の最高裁判決によって司法の優位と憲法の最高規範性とを結びつけ，法令，国家行為の違憲性を判断する司法審査権を導き出したのです。その後，社会対立の深刻化，国論が大きく岐れる諸問題についての憲法判断をめぐって最高裁の司法審査の正当性は絶えず論議されてきたのですが，何が「法」であるのかを最終的には具体的事案を通して最高裁が判断する，という考え方と仕組みに代わり得るものはなさそうです。

つまり，「法の支配」とは，立憲主義の基本原理の1つとされるものであり，①人々の権利・自由，すなわち基本的人権の保障を目的とし，②憲法の最高法規性を認め，憲法に反する法規範はその効力を有しないものとし，③国家権力（国会，内閣など）の統制機関としての裁判所の役割を重視し，そして④法内容の保障だけではなく，その内容実現のための手続の適正さ，公正さの要請も含む内容をもつものと考えられています。

3 法治主義（法治国家原理）

フランス革命は，ドイツの思想家たちにも大きな影響を与えました。そのような時代状況から，国民の自由の保障こそが国家の目的であると考える自由主義的な法治国家論が登場しています。

日本で紹介され，しばしば「法の支配」と対比される「法治主義」は，多くの場合19世紀後半，ドイツに生まれた「形式的法治国家論」です。為政者の行為を「法」によって抑制・制限しよう，統治は法の根拠に基づいておこなうべきだとする考えは，「法の支配」と共通しています。しかし，「形式的法治国家論」は，「法」を「法律」（議会制定法）だとし，法に基づく国家統治とは，「法律による行政」を実現することである，と考えます。また，法律が国民の権利・自由を保障する内容をもっているのかどうかは，法治主義の内容ではないともする考えなのです。当時の状況では，議会の力も弱く，行政裁判所も行政権が法律に従うことを保障するだけで精一杯でした。ワイマール憲法（1919年）の下でも形式的法治国家の理論が通説的な地位を占めたままであり，結果として，

ナチスの支配を許してしまうことにつながりました。

　戦後のボン基本法（1949年）（現在のドイツ憲法）は，その20条3項で，執行権は単に形式的な法律に従えばよいのではなく，「法」に従わなければならないことを明記しています。これは，「実質的法治主義」の表明，「実質的法治国家」の原則の宣言とみることができます。すなわち，ボン基本法は，人間の尊厳とそれを基礎とする基本権の保障，立法が憲法的秩序に拘束されること，さらには憲法裁判権などを定めているのです。法治主義は，「悪しき法律も法であるとするものだ」という批判は実質的法治主義にはあてはまりません。また，ドイツで展開してきた「法治国家」概念は，1993年のEU発足後，旧東欧などヨーロッパ大陸諸国を中心に広まってきています。

4　国民は憲法を守らなくてもいいの？

　「法の支配」や「法治主義」とは，誰を拘束，統制しようとする考えなのでしょうか。この問いに対する答えは，もう明らかでしょう。古くは為政者，国王など，そして最近では，公権力を担当する公務員を名宛人とする法規範（憲法規範）の前提にある考えが「法の支配」であり「法治主義」なのです。

　では，国民は，法を守らなくてもよいのでしょうか。また，憲法を守らなくてもよいのでしょうか。「人の支配」を受けてきた庶民は，たとえ無理難題であっても「お上の命令」に従わなければ厳しい処罰を受けることは身に染みて知っていましたから，よほどのことがないかぎり法に従わざるを得ませんでした。そこで確立していこう，実現しようと努力が続けられたのは，恣意的・専断的な「人の支配」を排し，あらかじめ定められた「法」に基づいて国政を運営すべきだという，為政者に向けた規範としての「法の支配」なのです。

　人々が多年の努力の成果として実現してきた「法の支配」あるいは「法治主義」を大切にしていこうとするのは，当然のことでしょう。でも，それらを大切にして，一層充実・発展させていこうとする国民の営み・努力は，国民によって憲法を課された権力担当者（公務員）が負う憲法尊重擁護義務とは全く異なったものです。国民が負う最も重要な「義務」は，「権力担当者が憲法を守るよう監視する義務」（野中ほか・憲法Ⅱ）だといえます。

Ⅲ 「立憲主義」ってどういう主義？

1 「憲法」を制定し，それに基づいて国政を運営していこうという考え

　「立憲主義」とは，権力者の権力の濫用，恣意的な行使を抑えるために憲法を制定するという考え方のことをいいます。「憲法による政治」のことだと言ってもよいでしょう。換言すれば，基本的人権の保障を目的とし，権力の分立を手段とし，権力の行使は憲法に基づいておこなわなければならないとする考えです。有名なフランス人権宣言（1789年）の16条は，「権力の分立を定めない社会は，憲法をもつとはいえない」と明言しています。この16条でいう「憲法」とは，近代立憲主義憲法のことですから，立憲主義（Constitutionalism）とは，まさに「憲法主義」だということができます。ここでいう「憲法」には，独裁制を定める憲法典はもちろん含まれません。「一定の内容を備えた憲法」，つまり国民の権利・自由を保障し，権力の分立を定める憲法を意味しています。したがって，「憲法学」そのものが立憲主義を学ぶ学問だということになります。立憲主義の思想は，近代立憲主義において明確に示されたので，立憲主義といえば，近代立憲主義を指すときが多いのですが，立憲主義の内容と歴史的展開から，近代立憲主義，外見的立憲主義，現代立憲主義に分けて説明されるのが一般的です。

2 近代立憲主義

　為政者の権力を制限して国民の自由を守ろうという基本的立場から，国のあり方（憲法）を制定・運用していこう，とするのが近代立憲主義です。それぞれの価値観や世界観が違っても人々が安全に社会生活を営むことができるよう，権力が個人の領域に不当に介入することを禁じ（「権力からの自由」），国政のあり方に国民が参加し（「権力への自由」），さらには自分たちが主体となって国政を決めていこう（国民主権）とする方向性をもっています。

　つまり，近代立憲主義の特徴は，①自由と平等を内容とする基本的人権の保障，②国民主権原理の宣言，③権力の分立，そして④立法府の優位（議会中心主義），にまとめることができます。

3 外見的立憲主義

　権力の分立が外見的・形式的なものにすぎない立憲主義を外見的立憲主義とよぶことがあります。憲法制定権を君主が持ち，憲法の内容の最終的決定権が君主にあるときには，権力の分立が名目的なものとなり，さらには国民の権利・自由の保障も不十分なものとならざるをえません。19世紀のドイツの憲法や大日本帝国憲法がその例として挙げられます。しかし，忘れてならないことは，これらの憲法も，「君主の権力行使は憲法によって制限される」という大前提の下に制定されたことです。

　たとえば，大日本帝国憲法の制定審議過程で伊藤博文は次のように述べています。

> …そもそも「憲法を創設して政治を施すと云ふものは，君主の大権を制規に明記し，其の幾部分を制限するものなり，…。故に憲法政治と云えば即ち君主権制限の意義なること明なり。…」また，次のようにも述べています。「…（そもそも）憲法を創設するの精神は，第一君権を制限し，第二臣民の権利を保護するにあり。故に若し憲法に於て臣民の権利を列記せず，只責任のみを記載せば，憲法を設くるの必要なし。」（『枢密院会議議事録』より）

　近年日本では，「立憲主義」とは，憲法改正論議のなかで登場し，あたかも憲法の理念を説く新しい考え方のようにいわれるときすらあります。しかし，「立憲主義」（憲法政治）は，伊藤博文が明言するように大日本帝国憲法制定の基本理念の1つでもあったのです。

4 現代立憲主義

　近代立憲主義の内容は，20世紀になると変容し，現代憲法の展開の中で，近代立憲主義の理念の実質化，さらなる発展とともに，その修正ともいえるような現象も生じています。それらの主だったものを挙げてみましょう。

　(1)　**積極国家・行政国家**　20世紀になると社会的経済的不平等の是正，社会正義の実現のために国家が積極的役割を果たすことを求められるようになりました。現代国家が社会国家（積極国家・福祉国家）と呼ばれるのはそのためです。これにともない，その当否には論議がありますが，行政権の機能の強化が

はかられ，立法国家から行政国家への変容が指摘されています。このことは，権力分立のあり方にも影響を及ぼします。

(2) **社会権の登場**　福祉国家の思想とともに，「国家による自由」，国家による保障を特徴とする「社会権」が登場します。国家は，人々の実質的平等をめざす法制度などの整備を求められることになります。

(3) **国民主権原理の浸透**　参政権が拡大され，すべての国民に「権力への道」が開かれ，「国民主権」原理が浸透していきます。それぞれの政治的意見を集約する政党の役割が重要となり，議会での論議と合意形成のあり方が複雑化します。

(4) **人権内容のさらなる拡大と人権保障手段の充実**　環境権，プライヴァシーの権利，発展への権利などの「新しい人権」が認められるようになり，法令の違憲審査という手法を通じた人権の裁判的保障が確立されてきました。

5 「民主主義」との緊張？関係

すでに説明してきたように，立憲主義とは，①多様な価値観・人生観をもった人々が，それぞれの「人間らしい生き方」を保障される社会をめざし（基本的人権の保障），②公的な領域では，社会全体に関する利益を実現する方策を人々が熟慮・熟議して決めていく過程と手続を重視し，そして③そのための基本的仕組みを制度化しておく，という考え方です。

したがって，③の基本的仕組み（すなわち「憲法」）による，民主主義的な手続きによっても決めてはならないとされるもの（個人の人生観・価値観にかかわるものなど），多数決主義的な決定を制約するものは何かということを予め明確にしておくことが「憲法」の重要な役割だということになります。また，政治府とは独立して，憲法判断をおこなう裁判所の存在が欠かせないということにもなります。このように考えると，立憲主義は多数決主義的な民主主義とは厳しい緊張関係に立つ局面がある，ということを忘れてはならないでしょう。もちろん，憲法は主権者の意思の発現なのだから，裁判所がその憲法に照らして法律を違憲・無効と判断することは，必ずしも民主主義に反するとはいえないと考えることもできますが。

むすびにかえて──立憲主義の将来

　立憲主義が，現在とこれからの「国家のありかた（その国のかたち）」の国際的なスタンダード（標準装備）になっていることは動かしようのない事実でしょう。ここでいう「国際的な」とは，まさに「地球規模での」という意味です。立憲主義の登場した時代に云われていた「国際社会」とは全く異なる拡がりと内容を持っていることが重要だと思います。

　多様でしかも多元的な価値を尊重することは，ますます困難にはなりつつあるけれども，同時に「全ての人」にとってかけがえのないものと見なされるようになっています。従来の国民国家（Nation-State）の揺らぎや変容がみられる中で，地域連合，国際化と同時に地域化・分権化も急速に進んでいます。非国家的なアクター（行為者）の役割をも取り込んだ，「立憲主義的アプローチ」（それをこのゼミでみなさんと学んでいこうと考えているのです）がこれからの憲法学の手法だと言えるのかもしれません。

ゼミ風景

（山鹿）　では，質問とか，意見を自由に出してもらって論議を深めたいと思います。出来るだけ私の話の内容にそった順に出していただければ良いかなと思いますが。

「国法学」も「時代の子」?

（羽生）　それでは，ヒットをねらって1番バッターを務めたいと思います。「国法学」のお話は，ドイツのG・イェリネックらの法学的国家論を積極的に評価する趣旨だと感じました。でもこの国家論は，国家法人説を前提としていますし，立憲君主制を支える理論だという評価のほうが定着していると思うのですが。

（山鹿）　シングルヒットではなく，のっけから長打をねらってきましたね。羽生くんの言わんとする通りだと思います。「国法学」のことをここで最初に紹介したのは，繰り返しになりますが，憲法学が「法学」の一分野だということ，憲法学の諸課題（国の基本的あり方と人権保障）を法学的（憲法学的）なアプローチでとらえることの重要性を述べるためです。

（梟）　そんな名称の講義があったんですか?

（山鹿）　「国法学」は，日本では，1882（明15）年に設けられた科目名称です（『東京大学百年史』）。それまでにも「英吉利国憲」というような科目はありましたが，「憲法」は，その翌年，法学部で「国法学（国法総論　憲法）」として登場し，その後，大日本帝国憲法の解釈論としての役割を果たすようになります。ところで，「国家法人説」って難しい言葉を知っていますね。国家を法的な主体（法人）とし，統治権は国家に属すると

いう考え方のことでしょうか。みなさん，調べてみてくださいね。

「法の支配」と「法治主義」

(乾)　「法の支配」の最初のあたりですが，ブラクトンの言葉の説明から，ダイシー説に移るのは，跳びすぎではないですか。

(山鹿)　そうですね。いろいろなとらえ方をされてきたようですが，具体的事件に際して発見・適用された法，すなわちコモン・ローに国王といえども拘束されると考えてきたのですね。ダイシーによれば，近代イギリスの「法の支配」にいう「法」とは，制定法とコモン・ローを中心にその他の法を加えた一切の「正規の法」(regular law) をいうとされているようです。

(長熊)　今日では，「法の支配」でいうところの「法」と，法治主義でいうところの「法」とは同じ内容を持つということになるのでしょうか。統治にあたって準拠すべき「法」とは何か，ということなのですが。

(山鹿)　難しい問題ですね。私もじっくり考えたことはないのですが…。立憲主義国家が準拠すべき「法」なのですから，個別的な命令ではなく，個々の国家行為が準拠すべき（準拠することが正当とされる）基準・ルールということになりますね。抽象的な問題のようですが，憲法の「法源」は違憲審査の基準となる規範に限定されるのかどうかという問題となると，結構具体的な問題となりますから。

(梟)　日本における司法制度改革論議の中で，「法治主義」ではなく，「法の支配」の実現をめざすことが強調されていたように記憶しているのですが。やはり「法治主義」と「法の支配」とは今でも対立的にとらえられているのですか。

(山鹿)　先ほどの話の続きでいうと，国家行為の要件と効果を規律する基準としての「法」を考えるとき，現実に生じた具体的事実に基づく判断を尊重するという英米の経験主義的な思考は，事後処理型の法システムと親和性を有するとみなされるので，司法制度改革論議のなかで「法の支配」が強調されたのでしょう。

憲法を守るのは誰か。守らなければならないのは誰か

(鶴巻)　為政者（今日では「公務員」）が憲法を守り，憲法に基づいて国政を運営しなければならないということが「法の支配」あるいは「法治主義」の本質的な内容だというのは分かるのですが，「国民の憲法尊重義務」を明記する憲法もありますし…。

(羽生)　ドイツの憲法は，国民の「憲法忠誠」を求めていますが，一方で，公務員の憲法尊重擁護義務については，その違反に対する制裁措置まで定めているんですよね。

(梟)　99条の解釈としても，この義務は単なる道徳的義務ではなく，「…憲法の侵犯・破壊を行わないという消極的作為義務違反については法律による制裁の対象となることがありうる」(佐藤幸治) とされていますね。

(山鹿)　それぞれの評価はおくとしても，重要なのは，①国民の憲法尊重「義務」は，

歴史的には「法の支配」や「法治主義」の問題（内容）ではなかったということ，②日本国憲法は，立憲主義の基本的立場を踏まえて，99条から「国民」を除外していること，また③公務員の憲法尊重擁護「義務」とは異なる，国民の「責務」（法的な「義務」とは区別されるもの）を考えることは可能ですが，それは，法律の定めをまって初めてその具体的内容が明らかになるものであること，ではないでしょうか。

立憲主義とは

(時導) 立憲主義を3つの種類に分けて説明されたのですが，中世立憲主義（あるいは前近代立憲主義）というものもあるように思うのですが。

(山鹿) 「立憲主義」というときには，近代立憲主義の意味で用いることが多いと思います。この近代立憲主義の変容，修正ということで説明したわけです。「立憲主義」の考えを広義にとらえると，前近代の君主制のもとで君主の権限を制約しようとする立憲君主制とも結びつけることが可能です。それが時導くんの言うところの中世立憲主義（前近代立憲主義）なのです。

(乾) 記憶が確かではないのですが，中世立憲主義からの展開として近代立憲主義をとらえると，近代立憲主義の画期的な内容と性格が曖昧になると説く学説を聞いたことがありますが。

(山鹿) 近代と前近代の国家像との間の「断絶」を重視し，近代国家成立以降に意味を持つ立憲主義は，国家権力を「外から」制約する狭義の立憲主義（近代立憲主義）だけなのだとする考えと，広い意味での立憲主義的な思想の生成と展開を説く考えとの違いと言えるのかもしれません。

立憲主義の「光と影」

(時導) 議論にちょっと水を差すようですが，近代立憲主義の「光と影」という表現があります。立憲主義の「影」の部分も（僕は「闇」といったほうがより適切だと思っているのですが）はっきりさせておく必要があるのではありませんか。

(山鹿) 具体的にはどういうことでしょう。

(時導) 基本的人権の保障が文字通り「すべての人」におよぶと考えられるようになったのは，ずっと後ですし，立憲主義国家が成立するのは，イギリス，フランス，ドイツなど，そして日本もそうですが，それらの立憲主義国からすれば立憲主義の適用を受けない「国外」，国際的にはその「国内」である植民地を持つことによって初めて可能になったとは考えられませんか。

(梟) そういえば，基本的人権の「総論」で扱われているテーマのなかには，「植民地支配の遺産」の克服と切り離しては論じることのできない問題があるように感じてきましたが。

(山鹿) ううーん。確かにそうですね。ただ，立憲主義は大きな「限界と問題点」を抱

えてはいたけれども，それらを克服する営みとあわせて，世界史的な流れとなっていき，立憲主義も大きく変容していったということではないでしょうか。

　時導くんや梟くんの話は，「人権総論」のところの話になってしまうのですが，「市民となって人となる」としたJ.J.ルソーや，人は国民国家の構成員になることで「人」になるのだとしたG.イェリネックは，自由人という「身分」（ステイタス）を取得することによって憲法上の「人」になるということをその理論体系の基本としていました。近代国家は，この自由人となる身分（資格）の承認を独占することになりましたから，両君のようなとらえ方もできるのかもしれません。憲法論としては，「…「天皇・皇族」「外国人」「法人」などの身分論と，「未成年者」「障害者」のような行為能力論とが混淆して論じられる一方，伝統的には身分論そのものであった論点が，自由権・受益権・参政権などの人権類型論として外部に括りだされてしまっている」（石川健治）との批判がなされているところです。

立憲主義は非民主的？

（**鶴巻**）　政治学の講義だったと思うのですが，山鹿先生が立憲主義と民主主義の「対立」として説明されたような内容を，そこでは「民主主義論」，とりわけリベラル・デモクラシーの問題として講義されていたように思うんですが。

（**長熊**）　「民主主義」の定義の問題に依るんじゃないのかな。それに，憲法学は，政治的意思決定の民主的手続の問題と，その内容にかかわる憲法判断の問題をともに重視するでしょ。「通訳不能な…」何とかという長谷部恭男の本があったと思うけど（編集部梶原ひとり言・長谷部恭男『比較不能な価値の迷路：リベラル・デモクラシーの憲法理論』（2000年，東京大学出版会）のこと？）。

（**山鹿**）　論議も続いていますが，結構外も暗くなってきましたね。論議できなかったところも多いのですが，初回はこのくらいにしておきましょう。

第2章　「国民が主権者です」といわれても実感が？

主権と代表

はじめに

（鶴巻）　現在，私たちは日本という国に住んでいます。土地（領土）があり，そこに住む人々がいて，さらに，その領土を治める政府があるというのが国家の大まかな定義です。多くの場合，言語，宗教等の文化や歴史についておおよその共通基盤がある場合に，国家が成立することになるといえるでしょう。

　国家の政治の担い手である人々を「市民」，市民の総体を「人民」あるいは「国民」といいます。国民主権とは，国家のあり方を最終的に決定する権威や権力が国民にあることを意味します。しかし，個人１人ひとりの影響力などたかが知れているので，「国民が主権者です」といわれても，正直，実感がない人が多いのではないでしょうか。

　憲法の制定や改正はともかく，普段の日常生活での政治は，間接民主制（議会制民主主義）という形で，国民の代表である議員が行うことになります。国民と代表の意思ができるだけ一致するのが理想ですが，現実にはなかなかそうはいきません。けれども，民意と大きくかけ離れた政治が行われるのは好ましくないからといって，外交や防衛，エネルギー政策など，複雑な利害調整がなされる現代国家においては，国民投票をすれば「民意」が判明する，すべてがうまく解決できる，というわけでもありません。国民主権に基づく政治を行うには，主権と代表の関係を踏まえた上で，直接民主制と間接民主制の最適な組み合わせ（ベストミックス）を検討することが必要となります。

I　国民主権とは？

1　主権の意味

　16〜17世紀の絶対王政の時代においては，主権とは君主の権力を意味しました。フランスのジャン・ボダン（1530-1596）によれば，主権とは最高，唯一かつ不可分で，神と自然法以外には拘束されない恒久的な国家権力であるとされていました。ボダンの議論は，君主がローマ法王や国内の封建諸侯の影響を排除して，君主主権に基づく絶対王政を確立するための理論的根拠として用いられました。

絶対王政の下では，主権は君主に帰属していました。しかし，絶対王政を打倒した17～19世紀の市民革命以降，主権概念は変容することになります。今日では，一般的に，主権とは，①国家の統治権（立法権，行政権，司法権），②国内においては最高の存在であり，対外的には独立しているという最高独立性，③国家の政治における最高の決定権を意味します。③の意味での主権は，国の政治のあり方を最終的に決定する権威や権力という意味です。こうした主権は絶対王政の時代には君主がその一身に保持していましたが，市民革命によって国民に移行することになりました。

　日本国憲法の場合，41条の「国権の最高機関」が①の統治権に相当します。また，「日本国ノ主権ハ本州，北海道，九州及四国並ニ吾等ノ決定スル諸小島ニ局限セラルヘシ」とするポツダム宣言8条にも，統治権という意味での主権が用いられています。②の最高独立性は，憲法前文3段の「自国の主権を維持し」が該当します。③の最高決定権は，憲法前文の「ここに主権が国民に存することを宣言し」および1条の「主権の存する日本国民の総意」が該当します。

2　国民主権の概念

(1) 権力的契機と正当性の契機　　国民主権には，権力的契機と正当性の契機という2つの要素が含まれます。あまり聞きなれない表現かもしれませんね。簡単に説明しておくと，前者の「権力的契機」とは，国民が国政のあり方を最終的に決定する権力を行使することを意味します。後者の「正当性の契機」とは，国家の権力行使を正当化する究極的な権威が国民に由来することを意味します（分かりにくい言葉ですが，やはりこの言葉を使わないと，以下の「主権」にかかわる問題がうまく理解できません）。

　憲法をつくる力（憲法制定権力といいます）を持つ国民は，その力を行使して憲法を制定します（権力的契機）。ただし，頻繁に憲法制定権力が発動されると，せっかく制定した憲法を台無しにしてしまう危険があります。そこで，憲法秩序を維持するために，制憲後，憲法制定権力は憲法改正権に転化し，以後の憲法改正は憲法改正手続に則って行われることになります。また，議会制民主主義に基づく国家権力の行使が正当化され権威づけられるのは，その国家権力の源泉が国民の制定した憲法に由来するからです（正当性の契機）。

権力的契機の側面においては，実際に国民が権力を行使することが重視されるので，そこでの国民とは，実際に政治的な意思表示を行うことができる有権者団としての国民を意味します。それゆえ，権力的契機は，国民が国民投票等によって直接に政治的意思を表明する直接民主制に親和的です。他方，正当性の契機の側面においては，国家権力を正当化する根拠が究極的には国民にあることが重視されるので，そこでの国民とは，有権者だけでなく，観念的・抽象的な存在としての全国民を意味します。そのため，正当性の契機は，間接民主制に親和的です。

(2) **ナシオン主権とプープル主権**　フランス人権宣言3条が「全ての主権の淵源は国民にある」として，君主主権を否定し，国民主権を宣言したことは有名です。フランスでは，この国民主権の担い手やその下での統治のあり方をめぐって，ナシオン主権かそれともプープル主権かという対立が生じました。

憲法制定後は，もっぱら正当性の契機の側面を重視し，観念的・抽象的な存在としての全国民を主権者とするナシオン主権は，一般市民の政治参加を警戒して選挙母体が代表の判断を法的に拘束する命令委任を禁止し，代表が自主的な判断を行うこと（自由委任）を認めます。これに対して，制憲後も権力的契機の側面を重視し，社会契約に参加する有権者（政治的意思決定能力を有する「市民」）の総体を主権者とみなすプープル主権は，一般市民の政治参加を積極的に要請する立場であり，普通選挙を要求し，命令委任を認めます。日本においても，日本国憲法をプープル主権の立場から解釈し，日本国憲法の下でも命令委任や国会議員の解職（リコール）制度の導入が可能であるとする考えも有力です。

3　国民主権の具体化

(1) **参政権の保障**　主権者である国民は，国の政治に参加する権利を有します。参政権とは，公務員選定・罷免権，選挙権・被選挙権，公務就任権の総称であり，国民主権の具体化に不可欠の権利です（詳しくは**第13章**を参照）。憲法は公務員の選定・罷免権（15条1項），国会議員の選挙（44条），地方公共団体の長・議員の選挙（93条）を規定しています。罷免権としては，最高裁裁判官の国民審査（79条2項，3項）があげられます。

ただし，内閣総理大臣，国務大臣，下級裁判所裁判官については，国民が直接選定・罷免することはできないと考えられています。国会議員の罷免権についても，通説はこれを否定しています。

被選挙権や公務就任権については憲法上の明文規定がありませんが，前者は13条の幸福追求権や15条1項に，後者は，13条や15条1項の他，22条1項の職業選択の自由にその根拠が求められると考えられています。

(2) **憲法改正手続**　憲法改正手続は国民主権の発動という法的性質を持ちます。既存の法秩序の安定性を維持しつつ，将来の可変性を確保するのが憲法改正手続の役割であり，社会の大きな変革に憲法条文の意味を明らかにする憲法解釈では対処できない場合に，憲法改正が行われます。ただし，国家の土台となる憲法の改正は慎重に行う必要があるので，憲法改正に際して国会の発議と国民投票による承認という2段階の手続が要請されます（96条）（憲法改正手続の詳細については**第3章**を参照）。

Ⅱ　国民代表とは？

1　国民代表の概念

国民主権であるといっても，代表民主制のもとでは，憲法の制定や改正以外の普通の政治は国民の代表によって行われます。国民と代表の関係は以下のように分類されます。

(1) **政治的代表（純粋代表）**　政治的代表（純粋代表）の立場によれば，議員は選挙区の有権者や政党等の後援団体の代表ではなく，あくまでも全国民の代表であるとされます。それゆえ議員は自己の責任に基づいて自由に行動することが許され（自由委任の原則），命令委任は禁止されます。

しかし，直接民主制を志向する社会契約説を主張したフランスのジャン・ジャック・ルソー（1712-1798）が，「イギリス人は自由だと言っているけれども，イギリス人が自由なのは投票のときだけだ」と皮肉ったように，間接民主制の場合，国民と国民の代表の意思が乖離してしまう場合が多々あります。それゆえ，政治的代表の立場に対しては，市民革命の主役となった新興有産市民（ブルジョワ）の権力独占を正当化し，国民と国民の代表である議員の意思の不一

致を覆い隠すものであるとの批判がなされました。

(2) **社会学的代表** 社会学的代表の立場によれば，代表とは，国民の意思と代表の意思が事実上類似することを意味するとされます。これによれば，国民主権を前提とした上で，現実の社会における多様な国民の意思を忠実に国会に反映する選挙制度を構築することが憲法上要請されることになります。

プープル主権の立場からは，議会は国民の意思をできるだけ正確に反映しなければならないとする半代表制の概念が主張されていますが，これは社会学的代表とほぼ同様の立場だと考えられています。

(3) **直接民主制の代表** 直接民主制においては，国民が直接に権力を行使して立法等の国政の重要事項を決定します。特に，プープル主権の立場によれば，あくまでも直接民主制が原則なのだけれども，国民が常に政治を行うのは物理的に不可能なので，やむなく便宜的に間接民主制がとられるに過ぎないということになります。それゆえ，有権者団の命令に代表が法的に拘束されるとする命令委任を認めるべきだとされます。

半代表制と直接民主制の中間形態として，半直接制があります。これによれば，国政の決定権が国民と代表に分属され，法律の制定は代表である議会が行うが，一定の重要問題については，国民が国民投票や国民発案によって決定するとされます。近年有力な半直接制の立場からは，国政レベルでの，国会の判断を拘束しない形での諮問型レファレンダムと，衆議院の解散制度を組み合わせて，民意をよりよく反映しようとする議論が主張されています。

(4) **「全国民の代表」の意味** それでは，日本国憲法43条の「全国民の代表」とはいかなる「代表」が想定されているのでしょうか。国民主権の権力的契機の側面を踏まえるならば，政治的代表（純粋代表）の考え方を全面的に採用することはできません。しかし，日本国憲法の前文が「日本国民は，正当に選挙された国会における代表者を通じて行動」するとして間接民主制を採用しており，43条1項が国会議員を「全国民の代表」であると規定し，その任期（衆議院議員については45条，参議院議員については46条）や発言・表決に関する免責特権（51条）を保障していることから，日本国憲法が命令委任を伴うような純粋な直接民主制を採用していると解することは困難です。

有力な学説によれば，憲法43条の「代表」には，政治的代表と社会学的代表

の双方の要素が含まれるので，①いかなる選挙制度で選出されたとしても，議員は，自身の選挙区や政党の代表ではなく，あくまでも全ての国民の代表であり，また，②選挙区の有権者の個別具体的な指示に法的に拘束されることなく，自らの良心に基づいて自由に意見表明を行うことができるとされます。つまり，国会議員は，全国民を代表すると同時に，各選挙区の有権者の意思も尊重しなければならない立場にあると考えられているのです。

2 党議拘束の問題

　自由委任を前提とする場合，議員が所属政党の方針を順守しなければならないという党議拘束と自由委任は矛盾するのではないかという問題が生じます。しかし，一般的には，議員は政党に所属し，その指示に従うことで国民代表としての役割を果たすのですから，党議拘束は違憲ではないと考えられます。

　衆議院や参議院の比例代表選出議員が所属政党を変更する場合，議員の資格を喪失させることについては，議員が全国民の代表であることから，違憲であるとする説が有力です。しかし，現行法（公職選挙法99条の2，国会法109条の2）では，衆参の比例選出議員が所属政党を移動した場合に議員資格を喪失すると規定されています。

Ⅲ　直接民主制と間接民主制のベストミックス

1 直接民主制が原則？

　プープル主権論のように，直接民主制を志向する立場からは，日本国憲法は本来直接民主制が原則であるのだから，国家機関が発案した事項に国民が賛否を表明する国民投票（レファレンダム）や，国政に関する事項を国民が発案する国民発案（イニシアチブ）を積極的に実施すべきとの主張がなされるかもしれません。もっとも，実際には，多様な価値観が存在する現代の社会において，少数意見にも配慮しながら妥協・調整を図るためには，多数意見が直に表明される直接民主制より，有権者からの命令委任を受けない代表者が議会で自由な議論を行うことができる間接民主制の方が望ましい場合があるので，単純に「直接民主制万歳！」というわけにはいかないようです。

日本国憲法は，間接民主制を原則としつつ，直接民主制的な制度も定めており，後者の例として，最高裁裁判官の国民審査（79条2項），地方自治特別法の住民投票（95条），憲法改正国民投票（96条）があります。

　ただし，国民投票（あるいは住民投票）については，国民の生活に大きな影響を与える政策が国民の意思を無視して行われることを防ぎ，間接民主制を補うという利点はありますが，法的拘束力のない諮問型の国民投票では単なる世論調査以上の意味はないのではないか，専門的・技術的な事柄については国民が十分な知識を持ち合わせていない場合もあるのではないか，政治家が自らの主張を都合よく正当化するためのプレビシット（ここでは，為政者がその支配を正当化するために用いる「人民投票」を意味して使っています）として濫用されるのではないか，といった批判もあります。

2　ベストミックスの具体案は？

　権力的契機と正当性の契機という国民主権の2つの要素を踏まえた上で，現実の多様な「民意」をできるだけ公正かつ忠実に国政に反映させるためには，直接民主制と間接民主制の単純な二者択一ではなく，両者のベストミックスを検討する必要があります。たとえば，国民投票の制度を設けるのであれば，その発動要件をどうするのか，いかなる事項を投票の対象とするのか，政治家の論点操作を防ぎ，国民が判断を誤らないように，投票の選択肢をどのように設定するのか，特別多数決や最低投票率を規定するか否か，投票結果に法的拘束力を持たせるか否か，といった問題点を克服しなければなりません。

　特に問題となるのが国民投票の対象事項です。一般的には，国際機関への加盟や安全保障に関する条約の是非が対象となりますが，少数者の人権や個人の思想良心の自由に関連する事項は対象から外すべきであると考えられます。

　フランスの場合，大統領は，政府または両議院（国民議会および元老院）の共同の提案に基づき，「公権力の組織に関する法律案，国の経済・社会，または環境政策およびそれにかかわる公役務をめぐる諸改革に関する法律案あるいは憲法に違反しないが諸制度の運営に大きな影響を及ぼすであろう条約の批准を承認することを目的とする法律案」を国民投票に付することができます（第5共和国憲法11条1項）。また，こうした重要法案の国民投票は，「選挙人名簿に登

載された選挙人の10分の1の支持を得て国会議員の5分の1によって発案される場合」にも実施されます（同条3項）。日本においても，諸外国の事例を参照しつつ議論を深めることが重要ですね。

むすびにかえて

国民主権とは国民が政治の主人公であることを意味します。しかし，報告のなかで述べてきたように，直接民主制か政治的代表（純粋代表）かという二者択一を行えば解決するわけでもありません。また，日本国憲法は，両者のベストミックスを模索したものだとも感じました。したがって，現実の多様な「民意」をできるだけ公正かつ忠実に反映するという観点から選挙などの仕組・制度を検討する必要があります。

ただし，主権の権力的契機の側面を重視するか，それとも正当性の契機の側面を重視するのかによって，党議拘束，党籍変更による議席喪失，国会議員のリコール制度，国民投票や国民発案の可否について，結論が異なってくると思われます。

ゼミ風景

（山鹿）　抽象的な話になりますが，まず日本での「主権」論争といわれるものについて簡単に補足説明してもらえますか。簡単に，といっても少しぐらい長くなってもかまいません。

「主権」論争──「国体」は変わったのか？

（鶴巻）　（学説の紹介をするときには，近寄りがたい先生方の敬称に困りますが肩書なしで以下説明します。）まず，日本国憲法が採用したとされる「国民主権」の意味と内容についての尾高・宮沢論争があります。尾高朝雄（おだかともお）は，ノモス（法の根本原理）に主権があるとし，その「正しい統治の理念」の表現には，天皇の統治も国民主権も含まれるので，「ノモスの主権」という理念の内容は，日本国憲法の制定によっても変わらないとしました。これに対して，宮沢俊義（みやざわとしよし）は，主権とは「国家の政治のあり方を最終的に決める力」であるとし，「ノモスの具体的な内容を最終的に決めるのは誰であるか」が問題であるとしました。この宮沢俊義の考えが一般的な理解となったようです。

（時導）　佐々木・和辻論争というのもあったのじゃない？

（鶴巻）　そうですね。佐々木惣一（ささきそういち）は，大日本帝国憲法においては，統治権の総攬者すなわち主権者は天皇であったが，日本国憲法では国民が主権者となり，天皇はもはや統

治権の総攬者ではなくなったから「国体」は変更したといわざるを得ない，としました。これに対して，哲学者の和辻哲郎は，天皇が統治権の総攬者であるということは，「日本の歴史を貫いて存する事実」ではなく，その事実は，「天皇が日本国民の統一の象徴である」ということである，とします。そして，「国民の全体意思に主権があり，そうしてこの国民の統一を天皇が象徴するとすれば，主権を象徴するのもほかならぬ天皇」であり，天皇主権という意味でも「根本的な変更はない」と説いたのです。

「主権」論争――「ナシオン主権」・「プープル主権」って？

(鶴巻) ところで，本章のタイトルとも関係するのですが，宮沢説では，「国民主権」といっても国政の重要問題について本当に国民が国家意思を最終的に決定できる仕組みがほとんどないことを，科学的，合理的に説明できないのではないかとする批判を杉原泰雄がおこないます。杉原は，宮沢説では，国民主権をナシオン主権的に理解するので，主権者は，「抽象的観念的存在でそれ自体としては意思能力をもたない」国民となってしまい，「主権の行使を『国民代表』にゆだねざるをえな」くなってしまう。日本国憲法は，「現代の歴史的過渡的性格を反映して，…『プープル主権』と『ナシオン主権』になじむ規定を並存させている」と主張したのです。1970年代の時代状況を反映して，憲法学では大きな論議となりました。

杉原説に対して，樋口陽一は，「『主権』＝『憲法制定権』は，…あくまでも権力の正当性の所在の問題であって，権力の実体の問題ではない，というふうに概念構成されるべきであ」るとし，「解釈論・立法論という実践の場面では，『国民主権』という観念の使用を」避けるべきであり，「『国民主権の貫徹』というかたちで主張されてきた（ものは）…権力に対抗する人権という観念…によっておこなうべき」だと論じました。

これらの論議を受けて，芦部信喜などによる現在の通説の形成がおこなわれていったように思います。近年では，杉原説に向けられた批判をふまえて，「集合体としての人民ではなく，政治的意思決定能力を有する政治的市民を政治権力の主体として捉える」辻村みよ子などの見解をめぐって論議がおこなわれているようです。

(山鹿) 興味をもった人は，結構文献も多いので，じっくり読んでみてください。

「直接」民主制は「例外」？

(羽生) 鶴巻くんの説明で「あれっ？」て思い出したんですが，憲法制定時，当時の文部省が出した『あたらしい憲法のはなし』(1946年) では，間接民主制（代表制）が「原則」で，直接民主制は「例外」的な場合に，という説明ではなかったように思いますが。

(鶴巻) すみません。それは知らないので。

(山鹿) それでは，昔のことは「最年長」のわたくしが。確かに「原則と例外」という説明ではありませんね。「一般的」（日常的な）ことは代表に，「重要な」（1番大事な）ことは国民が直接に決める，という説明になっていますね。

(羽生) ということは，宮沢説というのは，日本国憲法制定による「国民主権」への変更を積極的に国民に定着させたと評価できるとともに，「国民主権」の内実を結構抽象的なものにしてしまったということですか？『あたらしい憲法のはなし』に書かれたような考え方もあったということですから。

(山鹿) 宮沢俊義が「そうしてしまった」ということではなく，人も学説も「時代の子」ですから。それぞれの時代状況のなかで，学説がどのような役割を果たすのかは自覚されていなければなりませんが。

「半代表制」と「半直接制」の違い

(乾) 「代表制」のところですが，「純粋代表」と「直接制」の違いは分かりやすいのですが，中の2つ，つまり，「半代表制」と「半直接制」の違い，具体的な制度としての違いを再度説明してもらえませんか。

(鶴巻) 両者は区別して用い，半直接制の名称は，イニシアティヴ（国民発案）やレファレンダム（国民投票）によって特定の場合に国民自身が決定権を与えられている制度のみに当てるのが望ましいと思います。これに対し，半代表制は，原理としては国民がその代表者を通してしか活動しないという考えを維持するものです。ただ，国民の代表者（議会）によって採られるべき措置について国民がその意思を表明し，代表者の決定に一定の影響力を与えることを認める制度だといえます。

(梟) 「正当性の契機」，「権力性の契機」って変な日本語ですね。分かりやすくならないんでしょうか。

(鶴巻) 僕にいわれても困るんですが。乾くんの質問とも関係しますが，国民目線からいうと，国民が国政の決定に具体的に参画することが可能な制度をつくることを要請する原理なのか，そうでないのかということが違ってくるのかな，と思っています。

「直接民主政」と「媒介民主政」

(梟) もう1つ，よろしいですか？ イギリスの議院内閣制は直接民主政に属し，日本の議院内閣制は媒介民主政に属する，という説明を読んだことがあるのですが。

(鶴巻) 言葉の使い方の問題でもあると思います。イギリスの議院内閣制は，選挙を通じて国民が，事実上直接的に重要な政策決定をおこない，しかも最も重大な地位を有する行政府の長＝首相を選出しているので「直接民主政」に属するとします（この意味でアメリカの大統領制と同じだと解するのです）。これに対して，日本の議院内閣制は，国民が選挙を通じて直接的に重要な政策選択をおこなったり，首相を選出するにはいたっておらず，選挙の後に代表者が国民に代わって政治をおこなうという実態になっているので「媒介民主政」に属するとされるのです（高橋和之）。第17章で扱う「国民内閣制論」は，日本の議院内閣制をいかにしたら，ここでいう「直接民主政」的に機能させることができるのか，という問題意識から説かれるものです。

国民投票と「世論」

（羽生）　沖縄は，「県民投票」をおこなった経験をもっています。僕は，主権者の直接的決定の機会はできるだけあったほうが良いと思っていますが，「国民投票」で解決したほうがよいもの（解決すべきもの）と，解決できないもの（国民投票にふさわしくないもの）があるのでしょうか。

（鶴巻）　「住民投票」の論議にもつながると思いますが，ここでは「国民投票」について簡単に説明します。憲法は，国民が直接決定できる事項を限定していると考えられますので，憲法上の機関の権限行使を拘束しない諮問的国民投票なら認められる（容認される）とするのが一般的です。より積極的に国民投票の制度を活用，制度化すべきだとの意見もありますが，国民の意思の事実上の重みと，国民投票の政治的利用の危険性などから慎重に考えるべきだとする意見が多いようです。

（山鹿）　子どもの頃の記憶なんですが（「何時代ですか？」との不規則発言あり），使用漢字制限のため，新聞が「輿論」ではなく「世論」を使用することにするという記事を読んで父が非常に憤慨していたことを思い出します。そのときは気にも留めなかったのですが，最近調べて見ると確かに違いが重要ですね。ある辞書によると「輿論」とは「理性的な討議による合意や事実をめぐる公的関心などにかかわる語」とあり，「世論」とは「情緒的な共感や私的な心情にかかわる語」ともあります。「世論」を言論になる前の空気，「輿論」の世論化はファシズムにつながる，との指摘もあったそうです。最近の「世論をふまえて」とか「民意」という言葉の意味をあらためて考えさせられます。

　ところで，このゼミも2回目となり，みなさん，顔と名前も一致してきたのではないでしょうか。場所を変えて懇親を深めましょうか？　ゼミの意思は，「ゼミ投票」をおこなって確認・決定するのでしょうか？

（鶴巻）　すでに「世論」は熱し，「輿論」形成の場を切実に求めているのではないでしょうか。

（山鹿）　分かりました。それじゃー…。

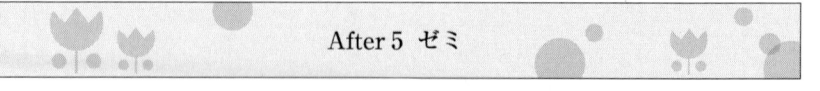

After 5 ゼミ

　　… …

（山鹿）　値段の割には，なかなか美味しいところでしたね。ちょっと，口直しをしてから帰りましょうか。

　アイリッシュ・バーにて

（梟）　シングル・モルトが並んでいますね。僕が子どもの頃「嗅いだ」のはどれかな？

（山鹿）　それよりも，スコットランドってイングランドとは別の「国」だったってこと

は知っていますよね。
（梟）　そういえば，エジンバラではロンドンで見たこともないお札が使われていたような記憶があります。それに FIFA には 4 つの「国」だったイングランド，スコットランド，ウェールズ，それに北アイルランドが加盟しています。
（乾）　イギリスは，連合王国（United Kingdom）です。ただ，今では「グレート・ブリテンおよびアイルランド連合王国」だったと思いますが。
（羽生）　それぞれが議会をもっているし，スコットランド議会も，かなりの権限を与えられているって聞いたことがあるなぁ～。
（山鹿）　イギリスは，成文憲法典（「日本国憲法」というように 1 つにまとめられたもの）を持たない国として有名ですが，連合王国だということも忘れてはならないと思います。「国家」と「主権」の問題を考えるとき，日本と単純に並べて論ずることはできないからです。
（時導）　イギリスは，「議会主権」の国といわれていませんでしたか？
（鶴巻）　そうです。ただ，それが何を意味しているかといえば，「議会の優位」を示すにすぎない場合と，まさに主権者を示す「King in Parliament（Queen in Parliament）」という表現が使われるときもあります。Queen in Parliament という表現が，今日の僕の報告にかかわる主権のことになります。

　国家の独立・主権
（羽生）　さっきから気になっているんですが，今流れている曲，讃美歌みたいだけど。
（長熊）　気がついた？でも，これって『フィンランディア』（J. シベリウス）だと思うよ。…ほら，雰囲気が変わったでしょ。
（山鹿）　中学生のとき聞いたこの曲の序奏冒頭の印象は，今でも強烈に残っていますね。地の底からの呻き声のようでした。
（長熊）　先生の直観はあたっていたと思いますよ。帝政ロシアの圧政を受けていたフィンランドの人たちの状態をえがくものですから。そのあと，苦難を乗り越え，祖国の勝利を謳いあげる展開となっていきます。
（鶴巻）　うまく言えないのを酔ったせいにしたくないんですが。今，まとめようとしている国民国家の形成と「国民統合」について，「主権」の問題をもっと考えてみようという気になってきました。あっ，長熊くん，それ僕のグラスだけど…。

第3章　還暦を過ぎても「新」憲法？

未来志向の現代立憲平和主義憲法

はじめに

（羽生）　私たちは，現在の日本国憲法を「新憲法」として学んできました。しかし，本当に「新憲法」なのでしょうか。「憲法」は，どのようなときに，そして，どのような形で「憲法」として成立するものなのでしょうか。また，「新」というからには，「旧」憲法とどのような関係にあるのでしょうか。さらには，その出来上がった「憲法」は，どのような特徴をもつものなのでしょうか。そこで，今回の報告では，まず，第1に，日本国憲法の成立の「法理」として論議されているものを紹介します。次に，憲法「改正」手続について考えてみたいと思います。そして，最後に日本国憲法の特徴を概観し，現在の日本国憲法が一般的な「立憲主義憲法」というだけではなく，21世紀のグローバル国際社会のあり方を示そうとする「未来志向の憲法」だということを述べたいと思います。

I　日本国憲法は，どのようにして成立したの？

1　憲法内容の変更には，どんなものがあるの？

　憲法の内容を変更する方法としては，まず，憲法改正が浮かぶと思います。しかし，実は，それだけではありません。憲法規範の内容の変更には，①憲法改正だけでなく，②新憲法の制定，③クーデタなどによる非合法な変更，④既存の憲法典の文言の変更なしに，事実上その意味内容を変える憲法変遷，があります。

　このうち，憲法改正は，既存の憲法の定める改正手続にしたがって，その文言に変更を加えることをいいます。それに対して，新憲法の制定は，たとえば，市民革命によって君主主権から国民主権へ変更するときなどに，既存の憲法改正手続によらず，いわゆる憲法制定会議などによって成立する場合をいいます。

　新憲法制定の例としては，アメリカ合衆国憲法を制定した1787年のフィラデルフィア憲法会議，フランス1791年憲法を制定した立憲国民議会などが有名です。この場合，フィラデルフィア憲法会議や立憲国民議会が，いわゆる憲法制

定会議となります。そこでは，憲法制定に相応しい新たな手続によって，「新憲法」が制定されています。

2　8月に革命が起きた？

では，日本国憲法の場合は，どうだったのでしょうか。

日本国憲法の審議をおこなったのは，「新」憲法制定のために設けられた憲法制定議会ではなく，大日本帝国憲法上の機関である第90回帝国議会です。つまり，日本国憲法は，大日本帝国憲法76条の「改正」手続にしたがって成立したのです。実際，日本国憲法の上諭にも「朕は，日本国民の総意に基いて，新日本建設の礎が，定まるに至つたことを，深くよろこび，枢密顧問の諮詢及び帝国憲法第73条による帝国議会の議決を経た帝国憲法の改正を裁可し，ここにこれを公布せしめる」とあります。これらを踏まえれば，日本国憲法は，大日本帝国憲法の改正によるもので，天皇主権を前提とした欽定憲法であるようにも思われます。

しかし，日本国憲法の前文では，「主権が国民に存することを宣言し，この憲法を確定する」とあります。つまり，国民主権の下での民定憲法であることが述べられているのです。では，この矛盾は，どのように考えるべきなのでしょうか。この矛盾を解決するものとして，『八月革命説』と呼ばれる考えが，有力に主張されています。八月革命説では，まず，主権の所在など，憲法改正手続では変更できないものがあると考える「憲法改正限界説」を前提として，大日本帝国憲法76条の改正手続によっては，大日本帝国憲法の天皇主権を国民主権に変更することはできないとします。

ところが，1945年8月14日に受諾が決定されたポツダム宣言には，次の条項がありました。すなわち，10項には，「日本国政府ハ日本国国民ノ間ニ於ケル民主主義的傾向ノ復活強化ニ対スル一切ノ障礙ヲ除去スヘシ言論，宗教及思想ノ自由並ニ基本的人権ノ尊重ハ確立セラルヘシ」とあり，そして，12項には，「前記諸目的カ達成セラレ且日本国国民ノ自由ニ表明セル意思ニ従ヒ平和的傾向ヲ有シ且責任アル政府カ樹立セラルルニ於テハ聯合国ノ占領軍ハ直ニ日本国ヨリ撤収セラルヘシ」とあったのです。八月革命説は，これらの条項を含むポツダム宣言が，国民主権への変更を要求していると解釈します。そして，ポツ

ダム宣言を受諾した段階で，天皇主権は否定され，国民主権へ変更されたと考えるのです。そこで，八月革命説は，ポツダム宣言を受諾した8月に，法的には一種の革命が起きたものと理解するわけです。そして，その時点で，旧憲法たる大日本帝国憲法は，破棄されたことになります。

したがって，日本国憲法は，実質的には，欽定の大日本帝国憲法の「改正」憲法ではなく，ポツダム宣言受諾によって成立した国民主権に基づく民定の「新憲法」ということになります。そして，この八月革命説では，手続として大日本帝国憲法76条にしたがったのは，あくまで便宜上のことだと考えます。

この八月革命説に関しては，憲法改正限界説を前提としていることや，ポツダム宣言が国民主権への変更を要求していると解釈することなど，色々と批判もされています。しかし，憲法学説において，この八月革命説は，概ね支持されているようです。また，一般的にも，日本国憲法は，「改正」大日本帝国憲法ではなく，「新憲法」と呼ぶことが定着していると思います。

先ほど，「新憲法」制定の例で，アメリカ合衆国憲法やフランス1791年憲法の例をあげましたが，それらは，いずれも，主権の所在の変更など，国のあり方を根本的に変えるような場合に制定されています。日本国憲法の成立は，まさに，そうした場合に当たるものだといえるでしょう。八月革命説を前提とした場合，第90帝国議会こそが，憲法制定会議だということになります。

3　日本国憲法って押し付けられたの？

なお，国務大臣であった松本烝治（じょうじ）を委員長とする憲法問題調査委員会の「憲法改正要綱」（松本案）を，連合国軍最高司令部が否定し，それに代わって，連合国軍最高司令部で起草された憲法草案を基にして，日本国政府の正式の改正草案が作成されたことから，「押しつけ憲法」論が主張されることがあります。

たしかに，もし，この「押しつけ憲法」論の主張が正しければ，日本国憲法の制定過程は，国民主権の下での「新憲法」制定の手続として，正当化できないかもしれません。しかし，日本国政府と連合国軍最高司令部との折衝で，連合国軍最高司令部の草案では一院制であった国会が，日本国政府側の主張で二院制に変わるなど，統治制度の根幹に関わる部分の変更がなされています。また，憲法制定会議である第90回帝国議会では，その政府案を衆議院の圧倒的多

数で修正可決し，貴族院でさらに圧倒的多数で修正可決し，その貴族院の修正に衆議院が同意することによって，日本国憲法は成立しているのです。しかも，第90回帝国議会は，日本で初めての女性を含めた普通選挙（1946年の第22回総選挙）の後に開会されたものでした。

　以上の制定過程からすれば，その手続においても，国民主権の下での「新憲法」制定に相応しい民主的正当性をもつものだといえるのではないでしょうか。

　たしかに，日本国憲法の成立では，形式的には旧憲法の「改正」手続にしたがっています。しかし，実質的には，国民主権の下での「新憲法」の「制定」に相応しい内容の手続に基づいて制定されたものだといえますし，また，そのように理解すべきだと思います。日本国憲法は，まさに，国民主権の下で，日本国民が自らの意思で初めて制定した「新憲法」だといえるのではないでしょうか。

II　憲法って，どうやって「改正」するの？

　次に，憲法改正手続に関して考えていきたいと思います。この問題は，近時，改憲論議が盛んとなってきているため，現実の動きとの関連においても，とくに重要なものだと思います。

　日本国憲法の改正手続は，概ね，以下の通りです。まず，日本国憲法96条によれば，「各議院の総議員数の3分の2以上の賛成で，国会が，これを発議」し，国民投票の過半数の賛成で，憲法改正が行われます。ここでいう「総議員数」とは，現在の議員数か，それとも，法定議員数なのか，争いがありますが，憲法改正の発議にあたって，より熟議を促すためには，法定議員数と考えるべきだと思われます。

　また，各議院における憲法改正発議の議事における定足数に関して，法律で特別の定めがない限りは3分の1以上でよいとする考えもあります。たしかに，文言上はそのように理解できますが，しかし，発議の議決に3分の2以上の賛成が必要で，その前提としての議事で十分な熟議が必要であることに鑑みれば，やはり，定足数も3分の2以上を憲法が要求していると理解すべきでしょう。

　さて，憲法改正に関する国民投票については，「日本国憲法の改正手続に関

する法律」で定められています。これによれば，18歳以上の者（ただし，18歳以上の者が国政選挙で投票することができるように法改正するまでは，20歳以上の者）に投票権が認められ，発議から60日以降180日以内に投票が行われることになっています。そして，有効投票の過半数で改正が認められることになっています。また，公務員や教育者は，その地位を利用した賛否の勧誘が禁止されています。テレビやラジオによる広告も，投票の14日前からは禁止されます。

　この国民投票の手続に関しては，問題も指摘できると思います。たとえば，有効投票の過半数で改正が認められるとしている点です。なぜなら，もし，有効投票の過半数で改正できるとすれば，ほとんどの憲法改正投票権者が，憲法改正に関心がないなかでも，憲法改正が成立し得ることになります。それは，憲法改正という重要な問題の手続として，不十分だといえるでしょう。そのため，たとえば，憲法改正投票権者の過半数で改正できるなどとするべきだと思われます。

Ⅲ　日本国憲法の特徴って？

　ところで，改憲論議の対象である日本国憲法は，そもそも，どのようなものなのでしょうか。日本国憲法の特徴をみていく前に，まず，大日本帝国憲法からみていきたいと思います。

1　大日本帝国憲法って？

　明治維新および自由民権運動は，日本での市民革命に当たるものと理解されることがあります。しかし，その市民革命は，必ずしも成し遂げられたものではありませんでした。そのため，大日本帝国憲法は，立憲的意味での憲法としての側面と神権主義的な色彩との複合的な性格をもつものとなりました。

　たとえば，権利・自由を保障しながらも，自然権としてではなく，それは，あくまで臣民の権利としての保障であり，しかも，その多くに「法律の留保」が付けられていました。また，統治機構においても，一応の（外見的な）権力分立制を採用しながらも，それぞれの機関は天皇の大権の翼賛機関に過ぎず，法治主義原理も形式的法治主義に留まり（このあたりのところは**第1章**で学んだば

かりですね)、議会による政府や軍部に対するコントロールも弱く、公選ではない貴族院が衆議院と対等な権限をもっていました。そして、大日本帝国憲法は、そもそも、国民主権ではなく、天皇主権の憲法でした。このことは、憲法公布勅語で「朕カ祖宗ニ承クルノ大権ニ依リ現在及将来ノ臣民ニ対シ此ノ不磨ノ大典ヲ宣布ス」とあること、また、前文で「国家統治ノ大権ハ朕カ之ヲ祖宗ニ承ケテ之ヲ子孫ニ伝フル所ナリ」、「朕カ現在及将来ノ臣民ハ此ノ憲法ニ対シ永遠ニ従順ノ義務ヲ負フヘシ」、1条で「大日本帝国ハ万世一系ノ天皇之ヲ統治ス」、4条で「天皇ハ国ノ元首ニシテ統治権ヲ総攬シ此ノ憲法ノ条規ニ依リ之ヲ行フ」とされていることから明らかです。つまり、天皇が主権者として統治権を総攬することが規定されていたのです。また、臣民に対しては、そうした大日本帝国憲法に永遠に従順する義務が述べられていました。

2　日本国憲法は？

　それに対して、日本国憲法は、立憲的意味での憲法の特徴を備えるものです。そして、立憲的意味での憲法のなかでも、特に、日本国憲法の特徴として、第1に、人権保障において社会権の保障が定められていること、第2に、統治機構において、福祉国家を建設すべく国家が行政や立法面において国民生活に積極的に関わる「行政国家」化、あるいは「社会国家」化がみられること、第3に、司法審査制を重視する「司法国家」化がみられることがあげられます。立憲的意味での憲法のなかでも、こうした特徴をもつ憲法の立場は、それ以前の「近代立憲主義」に対して、「現代立憲主義」と呼ばれることがあります。そして、日本国憲法の最大の特徴として、自衛戦争までも放棄する「絶対平和主義」を基本原理としていることが、あげられることもあります。絶対平和主義を基本原理とする憲法の立場は、「現代立憲平和主義」と呼ばれることがあります。

　日本国憲法9条の解釈に関して、多くの学説は、1項では自衛権そのものは放棄していないとしながらも、2項で、自衛の場合も含めて一切の戦力を放棄しているとしています。その他にも、2項で不保持とされる戦力には、自衛のための必要最小限度の実力は含まれないとする立場や、2項の冒頭を「前掲の目的」から「前項の目的」に変えた、いわゆる「芦田修正」などから、1項で自衛権が認められることを前提に、2項でも、自衛のための戦力までは不保持

としていないとする立場もあります。

　しかし、「日本国民は、恒久の平和を念願し、人間相互の関係を支配する崇高な理想を深く自覚するのであつて、平和を愛する諸国民の公正と信義に信頼して、われらの安全と生存を保持しようと決意した」とする憲法前文第2段や、憲法成立の前提となる歴史的経緯を踏まえれば、9条1項は自衛権そのものを放棄したと解釈する立場も、非常に説得力があると思います。日本国憲法が、いわゆる平和主義を採用したのは、戦争の反省という歴史の偶然によるものだといわれています。しかし、様々な戦争を積み重ね、さらには、核兵器や細菌兵器などが登場するにいたって、自衛戦争も含めて戦争を否定するという考えは、人類の共有すべき理念となってきたともいわれています。国連憲章前文でも、「われら連合国の人民は、われらの一生のうちに2度まで言語に絶する悲哀を人類に与えた戦争の惨害から将来の世代を救い、基本的人権と人間の尊厳及び価値と男女及び大小各国の同権とに関する信念をあらためて確認」したことが述べられています。絶対平和主義は、人類が到達すべき「普遍的な原理」だと主張されることもあります。そのように考えるなら、現代立憲平和主義の憲法として解釈し得る日本国憲法は、前世紀に2度の大戦を経験した21世紀のグローバル国際社会のあり方を示そうとする「未来志向の憲法」だといえるのではないでしょうか。そして、今なお、「専制と隷従、圧迫と偏狭」の存在する国際社会において、「平和を愛する諸国民の公正と信義に信頼して、…平和を維持し」ようとする決意は、今後、一層、その意味を増すと思います。

Ⅳ　還暦を過ぎても新しい？

　八月革命説によれば、ポツダム宣言が受諾された段階で、法的には一種の革命が起きたと考えられ、その時点で大日本帝国憲法（旧憲法）は破棄され、そのうえで、「新憲法」たる日本国憲法が制定されたことになります。その日本国憲法は、まさに21世紀のグローバル国際社会のあり方を示そうとする「未来志向の憲法」だといえるのではないでしょうか。そして、その先進性は、今日においても、変わらないものと思われます。以上のように述べてきた意味からすれば、日本国憲法は、還暦を過ぎても、なお、不断の「新しさ」を国内外に

発信し続ける「新」憲法だといえるのではないでしょうか。

ゼミ風景

（山鹿）　日本で，現在でも（これからも）論議になっているテーマの「原点」にかかわる報告でしたね。それに羽生くんの考えもよく分かりました。

日本国憲法成立の法理

（乾）　「八月革命説」っていう名前にびっくりしました。羽生君は，「八月革命説」に批判的なのかな，と思って聞いていたのですが，そうでもないのですね。

（羽生）　この「八月革命説」というのは，宮沢俊義が，丸山真男の考えにヒントを得て，それを体系的に説くことによって広く認められるようになった考えなのです。ポツダム宣言の受諾から日本国憲法の制定にいたる過程をその実質と手続がともに正当なものだとする説得力のある考えだと思います。

（乾）　分かりました。まずお聞きしたいのは，前文冒頭の意味です。この部分は，憲法制定「経過」を，つまり「日本国民が憲法を制定した」ということを述べているのですか？「国民主権」というのは，現在の日本の国のあり方を最終的に決めるのは，主権者＝国民なのだということですから，今現在，憲法を「確定している」のが国民であるという憲法規範（原理）を明記しているのではないでしょうか。

（羽生）　もちろん，「制定する」と「確定する」は違いますし，前文は憲法の一部をなすものですから，乾くんのいうような意味も重要だと思います。同時に，憲法冒頭に憲法制定権力の所在を示すという意味もあると思います。

（山鹿）　私がお師匠さんから学んだ，ここらあたりの考え方は，最近ほとんど忘れられているようなので簡単に紹介しておきます（正確かどうかは自信がないのですが）。まず，①日本国憲法の「制定」は，憲法改正の限界を超えているし，大日本帝国憲法73条による改正権の限界を超えている，とします。しかしながら，②ポツダム宣言の受諾は主権者＝天皇の「決断」によってなされたものであり，③73条による「改正」も，天皇が「…深くよろこび，…改正を裁可し，ここにこれを公布せしめ」たものだから有効に成立したものだ，とするのです。たんに手続を借りただけのものではないと考えるわけです。蛇足ですが，そうすると「日本国憲法無効論」というのは，天皇の主権的『決断』を無視する考えではないのかな，と思ったりもしています。

憲法改正に限界はあるの？

（臭）　ちょっと待ってください。宮沢「八月革命説」，それに羽生くんや先生の説明も，憲法の改正には限界があるんだ，ということを前提にされているように聞こえますが。

第3章　還暦を過ぎても「新」憲法？

「憲法改正無限界説」もあるんじゃないのですか？
(羽生)　もちろん，改正無限界説もあります。改正手続に準拠すればいかなる変更も可能であるとするものです。この説によれば，たとえ改正できない事項が当該憲法上明記されていたとしても，その条項を改正手続によって改正することにより，結局改正は無制限に出来ることになります。改正限界説は，形の上では憲法改正手続がとられたとしても，改正の「限界」を超えるとき，それを実質的には「改正」ではなく，新憲法の「制定」だと考えるわけです。
(臬)　そうすると，何が改正権の「限界」ということになるの？
(羽生)　一般論でいうと，まず，「人間価値の尊厳」ないし「人間人格の自由と尊厳」は，近代憲法を貫く最も根本的な法原則であり，憲法制定権力の活動を拘束する内在的な制約原理であるとされます（芦部信喜）。そして，憲法典の本質ないしは根幹をなす基本的部分は改正の対象とはできないと説きます。とりわけ主権の所在と不可分に結びついた価値原理は，その憲法の基本原理と呼ばれ，改正権の「限界」とされるのです。
(長熊)　日本国憲法でいうと国民主権とか基本的人権の保障が，憲法改正の限界であることは当然ですよね。
(羽生)　ただ，具体的な人権保障条項のすべてが改正不可能とされるわけではありません。
(長熊)　平和主義が日本国憲法の基本原理であることと（改正の限界ってことになります），9条，とりわけ9条2項の非武装規定を分けて，後者は改正の限界にはあたらないとする考えについて，羽生くんはどう思ってるの？

現代立憲平和主義

(鶴巻)　関連するので，僕からの質問にもあわせて応えてくれませんか？
　現代立憲主義の発展形態のようなものとして「現代立憲平和主義」の説明をされたのですが，日本国憲法の「平和主義」は「立憲主義」と関連づけられるものなのでしょうか。日本国憲法の「平和主義」への共感は，羽生くんと共有しているとは思うのですが。
(羽生)　日本国憲法を現代立憲平和主義の憲法だと理解する立場では，日本国憲法の最大の特徴は，（伝統的な立憲主義からすれば，あたかも「その逸脱だ」ともいわれるかもしれない）非武装をこれからあるべき立憲主義の1つとして選択したことだ，と考えます。
(鶴巻)　チョット待ってください。こうあります。絶対平和主義などの主張は，「…国民の生命・財産の保持という典型的な問題を，人としての善き生に関する特定の考え方という典型的な私的価値観によって結論づけようとする議論であり，立憲主義の理念と根底的なレベルで衝突する」（長谷部恭男）。つまり，立憲主義と平和主義は緊張関係にあるという議論だと思うのですが。

(羽生) 補足になりますが，前文および9条の規範的性格の説明をしておきます。前文は，憲法の一部ですから，当然憲法としての効力（憲法規範性）をもっていると思います。また，僕は，裁判規範性も持っていると考えています。9条の憲法規範としての性格について，学説では，「現実的規範」ではなく，「理想的規範」として，政治的マニフェストに過ぎないとする説，法規範性を認めながらも，裁判規範性は希薄であり，国会などの政治的な場で合憲性を判断するものと考える政治規範説などがあります。特に，最近は，強い裁判規範性を9条に認めることは，将来の国防サーヴィスの提供に関する主権者の決定を拘束するとして，政治的マニフェスト説を支持する立場も有力なようです。しかし，憲法は国のサーヴィスのあり方を拘束するものです。僕は，9条は，裁判規範として，公権力を拘束するものだと考えています。また，報告のなかでも述べたように，「立憲主義」の新しいあり方を示すものとして「現代立憲平和主義」という表現を用いたわけです。したがって，前文と9条は，一体として日本国憲法の基本原理の1つを構成するものだと解する説が妥当ではないでしょうか。

占領と憲法

(長熊) 日本国憲法は，連合国軍の占領下で制定されていますし，憲法施行後も，1952年4月27日まで占領状態が継続したんですよね（同年4月28日，サンフランシスコ平和条約が発効し，占領体制が解かれた）。「最高法規」といっても，大きな「限界」があったのではありませんか？

(羽生) そうですね。占領下のポツダム緊急勅令の効力について，最高裁は「日本国憲法にかかわりなく憲法外において法的効力を有する」としています（最大判昭28年7月22日刑集7巻7号1562頁）。また，サンフランシスコ平和条約と同時に，日米安全保障条約が締結され，米軍がそのまま日本国内に駐留することになり，今日に至っています。日本の主権に事実上制約を加えるものではないのか，憲法の平和主義と矛盾するのではないかなどの論議が続いてきたところです。

付記：2015年9月，安全保障に関する10の関連法の改正と，「国際平和支援法」が成立しました。これらの法律については，衆議院憲法審査会での3名の憲法学者の「違憲」発言もあり，大きな憲法問題，政治問題となりました。

PART 2

基本的人権

第4章 「人間の尊重」はいつの時代,どこでも大切なもの?

はじめに

(長熊) 人権の歴史から,人権の基礎的な理解について報告していくことにします。通常,「人権」あるいは「基本的人権」と呼ぶ場合,それは「人が生まれながらにして有する,侵すことのできない権利」だと言われます。さて,人権をこのように説明すると,いつの時代でも,どの世界でも大事にされてきたかのように思われがちです。しかし,実際に人権の概念が登場してくるのは歴史的には18世紀後半からだとされています。そこで,まず人権の歴史を世界史的に辿っていきます。

I 人権の歴史を世紀ごとに辿ってみる

1 人権の歴史はどこから始まる?

人権の歴史を語るとき,1215年のイギリスのマグナカルタを1つの契機として捉えることができます。マグナカルタには,非合法な逮捕の禁止や国王の課税権の制限など,今日の人権保障規定に通じるものも見られますが,ここで保護の対象となっていたのは封建領主のもつ特権であり,いわゆる「人一般の権利」という認識はありませんでした。やがて,1628年の権利請願,1679年の人身保護法,1689年の権利章典を経て貴族の特権から「英国人の権利」へと展開が見られますが,およそ「人一般の権利」という理解は,J.J.ルソー(1712–1778)やJ.ロック(1632-1704)による社会契約説と,社会契約説を思想的背景にしたフランス革命やアメリカ独立革命といった近代市民革命を経ることが必要だったのです。近代市民革命を思想的に正当化させる理論的根拠となった社会契約説では,①自然権思想,②契約による政府,③抵抗権が唱えられましたが,ここでいう自然権の観念が,近代市民革命後に出される人権宣言の中に組み込まれるようになります。

たとえば,1776年のヴァージニア権利章典では「すべて人は生来ひとしく自

由且つ独立しており，一定の生来の権利を有するものである。これらの権利は…奪うことのできないものである」と書かれていますが，ここに書かれている「すべて人は…」とは人権の普遍性を，「一定の生来の権利を有する…」とは人権の固有性を，「いかなる契約によっても…これを奪うことのできない…」とは人権の不可侵性を示していると言われています。その後アメリカ独立宣言でも「すべてのひとは平等に造られ，造物主によって，一定の奪いがたい天賦の権利を付与され，その中には生命，自由，幸福追求」が含まれるとされており，日本国憲法13条にも影響を与えています。1789年にはフランス人権宣言が出されますが，このフランス人権宣言もアメリカの独立宣言の影響を受けていると言われています。

2 広がっていく人権宣言（19世紀）

19世紀になると，人権思想はドイツなどにも影響をおよぼすようになりますが，市民革命を経ていない国での権利保障は，自然権思想に基づく権利保障ではなく，君主が自らの権力を制限することで臣民の権利が保障されるという体裁をとります。この典型が1850年成立のプロイセン憲法ですが，この考え方は大日本帝国憲法にも受け継がれることになります。高校までの授業で「大日本帝国憲法の権利保障は，天皇の恩恵による権利」だと習いましたが，これは同じ意味です。

3 20世紀に見られる３つの特色

20世紀に入るといくつかの特徴がみられるようになります。

(1) **社会権の登場**　18，19世紀の国家観は，国家の不作為による個人の自由を中心とした権利保障に基づいて，国家の活動を必要最小限度に限定してきました。近代市民革命以降の国家は，特に経済的自由権に対して，治安維持や公共の安全の保持等を目的とする場合以外には徹底した不干渉主義を貫いてきたわけです。その結果，経済は大きく発展し資本主義が興隆するきっかけとなりましたが，同時にそれは新たな階級社会を生み出す結果ともなりました。そこで現実社会におけるこの不自由・不平等に対して国家はいかなる対処をなし得るのかが課題となってくるわけですが，人権の側面でいえば，国家に対し現

実社会の不自由・不平等の是正を要求する権利として主張されるようになります。これが社会権と呼ばれるもので，特に20世紀に入ると各国憲法の人権宣言の中に組み込まれていくようになります。その端緒ともいうべきものが1919年のワイマール憲法です。ワイマール憲法は，経済活動の自由が正義の原則の名の下に制約を受けることを明記しています。

　(2)　**法律による保障から，憲法による保障への動き**　　19世紀に見られる自然権の消滅は，権利を法律によって保障する考え方を定着させます。国民の代表者によって制定される法律は，国民の自由を抑圧するものではなく，むしろ擁護するものと考えられたわけです。しかし特に20世紀半ば以降，国民の自由はその議会制定法からも守られねばならないものと理解されるようになります。人が人であるがゆえに当然に有する権利は，「法律によっても侵害しえないもの」との理解が普及していくのです。

　(3)　**人権の国際的保障の動き**　　特に第 2 次世界大戦後に，国際平和への望みとともに人権保障の国際化が加速化していきます。人権の問題を国内問題にとどめてしまった結果，悲惨な世界大戦を引き起こす要因ともなったということから，国連総会で採択された「世界人権宣言」(1948) を筆頭に，数多くの人権条約が制定されるに至っています。人権を国際的に保障するということの意味は各国の憲法体系に委ねられますが，少なくともわが国の場合，その人権条約に加入することによって，条約に適合するよう国内法の整備が求められることになります。また，人権条約への加入は，その内容が裁判における指針ともなりうるでしょう。

II　人権の想定する「人」は誰だろう？

1　「市民となって人となる」の意味

　基本的人権の担い手としての「人」をどのように想定しているのか，という問題がありますが，ルソーは「人は市民となってはじめて人となる」と述べています。彼は，人間というものは弱く頼りにならない存在であると考えました。そのような人間であっても，政治に参加し議論を積み重ね考える中で真に理性的な存在になることができると考えたのです。そのための参政権であり，市民

の自由が保障されるべきと考えたのです。こうして政治に参加した市民は，自ら「考え，決定し，実行する」という1個の人としての生き方を選択できるようになるわけです。ここから人は，「誰からのコントロールも受けない自分」「かけがえのない自己」を確立していきます。これが「近代的自我の獲得」であり，「個人の確立」という社会の近代化に不可欠なテーマとなり，「個人の尊厳」（個人の尊重）の自覚につながっていきます。

日本国憲法の人権保障の根底にもこのような考え方があります。憲法13条の「個人の尊重」とは1人ひとりがそれぞれの自我をもったかけがえのない存在であって，それゆえにすべての人は個人として尊重されるべきだと示しているのです。

2 夏目漱石の唱えた「個人主義」

このような個人主義の思想は，何も日本国憲法の制定によってわが国に持ち込まれたというわけではありません。明治時代にもこのような考え方は見られたわけです。明治の文豪である夏目漱石は「私の個人主義」の中で次のように述べています。

「貴方がたは…自分がそれだけの個性を尊重し得るように，社会から許されるならば，他人に対してもその個性を認めて，彼らの傾向を尊重するのが理の当然になって来るでしょう。それが必要でかつ正しい事としか私には見えません。自分は天性右を向いているから，彼奴が左を向いているのは怪しからんというのは不都合じゃないかと思うのです。」「私のここに述べる個人主義というものは，…他の存在を尊敬すると同時に自分の存在を尊敬するというのが私の解釈なのです…。」「もっと解り易くいえば，党派心がなくって理非がある主義なのです。…既に党派でない以上，我は我の行くべき道を勝手に行くだけで，そうしてこれと同時に，他人の行くべき道を妨げないのだから，ある時ある場合には人間がばらばらにならなければなりません。そこが淋しいのです。」

これは1人ひとりがそれぞれ個性を持った個人であり，それゆえに等しく尊重されるべきだという考え方を示したものと言えるでしょう。

3 個人主義にとって脅威となるもの

このような個人主義にとって脅威となるものは，なんといっても国家という大きな権力です。ですから，憲法が人権を保障するということは，言い換えれば「国家は憲法が保障している人権を不当に侵害してはならない」ということを意味します。別の言い方をすれば人権の保持者は私たち市民であり，国家ではないということであって，国家には人権を保障し人権を侵害してはならないという義務があるということになるのです。日本国憲法の基本原理の1つに「基本的人権の尊重」が挙げられていることを高校などで習いましたが，この「尊重しなければならない」立場にあるのは，第一義的には国家であり，国家権力を現実に担っている為政者だということです（第1章参照）。

ただ，権力は国家だけが持つとは限りません。先ほど紹介した夏目漱石は，これを「金力」と呼んでいますが，国家のような権力ではないが，金力という形の力によって他者を強制する，ということがあり得るのです。この国家権力ではないが社会的に権力を有するもの，これを社会的権力と呼びます。たとえば法人のような社会的権力による人権侵害というケースも考えられるわけです。この問題を人権の私人間効力といいます。

Ⅲ 人権の私人間効力

1 私人間効力の問題とは？

元来，基本的人権の保障は対国家との関係で理解されてきました。先述のとおり憲法の人権保障の目的は，国家による人権侵害を防止することにあったわけです。その一方で，私人同士では本来対等・平等であることが前提とされ，そこには私的自治の原則が妥当し，私法上では当事者同士の合意による法律関係が優先されるものと考えられてきました。しかし，近代市民革命以降に見られる資本主義の発達は，高度化するにつれて複雑化，多様化の様相を見せるようになり，社会に企業・労働組合などの大きな力を有する私的団体が登場し，その権力が場合によっては個人の基本的人権を脅かすようになっていきます。強大な力を有する企業とその使用者との関係のように，力関係に大きな差がある場合，一方が意にそぐわない法律関係を強要・強制されることもしばしば見

られることで，それが憲法上保障されている基本的人権の侵害となることもありえるわけです。

2　私人間効力をめぐる学説

そこで，これら社会的権力による基本的人権の侵害事例に対して，憲法が保障する基本的人権規定が適用されるかどうかが問題となるわけですが，このような基本的人権の私人間効力の問題に対し，従来，学説は大きく3つの見解に分類されてきました。

(1) **無効力説（非適用説）**　この見解は人権の本来的役割を重視し，人権は国家・公権力の濫用，侵害に対抗するものであって，私人相互間における侵害の防止や抑止は個別立法に依拠すべきであるとするものです。ただ，この見解によれば現実に起こっている私人相互間の人権侵害に対して憲法は無力であるということになり，それでは人権保障が空文化しかねないという問題が指摘されます。憲法は実定法全体における最高法規であり，私人間における人権侵害に対しても何らかの形で人権保障をおよぼす必要があると考えられるわけです。

(2) **直接適用説**　この見解は，私人間における人権侵害に対して憲法の人権規定を直接適用することにより救済を図ろうとする説です。しかし，この説では私法領域に認められる私的自治の原則が制約を受ける危険性があります。社会的権力といえども国家との関係においては基本的人権の享有主体ですから，私人間における人権侵害に憲法の人権規定を直接適用するとなると，国家による人権侵害の救済は一方に対する人権の制限となりかねません。このことは，憲法上保障される人権が国家による救済の名目によって大幅に制約されるおそれがあるということにもなります。また，基本的人権の主たる役割は国家からの自由であり，対国家的側面が相対的に緩和されるという問題も考えられます。

(3) **間接適用説**　この見解は前2説の中間に位置することになります。これは民法90条のような民法の一般条項を，憲法の趣旨を取り込んだ解釈を施すことにより，間接的に憲法の人権規定を適用させ，私人間の行為を規律しようとするものです。直接前面に登場するのは私法上の規定ですから，私的自治の原則を脅かすことはありません。ただ，その私法上の規定の解釈において憲法

の人権規定の趣旨を盛り込み，私法の一般規定をフィルター（媒介）とすることで憲法の人権規定を取り込んでいくのです。現在のところ，この見解が通説となっています。

3 判例

　最高裁は，政治活動などを理由に雇用しないことが思想良心の自由などに反するとして争われた三菱樹脂事件（最大判昭48年12月12日民集27巻11号1536頁）において，「憲法の右各規定（19条，14条）は，…もっぱら国または公共団体と個人との関係を規律するものであり，私人相互の関係を直接規律することを予定するものではない」として，直接適用説の立場を否定しつつ，私人間における人権侵害に対しては，「場合によっては，私的自治に対する一般的制限規定である民法1条，90条や不法行為に関する諸規定等の適切な運用によって，一面で私的自治の原則を尊重しながら，他面で社会的許容性の限度を超える侵害に対し基本的な自由や平等の利益を保護し，その間の適切な調整を図る方途も存する」として，間接適用説の立場に立つ判断を下しています。また，学生の政治活動による退学処分の妥当性が争われた昭和女子大事件（最判昭49年7月19日民集28巻5号790頁）や，定年年齢が男性60歳，女性55歳と定めている就業規則の違法性が争われた日産自動車事件（最判昭56年3月24日民集35巻2号300頁）でもこの立場を維持しています。

Ⅳ　人権の分類

1 人権を分類する理由

　憲法が保障する権利は，いくつかの種類に分類することができます。憲法は第3章に詳細な人権保障規定をおいてはいますが，全部をひとまとめに「人権」というだけで片づけては，それぞれの正確な理解ができなくなります。それぞれの人権の性格を理解するためにも，人権を類型化しておく必要があります。

2 人権の分類

　わが国では，ドイツの法学者であるG.イェリネックの影響のもと，人権の

分類がなされてきましたが，ここでは(a)国家の不作為を要求する「消極的権利」，(b)国家に対して作為を要求する「積極的権利」，(c)国家の意思形成に参加する「能動的権利」に分類しておきます。さらに，いずれの権利とも関係のあるものとして(d)包括的基本的人権も挙げておきます。

　消極的権利は，国家の干渉を排除するもので自由権，あるいは「国家からの自由」ともいわれます。積極的権利は，国家の制度を利用する権利としての受益権と，人間としての生活を国家に対して要求する社会権とに分けられます。国家の手によって現実社会における自由を確保するという意味で「国家による自由」と呼ばれることもあります。能動的権利は，政治への参加という意味で参政権とも呼ばれます。「国家への自由」と呼ばれることもあります。

3　それぞれの人権の違い

　これらの権利の違いは国家と国民との間の関係の違いでもありますが，もう少し分かりやすくするために，普段の学生生活にたとえてみると分かりやすいと思います。私たち学生（国民と仮定してください）には「勉強する自由」（＝自由権）があります。自由に授業に出席し，講義を聞いて，ノートを取り，図書館で調べものをする自由です。しかし，この自由は先生（国家権力!?と仮定してください）が，「教室から追い出す」，「ノートや六法を没収する」などしたら，実現することができません。つまり，「勉強する自由」は（勉強する自由が保障されるためには）先生が私たち学生を教室から追い出したり，私たちからノートを奪ったりしないことで確保されるのです。言い換えれば，先生が何もしないことこそが，「勉強する自由」を保障することになるのです。これが自由権の構図です。ところで，講義とは関係なく自分で興味のあるテーマについて調べ物をしたい，研究したい，勉強したいと思うこともあります。しかし残念ながら調べる文献がない，どう勉強すればいいか分からない，ということもありえます。それでも勉強したいという場合，その分野の先生に「勉強を教えてください」とか，「勉強のための基礎知識をつけてください」と頼むことになります。先生は「それなら」と言うことでいろいろとアドバイスをしてくれたり，文献を紹介してくれたりするでしょう。とすると，私たちの「勉強する欲求」が満足（保障）させられるには，先生の手助けがあって，はじめて実現される

ことになるのです。こちらが社会権の構図です。また、ゼミナールのような演習科目では、私たちはゼミナールの進め方について先生に意見を述べながら授業の進め方を決めていくことがあります（すべてのゼミナールがそうだとは限りませんが）。これは先生のゼミナールに参加していくことを意味します。そしてそれを受けて先生はゼミナールの進め方を決めていきます。これが参政権ということになります。

4 分類の相対性

　もっとも、これらの人権は多様な側面を持っていることに留意しなければなりません。自由権に分類されるからといって、それ以外の側面がないわけではないのです。たとえば、生存権は25条の「すべて国民は、健康で文化的な最低限度の生活を営む権利を有する」と定める社会権として通常理解されていますが、これは同時に「国家は健康で文化的な最低限度の生活以下の生活へとおとしめるような介入をしてはならない」という意味では自由権としての側面もあります。人権のどういった側面に着目した議論なのか、議論の際には注意しておかなければならないでしょう。

V　人権の限界

1　人権の不可侵性の意味

　日本国憲法は基本的人権の保障をその基本原理に掲げ、国家による不当な侵害を厳しく禁じています。11条や97条はそのあらわれで、国家は正当な理由なく人権を制限することは許されません。もっとも、人権は一部を除き絶対無制限に保障されるわけではなく、正当な理由の下に国家が人権を制約することがありうることは憲法自身認めています。12条や13条に書かれているように、人権は「公共の福祉」による制約を受けうるのです。

2　憲法が定めている「公共の福祉」はどのような意味だろう？

　国家は公共の福祉のため人権を制約する場合がありうるとしても、公共の福祉の意味が問題となってきます。というのも、公共の福祉はその言葉自体が極

めて抽象的であり，公共の福祉を名目とした規制がなされた場合，容易にその規制が正当化される危険があるからです。初期の最高裁判例には，公共の福祉の意味を問うことなく，人権制約の原理であることを強調する判例が見られますが，それでは国会が公益追求のために制定した法律であれば，およそすべてが公共の福祉のための規制であると判断されかねず，人権の不可侵性が意味をなさなくなる危険があります。したがって公共の福祉の内容を明らかにすることが求められるのですが，現在の公共の福祉に対する理解は，「人権相互の矛盾・衝突を調整するための実質的公平の原理」と理解する考えが有力となっています。これは公共の福祉を，人権それ自体が内在する限界として捉えるものです。およそ人権というものは一部を除き絶対無制限に保障されるものではなく，他者の権利利益を害することまで許容されるわけではないことは論理必然的に内在するのであって，これが公共の福祉と呼ばれる限界になるのです。そのため，人権を各人に公平に保障するための必要最小限度の規制が認められることになります（自由国家的公共の福祉）。また，22条や29条にみられるように，それらの権利を実質的に保障するために必要な規制が認められることになります（社会国家的公共の福祉）。

3 裁判所が具体的事件で用いるモノサシは何？

　もっとも，一般論としてはこのように理解できるとしても，個別具体的な事例においてどこまで制約が許されるのかについて明らかになるわけではありません。人権に対する規制立法が公共の福祉に適合するかどうか，つまり合憲か違憲かを裁判所が判定するための物差し（＝違憲審査の基準）が求められることになりますが，そこで，人権の規制によって得られる利益と人権を規制することで失われる利益とを比較衡量する手法が登場することになります。しかし，比較衡量の仕方によっては公益に傾きやすいという問題もあります。そこで，より精密にした違憲審査の基準が登場します。二重の基準論と呼ばれるものです（これらの基準論について詳しくは**第18章，第19章**の乾くん，梟くんの報告に譲ります）。簡単に言うと，これは人権のなかでも精神的自由権と経済的自由権に関し，精神的自由権を規制する立法の合憲性を判定する際の審査基準と，経済的自由権を規制する立法の合憲性を判定する際の審査基準とを異ならせ，精神

的自由権規制立法に対する違憲審査基準については厳格な審査基準を，経済的自由権規制立法に対する違憲審査基準については緩やかな審査基準を用いるべきとする理論です。

むすびにかえて

　以上，人権の歴史と，日本国憲法の人権規定に関連するいくつかの争点を紹介しました。ともすれば，人権という言葉はその内容を具体的にすることなく，容易に用いられる傾向にあります。それは，場合によっては裁判によって救済されえないものをも含むこともあります。また人権という言葉を用いて自らの権利を主張することに対して，「わがまま」あるいは「自己中心主義」として非難する声もあります。しかし，人権というものはそもそも「わがまま」を認めるものではありません。本来的には国家が手にしている大きな権力という名の矛に対して，私たちが長い年月をかけて血と汗と涙を流すことによって手に入れた強靭な盾なのです（憲法97条）。この報告を準備するなかで，自らを守るための盾の威力を失わせることのないよう，人権の正しい基礎知識の習得が不可欠なのだという想いを深くしました。

ゼミ風景

（山鹿）　まず，幾つかのキーワードの補足説明からお願いしましょうか。
　社会契約論
（梟）　社会契約論って，僕やゼミ生のずっとずっと祖先の人たちが当時の大王とか君主と「契約」を結んだことが今の「国家」のそもそものスタートということでしょうか。
（長熊）　歴史上，実際に誰かと誰かが契約を結んだということではなく，あくまでも理論のうえでの話です。なぜ，国民が国家の支配に従わなければならないのか，その国家権力には正当な根拠があるのか，を説明するための考えの1つなのです。その原型は，古代にもみられるといわれています。たとえば，死刑を宣告されたソクラテスが，アテナイという国家には，自らの意思で住み続けてきたのだから，自分とアテナイの国家と法律との間には合意（契約）が成立しており，死刑を宣告されたからといって，亡命することはできないとしたことの中にも，この考えのルーツをみることができます。近代の社会契約論としては，ホッブズ，ロック，それにルソーなどが有名です。たとえば，ホッブズは，まず「自然状態」というものを想定します。この自然状態では，人々は自然権を有していましたが，自然法が十分に機能しなかったために「万人の万人に対する

闘争」状態が生じていたと仮定します。この闘争状態を克服するために，人々は，自然権を相互譲渡して社会契約を締結し，その契約によって成立した主権によって国家が成立したものと考えるのです。

人権の私人間効力

(時導) 法学部に入学して，法律学の専門科目を学べるっていうのはとっても楽しみでした（ゼミ生の『ほぼ』全員が肯く）。ただ，『憲法』の講義は，高校までの社会科，「政経」の延長のようなものだろう，「人権」の話は小学校のときから習っているし，これまで学んだことを基本にさらに詳しい説明があるのかな，という程度に思っていたのです（この発言には全員が肯く：山鹿註）。だから，講義での「人権は，私人の間で効力を有するのか？」という設問にはとてもびっくりしました。「この先生って反人権派？」って一瞬思いましたから。

(山鹿) そうですね。学部1年次生に，このことを理解してもらうのに，毎年かなりのエネルギーが必要です。「人権」は，「大切だからみんなで守りましょうね」（ましてや，「弱者への思いやり？」）というものではなく，その名宛人（「あなたが守るものです」と名指しされるもの）が，国家・公権力だということ，そしてそれには裁判規範性がある（その条文を根拠に裁判所への訴えが認められる）ものだと捉えてこそ，その「かけがえのない価値」が生かされるということを説くのが憲法学の仕事ですから。

(梟) ということは，山鹿先生は，最近あらためて主張されるようになっている私人間「無効力説」をとられるのですか。

(山鹿) 私は，「もっぱら憲法の最高法規性の問題に純化できる」（君塚正臣）とズバリという見解に共感しています。

(長熊) この見解（君塚）によれば，例外的に直接効力が認められると説かれる憲法18条（「何人も，いかなる奴隷的拘束も受けない」）ですら，奴隷的拘束を許容しないよう，私法の一般条項を厳格に合憲限定解釈すれば足り，わざわざ，直接効力説を持ち出すまでもない，とされます。

(鶴巻) 報告のなかで紹介された三菱樹脂事件は，どうして間接効力説をとっているといえるのでしょうか。直接効力説を否定していることは明言しているので確かのようですが。

(長熊) そうですね。明確に「間接効力」だということを述べたのではなく，それを前提としているかのような判示となっているということでしょうか。報告で述べた内容を補足すれば，企業者の雇用の自由，契約締結の自由に言及する判旨部分は間接適用説の「あてはめ」をおこなった個所だとする説明もなされていますから。ただ，そうはいっても原告の思想，信条の自由をほとんど顧慮していないこともあって無効力説と一体どこが違うのだ，といわれそうですね。

公共の福祉

（鶴巻）　かけがえのない人権でも「制約」されることがありうるということは、ある意味当然のような気もするのですが、「公共の福祉」という表現は、日本国憲法だけのものなのでしょうか。

（長熊）　フランス人権宣言では、「自由とは、他人を害しないすべてのことをなしうることにある。」とし、「各人の自然的諸権利の行使は、社会の他の構成員にこれらと同一の権利の享受を確保すること以外の限界をもたない。…」（4条）とされています。また、所有権についてですが、ワイマール憲法には、「所有権は義務を伴う。その行使は、同時に公共の福祉に役立つべきである。」（153条3項）という規定もあります。

（羽生）　でも、長熊くんの説明を聞いていると（長熊くんが悪いのではないんですけど）、人権というのはあくまでも「私益」の1つで、その行使には「公益」（公共の福祉）が制約原理として働くんだ、と考える傾向がやはりあるように思えます。「政策的制約」という表現が典型的なのですけれど。

（長熊）　ですから、「公共の福祉」とは、「人権相互の矛盾・衝突を調整するための実質的公平の原理である」とされるようになったのだと思います。

（乾）　ただ、そうはいっても、どうしても「人権相互の矛盾・衝突」の調整原理にはおさまりきらないものを「公共の福祉」は持っているんじゃないでしょうか。もちろん、かつての「一元外在制約説」のように漠然不明確な人権制約の一般的根拠規定とするなんて、とんでもないことだと思ってるんですが。

（長熊）　具体的にどう考えるの？

（乾）　うまく言えないのですが、僕が報告しなければならない「財産権」のところを調べて考えているところなんで、そのときまで待ってもらえますか。

（梟）　論点がちょっと違うけど、「公共の福祉」を人権制約の根拠とみるのではなく、国家権力の正当性の限界と位置づけたうえで「公共の福祉」の内容を考えるべきではないか、という指摘がなされているようです。

第5章　基本的人権をもっているのは誰？
　　　　その「ひと」は皆平等？

はじめに

(時導) 日本国憲法の三大原理の1つに「基本的人権の尊重」があるということをどこかで習った記憶があります。しかし，その人権をもっているのは誰かと聞かれると困ってしまい，また人権ってそもそも何？って突っ込まれると，何もいえなくなってしまうのが大学入学当時の私でした。憲法の講義で，人権とは，人が人であるがゆえに生まれながらにして有している権利だと聞き，憲法が保障する人権をもつのはすべての人だと思ったのですが，そうではないんですね。憲法は全世界の人々を対象とする法ではなく，その国の「ひと」を対象とする法なので，人権保障が及ぶのは原則として「国民」です。そこで「国民」とは誰なのかが問題となります。

　本日の報告のもう1つのテーマである平等についても，抽象的なイメージでしかみてこなかったことに気づきました。差別のない平等な社会になればいいなと思っていましたが，差別や平等って何かと問われるとまったく何も浮かばなかったからです。

I　人権をもっているのは誰？

1　天皇・皇族

　天皇および皇族は，人権の主体である「国民」に含まれると解する見解が一般的です。しかし，憲法自体が，天皇という地位につく資格を一定の血統関係に属する者に限定するという世襲制（2条）を定め，一般国民とまったく異なる扱いを認めていること等から，それらに由来する必要最小限の制約が課せられるともされています。天皇には職業選択の自由や国籍離脱の自由は保障されませんし，天皇・皇族は自由に財産を受け渡すことはできず，国会の議決がなければなりません（8条）。天皇は国民に含まれないが皇族は国民に含まれ，天皇に準ずる制約を受け，その制約は個々に判断されるという説もあります。近年有力なのは，天皇・皇族は人権の主体ではないという否定説です。人の生き方や価値が，生まれによって決定される変更不可能な「身分」に基づく秩序

（身分制）によって成立していた社会は，貴族は貴族として，農民は農民として生きることがあらかじめ決められ，貴族は農民よりも価値の高い人であるとみなされる社会なのです。この前提を変えたのが，すべての人は人であるというだけで同一の権利が認められるべきであり，人としての価値は同じであるという近代人権思想です。この思想と世襲制は両立しないことが否定説の根拠です（佐藤・日本国憲法論，髙橋・立憲主義，長谷部・憲法等）。

2 未成年者

未成年者は人権の主体ですが，身体的・精神的に発展途上で成長段階にあるため，成人と別に扱う法令が多々あります。たとえば，児童買春・児童ポルノ処罰法，少年法，青少年保護育成条例のように未成年者を「保護」するものがあり，他方で，選挙権，婚姻，飲酒などに関する法令上の年齢制限があります。

また，制服の着用義務や髪形の規制を校則で定める学校が多くあります（服装・髪形の自由が憲法上の権利といえるかについては第6章Ⅲ*3*を参照）。一定の判断能力が必要とされる選挙権などと服装・髪形の自由は性質が大きく異なることを考えると，双方とも未成年者ということを理由に制限を正当化できるかを慎重に検討すべきだと思います。なお，保護と制限は表裏の関係にあります。保護を名目に権利が制限される恐れがあることには注意が必要でしょう。

3 団体および法人

通説・判例は，性質上可能な限り人権規定が適用されると解しています。その理由として，団体および法人（以下では，双方を「団体」という用語で統一します）が個人よりも大きな経済的利益を追求する手段として有効かつ必要であり，他方で，そうした団体から個人の権利を守るための労働組合の有用性が認識されるようになったことが指摘されます。「サービス残業」「過労死」といった日本社会の実態を思い起こすと，個人の権利を守る団体に権利を保障する意義が認められるでしょう（第11章Ⅱ*3*参照）。ただし，自然人固有の権利である人身の自由や刑事手続上の諸権利などの一部は保障がおよびません。

通説・判例に対して，個人を抑圧する団体から個人を解放するという近代人権思想の原点に立ち返り，団体の権利享有主体性を否定する説が有力になりつ

つあります（樋口陽一）。みんながしていることだから，波風を立てずあえて逆らわず従っておこうとする「集団志向」が日本社会に浸透しており，本来的な人権主体である個人が団体にのみ込まれ，個人の権利行使の妨げとなっている現状を踏まえたものであるようです。

4 外国人

(1) **外国人とは**　ここでいう外国人とは，日本国籍保持者ではない者，すなわち外国籍および無国籍の者を指します（国籍法4条）。一般永住者，特別永住者，永住資格を持たない定住者，移民，難民，観光目的の短期滞在者等，さまざまな人たちが含まれます。ここで用語について簡単に説明しておきます。一般永住者とは，日本国籍保持者と婚姻した外国人で永住資格を有する者等を指し，これに対し特別永住者とは，日本の侵略戦争により植民地化された国の出身者およびその子孫のことをいいます。敗戦後，日本はサンフランシスコ講和条約発効直前に，彼らに「付与」していた日本国籍を一方的かつ一律に喪失させるという，国際慣行に著しく反することを行いました。こうした歴史から，彼らは「日本国との平和条約に基づき日本の国籍を離脱した者等の出入国管理に関する特例法」（1991年）によって永住資格を認められている「特別な」存在なのです。

(2) **保障の根拠**　外国人に権利保障は及ばないとする否定説もありますが，一定の権利が保障されるという積極説が通説です。「人類の多年にわたる自由獲得の努力の成果」であるとされる，人権の前国家的性質や，自国のことだけを考えるのではなく，他国と協調していくこと（国際協調主義）を憲法自体が明言していることにその根拠が求められています。積極説の中でも，保障される権利を判別する理由づけについて考え方が分かれます。憲法の人権規定が採用している「何人」と「国民」という文言の違いに着目し，前者の権利は文字通りすべての人を意味しているので外国人にもおよぶが，後者の権利は外国人に保障されないと解する説（文言説）があります。

しかし，国籍離脱の権利を定める22条2項は，外国人を対象としていないにもかかわらず「何人」という文言を用いていること等から，説得力に乏しいとの批判がなされ，通説は権利性質説を採用しています。権利性質説とは，それ

ぞれの権利の性質を考慮し，どのような権利がどの程度外国人に保障されるかを確定していく考え方です。最高裁もマクリーン事件で権利性質説を採用しました（最大判昭53年10月4日民集32巻7号1223頁）。

(3) 保障される権利の範囲と程度

(i) 入国の自由，在留権，再入国の自由　通説は入国の自由を認めていません。その根拠は，国際慣行に求められるようです。要は，主権国家である以上，自国民以外の者の入国を認めるか否かは，国家が自由に決定できるということです。判例も同様の見解です。

在留権および再入国の自由について，憲法上の権利ではないけれども，みだりに奪われるものではなく，定住外国人には一段と強い程度の保障がなされるべきとの主張があります。さらには，定住外国人は当然に権利を有するという論者もいます。在留および再入国が認められないと，彼らは生活の拠り所を失うことになるため，こうした見解が示されているわけです。もっとも判例は在留権，再入国の自由を認めていません。これほど大きな違いをもたらす国籍とは一体何なのか，私にはまだ理解できていません。

(ii) 社会権　判例は，社会権を保障するかしないかを国会の判断に委ねています。しかし，社会権の中でもとりわけ生存に関わる事柄について，そのようにいい切れるかが疑問視されています。外国人だからといって命を軽々しく扱ってはいけないというのは当然ですが，生存という権利の性質から，憲法の規定を直接の根拠にして保障が及ぶとするのは困難だと思います。日本国籍保持者であっても，法律がなければ生存権の保障を求めることは難しいようですから（第11章Ⅲ**2**を参照）。権利性質説によって保障される権利とされない権利を区別できるものなのか改めて考えてみようと思っているところです。

(iii) 参政権　公職選挙法は，参政権を日本国籍保持者に限定しています。ここでは，国政と地方に分けて考えてみます。国政に関し，通説は国民主権原理における国民を日本国籍保持者だと考え，この原理に基づき外国人には保障されないと解しています。さしあたりここでいう国民主権原理とは，国家権力が存在する根拠は天皇ではなく国民にあるという原理と捉えておきます。詳細は鶴巻くんの報告に譲ります（第**2**章参照）。

これに対し，国民主権原理における国民が当然に国籍保持者に限られるわけ

ではなく，生活の実態に応じて解釈すべきであり，定住外国人にも権利が保障されると説く見解があります。また，憲法上の権利が保障されているとまではいえないけれども，国民主権原理によって外国人が排除されるわけではないと説く説もあります。これらの説によると，論理的には，憲法制定前に国民の範囲が定まっているはずで，その範囲を法律で確定することを要求しているのが憲法10条であり，国会は憲法制定前に想定されていた国民と一致する法律を作らなければなりません。このように考え，最高法規である憲法が定める国民主権における国民の範囲を法律で自由に決めることはできないし，憲法制定前に想定されていた国民が国籍保持者であることは自明なわけではないと結論づけます。

　判例は国民主権原理に触れず，マクリーン事件最高裁判決の趣旨から選挙権と被選挙権が外国人に保障されないことは明らかだと判示しています（最判平5年2月26日判タ812号166頁，最判平10年3月13日裁時1215号5頁）。

　地方選挙権について，通説は国政とは異なり，定住外国人に保障することを合憲と解しています。国政選挙について定める15条1項は「国民」，地方選挙について定める93条2項は「住民」という用語を憲法が採用していることから，国民と住民とは異なる概念であっても構わないと読むんですね。被選挙権についてほとんどの概説書は直接論じていませんが，後でみる公務就任権の論議と関連づけられているからなのかもしれません。

　最高裁は国民主権原理にいうところの国民は国籍保持者であり，93条2項の住民も同様だと明確に述べていますが，他方で「永住者等」への地方選挙権の付与は憲法違反ではないという判断を示しました（最判平7年2月28日民集49巻2号639頁）。

　(iv)　公務就任権　　公務就任権は広義の参政権とも呼ばれます。公務といっても様々な種類があり，国会議員，閣僚，地方公共団体の長やその議員といった政策決定に直接携わるものから，そうではない一般職もあります。通説は，国会議員などのような直接政治を動かしていく職には就けないけれども，そうではない一定の公務に就く権利が外国人にも保障されていると解しています。この権利を職業選択の自由と位置づけるアプローチも有力です。

　最高裁は，東京都で保健婦（現在の保健師）として採用された特別永住者が

管理職選考試験の受験を拒否された事件で，住民の生活に直接または間接に大きな影響を与える職務を担う者については，国民主権原理に照らし，原則として日本国籍保持者に限られ，このことは特別永住者であっても同様だとし，合憲判決を下しました（最大判平17年1月26日民集59巻1号128頁）。管理職の様々な職種について一律に禁止することや，特別永住者への配慮を欠いていることに批判が加えられています。また，こうした文脈の中での主権を，立法権・行政権・司法権を包括する統治権という意味で用いることは妥当ではないという指摘もあります。

II 平等の実現には何が必要？──そもそも平等ってどういう意味？

1 形式的平等と実質的平等

近代の平等観は，人はそもそも性別や能力等において異なるけれども，そうした違いにもかかわらず，すべての人を同一に扱い，平等な権利と自由を確立することによって，すべての人が平等に参加できる機会の平等（形式的平等）を保障するというものです。その後，社会的・経済的不平等が固定化され，条件や財産がない人にとって，機会の平等を行使することが実際上不可能になったことから，こうした不平等を是正し，機会の平等を実質化すること（実質的平等）が必要だと説かれるようになりました（第11章II *1*，*2*参照）。ただ，いろいろな概説書をみていると，論者によって実質的平等の内容が異なるんです。それをうまく整理して説明するために，実質的平等を条件の平等と結果の平等に分けて話を進めていきます。成功するか不安ですが。

2 実質的平等──条件の平等と結果の平等

（1） **条件の平等** 貧しいからという理由で高校や大学に進学することのできない人にとって，授業料を払えず学校に通うことができなければ，受験という機会の平等の保障は意味がないですよね。そこで，政府が奨学金を給付すること等によって，機会の平等の実質化が図られます。また，目が不自由な人に点字の試験問題用紙を配布することも，条件の平等の保障の一例です。

（2） **結果の平等** 社会的に不利な境遇におかれている女性，障害者や被差

別部落出身者などに、採用試験などであらかじめ一定の得点を付与したり、一定の合格枠を与えたりする措置をとるのが結果の平等の保障です。アファーマティブ・アクションとかポジティブ・アクションと呼ばれるもので、積極的差別是正措置と訳されています。こうした措置が必要だと主張される理由は、社会の構造自体がある人たちに対して不利にできていて、本人の努力で克服することが極めて困難だという現状があるからです（構造的差別）。

性別を例にとると、「寿退社」（結婚して退職）という言葉が言い表していたように、女性は家事・育児に専念すべきで、職場で重要な役割を担う存在ではないとみなされてきました。社会の構造はそんなに簡単に変わりません。人口からすると男女の数はほぼ同数なのに、女性の国会議員や閣僚が少ない国がほとんどです。人権先進国のイメージがあるアメリカ合衆国だって、まだ女性大統領の誕生をみてないし、日本の首相も男性しかなったことがないですよね。このように、スタートラインから不利な立場におかれている人は、いわば怪我を負った足で100m走に参加するのと同じようなものだと捉えるわけです。構造的差別の解消をおし進めるために、結果の平等の保障が要求されています。

III 日本国憲法で保障されている平等の内容ってどんなもの？

1 絶対的平等と相対的平等

憲法は平等に関するいくつかの規定をおいていますが、そのうちでも14条1項は総則的規定とよばれます。この条文の解釈論を検討するにあたり、まず次の2つの説の違いを確認しておきます。

個人の違いを無視し常に同一扱いをしなければならないという絶対的平等説があります。しかし、これを貫くと女性に出産休暇を認めないなど、不合理な結果を招くことから、各人の事実上の違いを無視せず、等しい者には等しく、異なる者には異なる程度に応じて扱うという相対的平等説が通説であり、判例も同様の立場です。相対的平等説を採ると、合理的な区別は許され、不合理な差別扱いが禁止されることになり、合理性の有無で平等違反を決定することになりますが、それをいかなる指標で判断するのかという難問に直面します。そこで次にその判断基準をみていきます。

2 平等違反の判断基準

(1) 学説 従来の学説は、人間性を尊重するという個人主義的、民主主義的理念を基準としていましたが、これだけでは曖昧であるため、より精緻な基準が追求されてきました。14条1項後段列挙事由と違憲審査基準を関連づける説が有力になりつつあるようです。列挙された事由は、近代人権思想が否定する生まれによるものや、歴史的に差別を受けてきたものであることから、列挙事由に特別な意味があると読み、これらの事由に基づく区別は、厳格な基準で審査すべきと説かれます。列挙事由以外のものについても、すべて緩やかな基準で審査することを意味するわけではなく、区別の事由やそれに関わる権利の性格に応じた検討を要するといわれます。

(2) 判例 判例は、列挙事由に特段の意味を見出していません（最大判昭39年5月27日民集18巻4号676頁）が、国籍法違憲判決（最大判平20年6月4日民集62巻6号1367頁）や婚外子相続分差別違憲決定（最大決平25年9月4日民集67巻6号1320頁）は、様々な事情を考慮要素に入れ総合的に判断する中で、自らの意思や努力で変えることのできない指標による区別であることを指摘し、違憲判断を下しています。どれほどこの指標に重きをおいて違憲の結論を導いているのかの評価が分かれるところでしょう。

3 審査の方法

平等は他者との比較の問題なので、誰と誰を比較するのかを最初に考えなければなりません。同じ状況や境遇にある人と比較し、自分が不利に扱われていることを主張する必要があります。相対的平等説を採るのであれば、このように考えないとおかしいですよね。つぎに、区別の指標を明らかにしなければなりません。そして、区別の目的と、それを達成するための手段が憲法上許容されるか否かを検討することが必要です。さらに、目的と手段が関連しているかが問われます。

4 平等権と平等原則

14条1項は、国家がすべての個人を平等に扱うことを要請していますが、平等原則と平等権は意味が違います。不平等扱いは平等原則違反ですが、同時に

平等権侵害となるわけではないのです。というのは，ある人を不平等に扱うことで有利な扱いを受ける人がでてくることになり，有利な扱いを受ける人は平等権という権利を侵害されているとはいえないからです。不利な扱いを受けた人は平等権違反を主張できるので，両者は似ているようで違うものなんですね。

5　平等の実現をめぐる議論

　機会の平等が保障されることは当然ですが，憲法は条件の平等は社会権の規定を通じて実現されることを予定し，立法によって実現すべきもので，14条に基づき裁判で主張できるものではないといわれています。憲法は結果の平等を要請していないが，法律によって結果の平等を保障することを禁止してはいないというのが通説です。しかし，たとえば国会議員の比率を強制的に男女同数にするという法律ができた場合の合憲性をどう判断すべきかが難しいところです。結果の平等を保障する法律は，列挙事由やそれに類似したものに基づき区別するものであるため，厳格な基準を適用すべきかが議論されています。

むすびにかえて

　この報告準備をする中で，特別永住者の問題に強く関心を抱きました。彼らの中には，「日本国民ではない」という自己意識を強くもっている人がいて，権利保障が「同化」の道具となるという指摘は，私のこれまでの考えを改めるきっかけになりました。調べる前までは，権利を保障すれば問題が解決すると考えていましたので。と同時に，日本国籍を得ることを望んではいないけれども，日本にずっと住み続けたいってどういうことなのかな，という疑問をもちました。さて，憲法問題を考察するには，近代人権思想をきちんと踏まえておかなければならない，という当たり前のことですが忘れがちなことを自分なりに整理できたように思います。今日の報告内容でいうと，天皇・皇族や団体の人権享有主体性の問題，平等違反の審査基準そして裁判で主張できる平等の範囲の問題が直接関連するところです。

　報告でまったく触れることができませんでしたが，LGBT（レズビアン，ゲイ，バイセクシャル，トランスジェンダー）に関する法的問題への対応が求められているかと思います。とくに最近では，同性婚を法制化する国が増加しているにもかかわらず，日本では政治課題にあがることすら，ほぼないといってよいでしょう。LGBT当事者への差別は生まれによるもので，近代人権思想に相反するものだと考えています。

ゼミ風景

（山鹿）　時導くんの問題意識が明確に出ている報告でしたね。

人権の主体

（長熊）　人権の「主体」である「ひと」に子どもや女性は入っていなかったというのは本当なんですか？

（時導）　1789年，フランスの「人および市民の諸権利の宣言」における「人（ひと）」には女性が含まれていないので，オランプ・ドゥ・グージュが「女性および女性市民の権利の宣言」（1791年）を出したことなどが代表的な例です。

「団体」の権利

（梟）　近代的な意味での「個人」の誕生・確立の問題を人権の「主体」のところで厳しく？主張することには，積極的な意義もあるとは思うけれども，…。まず漠然とではあっても，自然権的な「人の権利」ととらえる方が僕には納得しやすいし，それに「法人の人権」という表現が変だということも理解しやすいんだけど。

（時導）　同じ身分や職業などをもつ「集団」と国家が対峙するのではなく，職業・身分制が解体することによって，「個人」は，直接国家と向き合わざるを得なくなったところに基本的人権の「核心」があるとすれば，「集団」の力に依りかかってしか権利を主張できない人って「個人」じゃないよね，ということです。「国家からの自由」の前提として，自由の主体となる「個人」は，身分制という社会的権力から「自律・自立」すべき存在となることが必要だった，といわれます。また，団体は，「権利」を有するかもしれないが，「人権」をもつということはあり得ないね，ということにもなります。

（梟）　なるほど，そのように考えると，法人が大きな社会的役割を果たし，社会的実在であればあるほど，「法人からの『人権』」が問題となるわけですね。

「外国人」の人権

（羽生）　日本という国を構成する「人（国民）」（この国で生まれ育った人，生活の本拠がある人など）に含まれる「外国人」とそうでない「外国人」とは少なくとも分けて考えた方が良いと思いますが。

（時導）　僕も基本的には，そう思います。人権の主体としての「国民」が何を意味するのかは，法律ではなく，まさに憲法の問題だと思いますし。また，さっき出てきた「法人の人権」の論議と同じように，この問題が「権利性質説」で説明されるのは，うまく言えませんが違和感があります。「権利性質説」といっても，権利の性質だけではなく，権利の主体の性質も考慮しなければならないといわれているようです。

（山鹿）　時導くんの報告にもあったけど，「日本国籍をとればよいのでは」，「単に権利

を保障すれば」というだけの問題にしてしまうことはできないでしょうね。一昔前，アメリカ社会は「メルティング・ポット」だといわれていましたが，近年では「サラダ・ボウル」だとされているようです。「同化」せず，それぞれの違いや特性が生かせる社会の方が良しとされるわけです。「国籍」の考え方，とらえ方も変わってきていますし。

「構造的差別」と積極的差別是正策

(鶴巻) 「構造的差別」っていうなら，憲法「構造的」に差別是正策を組み込んでおけば（言葉を変えると，憲法に明記しておけば），憲法上の平等権あるいは平等原則の内容として解釈でき，法律もそれに基づいて制定できることになるんじゃない。

(時導) フランスのパリテ（男女平等政治参画）は，憲法院の違憲判決が出たので，憲法改正によって，それを憲法のなかに明記したという経緯があります。また，インド憲法は，優遇措置や特別優遇留保枠を憲法上明記しているそうです。このことは，山鹿先生が研究されていたところです。

(山鹿) 「実質的平等の実現」の問題は，一般的には，社会権に託されたものと解されてきました。したがって，裁判規範としての14条から直接に導かれる性質の問題ではないとされるのです（反対説もありますが）。しかし，「不利益を被っている人的集団に対して不利益扱いによって発生する格差の是正を求める権利をも保障するものだ」（井上典之）とすれば別の解釈が可能になるかもしれません。

性同一性障害・同性婚

(長熊) 確か，最近「性同一性障害特例法」という法律ができたはずですよね。

(時導) 心と体の性別が一致しない人の性別変更などを定めた法律です（2004年7月施行）。性同一性障害者への理解と権利保障が進んできたといえますが，問題点（たとえば，性転換手術をしないと戸籍の性別変更が認められないこと，多様な性同一性障害者を一律に扱っていること）も残っているといわれています。

(長熊) 日本国憲法は，「婚姻は，両性の合意のみに基いて成立し…」（24条）としているから，「両性」，つまり「男女」の結婚のみを婚姻としているということじゃないの。それぞれの多様な生き方は，13条で保障されているとは思うけど。

(時導) それまで不平等であり，本人とりわけ女性の実質的決定権が奪われていた状況を否定的にとらえ，それを克服しようとする目的を24条が持っていたことは確かですし，そのため，「…のみに基」づくという強い表現をしているのだと思います。

(羽生) この問題は，13条論でいうと，「自由」の問題としてとらえるのですか，それとも「人格」の問題になるのでしょうか。

(時導) 「選択的な性的趣向の問題ではなく，より生来的な問題であると考えられつつある」ようですので，14条の問題として論じた方が良いと思います。…

第6章　書いてなくても保障はされる？

かけがえのない人格，奪われたくない「自由」

はじめに

（羽生）　人権とは，人間が自律的な個人として自由と生存を確保し，尊厳を維持するのに必要な一定の権利のことです。そうした人権は，人間に当然に備わった（固有の）もので，憲法は，それを，あくまで実定的な法的権利として「確認」したに過ぎないとされています。つまり，人権は，憲法や君主によって与えられたものではなく，人間であることにより当然にもつ権利なのです。この考えを「人権の固有性」と呼びます。このことは，1776年のヴァージニア権利章典1条や，その影響を受けた1776年のアメリカ独立宣言にも示されています（第4章で学んだところです）。

　日本国憲法11条で「この憲法が国民に保障する基本的人権は，侵すことのできない永久の権利として，現在及び将来の国民に与へられる」とあり，97条で「この憲法が日本国民に保障する基本的人権は…現在及び将来の国民に対し，侵すことのできない永久の権利として信託されたものである」とあるのも，そうした「人権の固有性」を述べたものだと考えられます。このように人権は，憲法や君主によって与えられたものではなく，人間であるがゆえに当然にもつ権利である以上，憲法上，明文規定がなくとも保障されなければなりません。実際，日本国憲法では，13条が包括的人権規定としても機能し，憲法上，明文規定のない権利の根拠規定になっています。

　それでは，具体的に，どのような利益が，包括的人権規定によって保障されるのでしょうか。今回の報告では，この問題を考えていきたいと思います。

I　「個人の尊重」原理って？

　日本国憲法13条前段は，「すべて国民は，個人として尊重される」として，「個人の尊重」原理を定めています。日本国憲法の制定過程では，もともと，連合国軍総司令部案で「日本国ノ封建制度ハ終止スヘシ一切ノ日本人ハ…個人トシテ尊敬セラルヘシ」とあり，封建制度廃止の文脈で「個人の尊重」原理が示されていました。しかし，人間であるがゆえに尊重されるものとして，人間の本質と結びつけて論じられるようになりました。こうした「個人の尊重」原理は，

社会の価値の根源に個人があるとして個人を尊重するものです。そして，それは，他者を犠牲にする利己主義を否定しながらも，国家や社会全体のために個人を犠牲にする全体主義をも否定するものです。そして，すべての人間が，自主的な人格として平等に尊重されることを要求するものだといわれています。また，この「個人の尊重」は，日本国憲法24条2項の「個人の尊厳」やドイツ連邦共和国基本法1条1項の「人間の尊厳」と同義であると解する立場が一般的です。

なお，前述のアメリカ独立宣言では，人権の根拠をいわゆる天賦人権論によって説明しています。しかし，国際人権規約前文では，「人間の固有の尊厳に由来する」としています。日本国憲法13条の「個人の尊重」原理も，国際人権規約前文と同様の思想を表明したものといえるでしょう。

II　生命，自由及び幸福追求に対する権利って？

1　包括的人権規定って？

つぎに，日本国憲法13条後段部分に関して，考えていきたいと思います。かつては，13条後段を国政の基本を宣言したものに過ぎないとして，具体的権利性を否定する学説もありました。しかしながら，1960年代以降の激しい社会変動に応じる必要性や，13条を根拠にして，「みだりに容貌・容姿を撮影されない自由」を認めた京都府学連事件最高裁判決（最大判昭44年12月24日刑集23巻12号1625頁）なども踏まえて，現在では，13条に包括的人権規定としての機能を認める立場が一般的です。

なお，憲法上の明文規定のない人権について，13条前段に根拠を求めるべきか，それとも，13条後段に根拠を求めるべきかに関しては，争いがあります。たとえば，下級審では「宴のあと」事件（東京地判昭39年9月28日民集15巻9号2317頁）のように，日本国憲法の「個人の尊厳」の思想を強調して，憲法上の明文規定のない利益の権利性を導くものもあります。また，学説では，文言上，13条前段は公共の福祉による制限がないため，個人の自律に関わる権利は13条前段で根拠づけるべきだとする立場もあります。しかし，多くの学説は，13条前段の「個人の尊重」原理と13条後段とを総合的に解釈したうえで，13条後段

によって，具体的権利性を根拠づけています。

　13条前段の「個人の尊重」原理は，あくまで原理であり，人権が人間の固有の尊厳に由来する思想の表明だと考えられます。そのため，そうした13条前段の「個人の尊重」原理から，ただちに具体的権利性を導くことは難しいように思います。やはり，「個人の尊重」原理を定める13条前段と13条後段とを総合的に解釈したうえで，13条後段で具体的権利性を根拠づける立場が妥当ではないでしょうか。

2　生命，自由および幸福追求に対する権利の関係は？

　しかし，13条後段で具体的権利性を根拠づけるとしても，その13条後段の構造に関しては，少し考えなければならないところがあります。

　まず，通説は，13条後段で保障する包括的権利と他の条項で保障する個別的権利とを，一般法と特別法の関係として捉える補充的保障説の立場をとります。そのため，個別規定で保障されない人権のみが，13条後段の保障範囲だとされます。また，通説では，13条後段の「生命，自由及び幸福追求」に対する権利を統一的に捉えます。しかし，生命権，自由権，幸福追求権を，それぞれ，区別する立場も，有力に主張されています。さらに，近年では，生命権を人権の基底，あるいは基軸にすえ，人権体系の再構成を試みる学説も登場しています。この立場の学説のなかには，生命権を日本国憲法の平和主義と結び付け，その生命権を平和的生存権の核心をなすものとして理解するものもあります。

　「生命，自由及び幸福追求」に対する権利のうち，生命権は，他の諸人権の前提となるもので，やはり，質的に異なるものだと思われます。そのため，13条後段の構造としては，「生命」に対する権利を，「自由及び幸福追求」に対する権利と区別し，かつ「生命」に対する権利を人権の基底ないし基軸として理解する立場が，妥当だと考えます。ただし，この立場でも，13条後段の幸福追求権の規定が包括的人権規定として機能することは，否定されていません。

3　人格的自律説と一般的自由説って何？

　さて，13条後段の包括的人権規定によって保障される範囲に関しては，個人の人格的生存に必要不可欠な権利とする人格的自律説と，すべての生活活動領

域における一般的な行動の自由だとする一般的自由説とが対立しています。

　一般的自由説の場合には，一般的な行動の自由を「一応の」自由と考えたうえで，制約を加えていくことになります。そのため，単なるファッションとしての髪型や服装の自由なども，人間としての尊厳を否定されない権利（たとえば，奴隷的な扱いを受けない自由など）も，まずは，同じ「一応の」自由として考えることになります。それに対して，人格的自律説では，単なるファッションとしての髪型や服装の自由は，人権として保障されることはありません。

　しかし，人権を人間の固有の尊厳に由来するものと考え，13条後段の解釈においても，前段の「個人の尊重」原理と結び付けて理解するなら，「一般的自由」と自由「権」ないし人権とは，やはり，質的に異なるものだと思われます。また，人格的自律説に立ったとしても，個人の人格的生存に必要不可欠ではない自由・利益であっても，それに対する規制の目的や方法によっては，「個人の尊重」原理に反するものとして，その規制は認められないことになります（そのため，先ほどのファッションとしての髪型や服装の自由に対する規制も，たとえ，それぞれの自由が人権とは考えられなかったとしても，目的や方法によっては，規制が認められないこともあります）。もちろん，人格的自律説に関しては，人格概念の不明確さもあって，何が人格的生存に必要不可欠なのかが問題となります。しかし，何が人格的生存に必要不可欠なのかは，結局のところ，歴史的経験のなかで検証され，確定していくものだと思われます。そして，その際には，国民生活で長く基本的なものであったという歴史的正当性，多くの国民が行使してきたという普遍性，他者の権利を侵害しないという公共性などの要素を慎重に検討しなければならないと思います。ただ，いずれにしても，そうした方法によって，何が人格的生存に必要不可欠なのかを確定することも，不可能ではないと思われます。

　なお，近年は，かけがえのない人格を守り，何があっても奪われたくないものとして，国や社会全体の利益にも対抗する「切り札」としての人権を考える立場などもあります。

Ⅲ　それで，何が保障されるの？

　では，13条後段で保障される人権には，個別に規定されているもの以外に，どのようなものがあるのでしょうか。通説によれば，13条後段が包括的人権規定として独自の役割を果たす領域は，以下のように考えられています。すなわち，①人格価値そのものに関わる権利，②人格的自律権（自己決定権），③適正な手続的処遇を受ける権利，④参政権的権利，そして⑤社会権的権利です。このうち，③，④，⑤は，別の報告に譲るとして，今回の報告では，①と②に関わるものをみていきたいと思います。

1　名誉権？

　通説によれば，名誉権は人格価値そのものに関わる権利として，憲法13条後段によって根拠づけられます。憲法21条2項前段で禁止される検閲および表現の自由の事前抑制の原則的禁止との関係で，出版物の事前差止の仮処分の是非が争われた事案において，最高裁も，人格権としての名誉権を認めています。すなわち，名誉権を「人の品性，徳行，名声，信用等の人格的価値について社会から受ける客観的評価」とし，そうした「人格権としての名誉権に基づき，加害者に対し，現に行われている侵害行為を排除し，又は将来生ずべき侵害を予防するため，侵害行為の差止めを求めることができるものと解するのが相当である。けだし，名誉は生命，身体とともに極めて重大な保護法益であり，人格権としての名誉権は，物権の場合と同様に排他性を有する権利というべきであるからである」としています（北方ジャーナル事件・最大判昭61年6月11日民集40巻4号872頁）。

2　プライバシー権って？

　プライバシー権は，もともと，米国で「1人で放っておいてもらう権利（the right to be let alone）」として主張されたものです。米国では，その後，連邦最高裁判例によって，プライバシー権には，情報プライバシー権と自己決定権が含まれるとされ，特に後者については，女性の中絶権を中心に議論されてきま

した。日本でも，すでに戦前からプライバシー権について紹介されていました。しかし，本格的に論じられ始めたのは，警察による電話盗聴などを背景にした1950年代以降のことです。

その後のリーディング・ケースとなる前掲「宴のあと」事件判決では，「日本国憲法のよつて立つところでもある個人の尊厳という思想は，相互の人格が尊重され，不当な干渉から自我が保護されることによつてはじめて確実なものとなるのであつて，そのためには，正当な理由がなく他人の私事を公開することが許されてはならないことは言うまでもない」とされました。そして，「プライバシー権は私生活をみだりに公開されないという法的保障ないし権利として理解される」とされました。そのうえで，「プライバシーの侵害に対し法的な救済が与えられるためには，公開された内容が(イ)私生活上の事実または私生活上の事実らしく受け取られるおそれのあることがらであること，(ロ)一般人の感受性を基準にして当該私人の立場に立つた場合公開を欲しないであろうと認められることがらであること…，(ハ)一般の人々に未だ知られていないことがらであることを必要とし，このような公開によつて当該私人が実際に不快，不安の念を覚えたことを必要とする」とされました。その後，米国での議論の影響を受けながら，学説では，プライバシー権を，自己に関する情報をコントロールする権利だとする立場（自己情報コントロール権説）が通説となります。

早稲田大学が，当時，中華人民共和国国家主席であった江沢民氏の講演会に際して，個人情報を記載した参加申込者の名簿の写しを申込者の同意なしに警察署へ提出した事案において，最高裁は，次のように述べています。まず，本件個人情報である「学籍番号，氏名，住所及び電話番号は，早稲田大学が個人識別等を行うための単純な情報であって，その限りにおいては，秘匿されるべき必要性が必ずしも高いものではない」としました。「しかし，このような個人情報についても，本人が，自己が欲しない他者にはみだりにこれを開示されたくないと考えることは自然なことであり，そのことへの期待は保護されるべきものであるから，本件個人情報は，上告人らのプライバシーに係る情報として法的保護の対象となるというべきである」としました（最判平15年9月12日民集57巻8号973頁）。このように，最高裁でも，自己情報コントロール権説を意識させる判断を示しています。また，自己情報コントロール権説の考え方に基

づいて，2003年には，個人情報保護法などが制定されています。

3 人格的自律権（自己決定権）も？

　人格的自律説を前提とすれば，13条後段で保障される自己決定権の対象は，人格的生存に必要不可欠な重要事項に関する自己決定と考えられます。また，学説では，その内容を，(a)リプロダクションの自己決定権，(b)ライフスタイルの自己決定権，(c)生命・身体に関する自己決定権に分類するものなどがあります。(a)のリプロダクションの自己決定権とは，避妊や妊娠中絶などに関する自己決定権のことです。このリプロダクションの自己決定権に関しては，憲法13条ではなく，憲法24条の問題として理解すべきだとする学説もあります。しかし，たとえば，リプロダクションの権利の1つである中絶権は，あくまで女性個人の権利であって，家族の問題とすべきではないと考えられます。そのため，やはり，13条で根拠づけられるべきだと思われます。(b)のライフスタイルの自己決定権には，一応，髪型や服装の自由，自動車・バイク乗車や喫煙の自由などが考えられます。ただし，そのどこまでを憲法上の自己決定権と考えるべきかに関しては，争いがあります。しかし，前述したように，人格的自律説に立つ場合には，一定の主義・主張を表現するための髪型や服装などでない限り，憲法上の自己決定権とは認められないと思われます。なお，普通自動車運転免許の取得制限やパーマを禁止する校則に違反するなどしたため，私立高校が生徒に自主退学勧告をしたことの違法性が争われた事案で，最高裁は，次のように述べています。すなわち，憲法の人権規定の直接適用を否定したうえで，「本件校則により，運転免許の取得につき，一定の時期以降で，かつ，学校に届け出た場合にのみ教習の受講及び免許の取得を認めることとしているのは，交通事故から生徒の生命身体を守り，非行化を防止し，もって勉学に専念する時間を確保するためであ」り，また，「パーマをかけることを禁止しているのも，高校生にふさわしい髪型を維持し，非行を防止するためである，というのであるから，本件校則は社会通念上不合理なものとはいえず，生徒に対してその遵守を求める本件校則は，民法1条，90条に違反するものではない」としています（最判平8年7月18日判時1599号53頁）。(c)に関しては，「患者が，輸血を受けることは自己の宗教上の信念に反するとして，輸血を伴う医療行為を拒否する

との明確な意思を有している場合、このような意思決定をする権利は、人格権の一内容として尊重されなければならない」とした判例などがあります（最判平12年2月29日民集54巻2号582頁）。

4 環境権まで？

1960年代の高度経済成長期の日本では、様々な公害問題が生じ、社会問題化しました。そして、世界的には、1972年にストックホルムで国際連合人間環境会議が開かれ、人間環境宣言が採択されました。そこでは、「尊厳と福祉を保つに足る環境で、自由、平等及び十分な生活水準を享受する基本的権利」が述べられています。また、この会議では、国連総会の補助機関として国連環境保護計画（UNEP）の設置が決定され、翌年の1973年から発足することになりました。このように環境問題に関する認識が高まるなか、日本でも、環境権が主張されるようになったのです。環境権とは、健康で快適な生活の条件としての良い環境を享受する権利のことです。ここでいう環境に、自然環境だけでなく、遺跡や寺院などの文化的環境、公園や道路などの社会的環境も含めるべきかに関しては、争いがあります。しかし、公園や道路の樹木や古代の遺跡などを考えた場合、文化的環境・社会的環境と自然的環境との区別は明確ではなく、加えて、道路などの社会的環境が不十分であれば、自然的環境の享受もできない場合もあるため、文化的環境や社会的環境も含めて、理解すべきだと考えます。

ただし、現在のところ、最高裁判例で、こうした環境権を認めたものはありません。

IV これからの人権保障のためにすべきことって？

今回の報告では、日本国憲法13条に関してみてきました。13条後段は、包括的人権規定としての機能も持っています。したがって、人権は、たとえ明文規定がなくても、13条後段によって保障されます。実際、名誉権やプライバシー権などは、日本国憲法上、明文規定はありませんが、この13条後段によって根拠づけられると考えられています。人権保障の具体的なニーズは、時代によって変化します。13条後段は、そうした変化するニーズに応じて、新たな人権保

障を生み出す役割を果たしているといえます。その意味で，日本国憲法は，あらかじめ人権保障の歴史的発展をビルトインした優れた憲法だといえるでしょう。

　近年，改憲論議のなかで，プライバシー権や環境権などの「加憲」が主張されることもあります。しかし，実のところ，13条後段が包括的人権規定としての機能をもつことを考えれば，プライバシー権や環境権などの「加憲」の必要性は，必ずしも高いわけではないことがわかります。環境権は，判例上，認められていないため，「加憲」の必要があるように思われるかもしれません。しかし，判例で環境権が認められない理由としては，その概念の不明確性などのためだと考えられ，仮に明文規定が設けられたところで，環境権の概念が明確にされなければ，十分に機能するものとは考えられません。逆に，環境権の概念が明確となり，きちんと根拠づけられさえすれば，「加憲」をしなくとも，判例において認められるようになるでしょう。

　いま，われわれが，これからの人権保障のためにすべきことは，安易な改憲論議ではなく，かけがえのない人格を守り，何があっても奪われたくない自由は何か，あるいは奪ってはいけない自由や権利とは何なのかを考えることではないでしょうか。

ゼミ風景

生命，人格，そして自由

（時導）　アメリカ建国期からの「生命と自由」尊重の精神が13条に受け継がれているんですね。ドイツなどの影響もあるということですか。

（羽生）　第2次世界大戦の経験をふまえ，「人間の尊厳」をかけがえのない価値と位置づける動きが背景にあると思います（ドイツ基本法1条は「人間の尊厳は不可侵である」ことを明記しています）。また，「自己の人格を自由に発展させる権利を有する」（同2条）など，それまで憲法上は正面から扱うことが避けられてきた「人格」という言葉が重要な役割を与えられています。ただ，詳しくは調べきれなかったのですが，日本国憲法の13条や24条に出てくる「個人の尊重」や「個人の尊厳」と「人間の尊厳」を同じものと扱って良いのかどうかには論議があるようです。

（乾）　「憲法の条文に定められているから人権が保障されるのです」ではなく，「憲法の

条文は，あくまで実定的な法的権利としてそれを『確認』したにに過ぎないのです」という羽生くんの説明には，アメリカ合衆国憲法修正9条のことも念頭にあるのですか。
(羽生) そうですね。乾くんの指摘した修正9条は，ちょっと日本語としては分かりにくい表現ですが，「この憲法に特定の権利を列挙したことを，人民の保有するその他の権利を否定し，または，軽視するものと解釈してはならない。」となっています。憲法で個別的な人権を定めたからといってそれ以外の人権を無視したり，軽視したわけではないよ，という定めをわざわざ設けているわけです。

「生命権」
(長熊) 「生命権」を人権の基軸にすえる，と言われてみると当然のような気がしたんですが，それを体系的に主張するとどうなるんですか。
(羽生) この立場の1つに，日本国憲法の平和主義とも結びつき，平和的生存権の核心をなすものとして，生命権を想定するものがあります。しかも，この平和的生存権の核心をなすものとした生命権の考え方に関しては，いわゆるイラク特措法などに基づきイラク等に派遣された自衛隊の撤退や損害賠償を求めた事案を扱った大阪高裁判決（大阪高判平20年2月18日）でも，「憲法の定めた恒久平和主義の理念は，戦争の惨禍により侵害されることになる国民の生命権ないし平和的生存権の保障をその内実とするともいえよう。憲法学者である当審証人上田勝美が「『平和のうちに生きる権利』の核心をなす，あるいは前提をなす権利は『生命権』そのものなのである。」と述べていることも，その趣旨をいうものと解される」とされ，採用されています。

「切り札」？
(梟) 前にも（第3章）でも論議されたけど，僕は，前文と9条の憲法的性格については羽生くんとは意見が違うな〜。それはさておき，「切り札」というと僕なんか，別のことを考えてしまうのですが。「切り札としての人権」ということが13条のところで問題となるのですか。それに，羽生くんの説明では「社会権的権利」も含めて考えられているようですし…。
(羽生) もともと，フランス人権宣言では，他人の自由を制限しない限りで自由権を保障していました。つまり，たんなる一般的自由ではなく，質的に制限された自由を保障していたのです。そうした歴史的な経緯なども含めて考えると，人権という以上，国や社会全体の利益にも対抗する質的に限定されたものでなければならないと思うのです。
(梟) 「切り札としての人権」は，言葉としては，「勇ましい」けれども。国家成立以前の自然状態においても享有できた権利という人権本来の意義に即して限定的なもののみが「人権」という名に値するという限定的な「人権観」をとる考えも有力だし，やはり絶対的に保障されるという「人権」の定義が必要じゃないのかな。「切り札」というからには，「集合的決定が社会全体の利益を理由に譲歩を迫ってきたとしても，『譲れない

一線』を踏み越える場合にはそれを拒絶し，逆に集合的決定に退却を迫ることができなければならない」(駒村圭吾) ものなんじゃない？

人格的利益と一般的自由

(時導) 報告の中で説明されたので，繰り返しになるんですが，すみません。人格的利益説と一般的自由説のそれぞれの説明と，結局何がどう違ってくるのかを補足的に説明してもらえませんか。

(羽生) 人格的利益説では，幸福追求権とは，「個人の人格的生存に不可欠な利益を内容とする権利の総体」(芦部信喜)であるとか，「人格的自律の存在として自己を主張し，そのような存在であり続ける上で必要不可欠な権利・自由を包摂する包括的な権利」(佐藤幸治)と説明されます。一般的自由説では，幸福追求権とは，個別的に列挙されてはいないが「人間の尊厳を保護するために必要と思われる諸権利をひろく含」み，「公共の福祉に反しない限り一般的に自由を拘束されないとする」一般的自由権を包括するとされます(橋本公亘)。一般的自由説によると，バイク乗り，髪型の自由などもまず13条の問題としたうえで，その「制約」がみとめられるのか(制約の合憲性の判断)，という論議になります。他方，人格的利益説によると，それが人格的生存に不可欠な利益にかかわるものでなければ，13条の保障には含まれないことになります。

(鶴巻) 講義で，「ドラえもんのポケット」じゃないのだから，というような説明を聞いたことがあります。「幸福追求権」って聞いたとき，なんでも含まれるように思ったんですが，そうすると，どちらの説をとっても，保障の範囲は，かなり限られるということになりますね。

(羽生) そうでもありません。憲法上の個別的権利の保障とはされないものであっても，国が恣意的に不適正な規制をおこなう場合や，憲法上の権利の保障を全うするうえで，憲法上看過できない規制などは，個人の人格尊重の原理から13条の問題となるとされています。

環境権

(長熊) 環境権の憲法的性格なんだけど，25条は関係ないの？　関係あるとすると13条と25条がどうかみあうの？

(羽生) もちろん，25条も関係します。むしろ，もともとは，環境権の根拠としては，25条の生存権が考えられていたぐらいです。しかし，後に，13条も，環境権の根拠となると考えられるようになりました。いわば，25条と13条で二重に包装するわけです(二重包装論)。そのことで，25条では保障しきれない内容も，13条で保障できることになります。たとえば，25条の解釈次第ですが，仮に，25条を狭く解釈して，文化財を享受することまでは最低限の生活には含まれないとした場合でも，13条を根拠とすることで，環境権の一部として保障される可能性がでてきます。

第7章　食べないのは，好き嫌いじゃない！

思想・良心の自由，信教の自由

はじめに
(時導) 今日は，思想良心の自由や信教の自由といった「心の自由」について報告します。国家から「心の自由」を支配されたら，自分らしく充実した人生をおくることはできないですよね。そんなことあるわけないじゃないかと思う人もいるかもしれないけど，少し時代を遡れば，そうした自由のない時代が日本を含め世界各国にあったし，今もあるんです。自由に物事を考え，信仰心をもつことのできる国と時代に生きている私たちは，今こそ，当たり前のように享受できていることの大切さ（人権保障の意義）を改めて認識しなければいけないと思うのです。

I　思想良心の自由を保障する憲法って珍しい？

1　背　景
　信教の自由とは別個に思想良心の自由を保障する憲法は世界的に稀です。そもそも信教の自由には人が心の中でなにをどう考えるのかという自由（内心の自由）が含まれると考えられていて，国家はいかなる理由があっても絶対に内心の自由に介入してはならない，というのが大前提です。国家が内心の自由に介入すると，国家の都合のよいように個人を服従させ，単なる機械の一部品のように扱うことも簡単にできてしまいます。だから，信教の自由に思想良心の自由も含まれることが当然だと考えられています。

　ではなぜ日本国憲法はあえて思想良心（以下では，単に「思想」と呼ぶ場合もあります）の自由を保障したのでしょう。それは明治憲法の下で，国家が「反国家的」とみなした思想をもっている人たちを弾圧し，逮捕し，さらには拷問によって殺害したという歴史もあるからです。

2　保障範囲
　19条が保障する思想の範囲について，政治的意見，世界観，人生観といった

人格の核心を形成するものに限られるとする狭義説があります。範囲を広くしすぎると，人権として保障することの価値を低下させるからというのが理由のようです。これに対し，狭義説のいう保障対象内のものと外のものを明確に区別できるか疑問ですし，心の中の自由を狭く解する理由はないと考え，物事の是非や善悪の判断も含む，人の内心におけるものの見方や考え方を保障範囲に含める広義説があります。謝罪広告事件最高裁判決（最大判昭31年7月4日民集10巻7号785頁）は「謝罪」を強制することを合憲としていますが，上のどちらの説を採用したのか不明です。

3 保障内容

保障内容として，①特定の思想をもつまたはもたないことを強制されないこと，②特定の思想を理由として不利益扱いを受けないこと，③沈黙の自由（内心の告白の強制の禁止。江戸時代から明治初期にかけて行われた「踏み絵」は，沈黙の自由の侵害になります），そして④内心の操作の禁止があります。④は，政府が特定の思想や見解を促進し，それが正しいものであるかのように国民を操作することを禁止することを意味します。とくに学校といった「場」は，そこから逃れることが困難な性格があり，特定の思想を浸透させる標的となりやすいといわれています。

4 「日の丸」「君が代」をめぐる問題

(1) 「日の丸」「君が代」の意味と国旗国歌の「機能」　時間に限りがありますので，この条文をめぐる最近の論議，「日の丸」「君が代」問題のみを取り上げます。「日の丸」「君が代」にはどんな意味が込められているのでしょうか。「日の丸」について論議のあるところですが，一般には特に何らかの意味を付与したものではないといわれます。これに対して「君が代」は違います。「君が代」の「君」は天皇を指し，「代」は時代を意味します。この歌の内容は，天皇が支配する時代が未来永劫続きますようにというものです。こうした「日の丸」「君が代」は，日本の侵略戦争を推進し鼓舞するために用いられた歴史があります。もっとも，「日の丸」「君が代」に限らず，そもそも国旗国歌というものは，国民を一定の方向に駆り立てる機能を果たすものだと思います。身

近な例でいうと，オリンピック等の国際競技で，国旗国歌を用いて自国の選手の応援をしてますよね（これが悪いといっているわけではありません。念のため）。

(2) **国旗国歌法の内容と現状**　「日の丸」「君が代」は長らく慣例上，国旗国歌の扱いを受けていましたが，法律上明確に国旗国歌と定められたのは1999年です。法制化する前に，政府はこれらを強制することはないと答弁していました。現に，国旗国歌法は「日の丸」を国旗，「君が代」を国歌と定めているだけで，国民に何らかの義務を課する規定は一切ありません。しかし，実際には，特に（国）公立学校の入学式や卒業式で「日の丸」掲揚の際の起立，「君が代」斉唱の強制がなされ，これに従わなかった教員が数多く処分されています。

強制に従えない（または従わない）理由を一概にはいえませんが，先ほど述べた「日の丸」「君が代」の歴史と自己の歴史観・世界観が相容れないことや，子どもにそうした歴史をまったく教えずに，儀式で起立し歌うのを当たり前のものとして受け入れさせることについて教育者としての良心が許さないことを例に挙げることができます。

(3) **判　例**　最高裁は「君が代」のピアノ伴奏を拒否した音楽教諭への戒告処分を合憲と判示しました（最判平19年2月27日民集61巻1号291頁）。その後も最高裁は，職務命令による起立や「君が代」斉唱をしなかったことへの戒告処分に違憲・違法という判決を下したことは1度もありませんが，起立や斉唱の強制が思想の自由への間接的制約になることを認めています。

なぜでしょう。思想の告白を強制するなど絶対的保障を受けるとされる内心それ自体を理由とした処分ではないけれども，内心に由来する外部的行為を制約するので，思想の自由に対する間接的制約になると考えたからです。戒告処分よりも重い減給処分や停職処分を違法とする最高裁判決からは（最判平24年1月16日判時2147号127頁，最判平24年1月16日判時2147号139頁），処分に一定の歯止めをかけようとする姿勢が窺えるように思われます。教員（教育公務員）は一般公務員と異なり，憲法で教育の自由を一定程度保障されていることに留意すべきでしょう（**第12章参照**）。

さて，私はこの問題を「日の丸」「君が代」に限定して考えるべきではないと思います。「日の丸」「君が代」というものを出すだけで感情論に傾きがちになり，理性的な議論ができなくなる可能性が高くなりますし。そこでいったん

「日の丸」「君が代」から離れて議論をします。国旗はその国の国民的シンボルが描かれたもの，国歌は多くの国民が愛着を感じている国民的名曲と呼ばれるものだと想定してみます。こうした国旗国歌を入学式や卒業式で強制することを正当化できるのでしょうか？この国旗国歌を敬愛の対象とどうしてもできない人というのはごく僅かでしょう。しかし，人権はそうしたごく少数の人たちにとってかけがえのないものであるはずです。そもそも国家が強制を正当化できるのは，個人の生命・身体・財産の保護等，国民にとって何らかの利益になることでなければならないはずです。起立・斉唱の強制にどういう利益があるのか掘り下げて検討していく必要があると思います。教員は公務員なんだから職務命令に従って当然という意見もあるところですが，公務員にも人権は保障されています。人の心のなかをのぞき見ようとする職務命令の合憲性は疑わしいと思います。

II　信教の自由は何を保障しているの？

1　歴　史

　人権を保障し権力分立を定める国（立憲諸国）は，信教の自由を保障しています。西欧における宗教弾圧への抵抗の歴史を経て信教の自由は確立されました。

　日本の歴史ではどうでしょう。明治憲法の下で，神社神道は事実上国教と扱われ，これを受け入れない他の宗教は弾圧されました。また，「神道は宗教にあらず」とすることで，すべての国民に神社参拝を強要することが正当化されました。このように国民をイデオロギー的に統制した体制を国家神道体制と呼びます。この体制は，伊勢神宮を頂点とするもので，靖国神社は軍国主義の支柱としての役割を果たしました。第2次世界大戦中に日本が受諾したポツダム宣言は，宗教の自由の確立を求めています。大戦後，連合国総司令部が発した，いわゆる神道指令は，神道だけでなくあらゆる宗教と国家を分離させるものです。こうした背景の下，日本国憲法には信教の自由（20条1項前段および2項）と政教分離（20条1項後段，20条3項，89条）を定める規定がおかれました。

2 信教の自由の保障内容と限界

信教の自由には，①特定の宗教を信じる，または信じないという信仰の自由，②礼拝，儀式等を行い，もしくは参加し，またはこうした行為を行わないという宗教的行為の自由，③宗教団体を設立し活動する自由や，宗教団体に加入する自由もしくは加入しないという宗教的結社の自由が含まれます。

つぎに信教の自由の限界についてみていきます。よく対比される日曜日参観事件判決（東京地判昭61年3月20日行集37巻3号347頁）と剣道実技拒否事件判決（最判平8年3月8日民集50巻3号469頁）をとり上げます。前者はキリスト教の教会学校出席のために，日曜日の参観授業に出席しなかったことが欠席と扱われたことを争ったものです。裁判所は信教の自由の侵害の訴えを斥けました。後者は高等専門学校の学生が，信仰上の理由から必修科目である剣道実技の履修を拒否したため，この単位を取得できなかったことを理由に，学校側が退学処分等をしたことの取消しを求めた裁判です。最高裁はこれらの処分を違法と判示しました。欠席記載と退学処分という不利益の大きさの違いが，結論の違いをもたらしたという評価がよくみられるところです。

III 政治と宗教をなぜ分離しないといけないの？分離の程度はどのぐらい必要？

1 諸外国における政治と宗教の関係

イギリスのように国教制度を建前とする国，ドイツやイタリアのように特定の教会と国家の独立を認め，国家の役割と重なり合う部分に関して和親条約を締結する国，政教一致をとるいくつかのイスラーム諸国，そしてアメリカ合衆国やフランスのような政教分離を定める国があります。日本はアメリカ合衆国などの政教分離型に分類されます。ただし，政教分離を採用している国にあっても，それぞれ歴史的背景に違いがあり，また規定の文言，解釈や運用そして問題となっている事柄などが異なることに注意する必要があるでしょう。

2 日本国憲法における政教分離に関する議論

(1) 目的　政教分離の目的は，いくつか挙げられます。共通しているのは，信教の自由の侵害を防ぐことです。国家と宗教が一体化することで信教の自由

が大きく侵害された日本の歴史に鑑みると，分離の必要性が理解できることと思います。20条1項後段は，宗教団体に特権を与えることと，宗教団体が政治権力を行使することを禁止し，20条3項は，国の宗教的活動を禁じています。89条は，宗教上の組織や団体への公金の支出を禁止し，財政の面から政教分離を定めています。税金を用いて特定の宗教を支援することが許されるならば，国家と宗教の一体化を防ぐことが実際上できなくなるからです。

　(2)　**法的性格**　　大きく分けると，制度説と人権説の対立があります。制度説は個人の権利を保障したものではなく，客観的な制度とみます。これに対し人権説は，政教分離に違反する国家の活動を人権侵害と捉えます。つまり，こうした国家の活動は，個人の信教の自由を直接侵害するわけではないけれども，間接的な圧迫を与えるものであり，これも人権侵害と考えるわけです。判例は，政教分離を制度として保障することで，間接的に信教の自由を保障する規定だと解しているので，人権説は採用されていません。

　(3)　**分離の程度と基準**　　政教分離規定は，いかなる場合においても完全な分離を要求しているわけではありません。というのは，完全な分離が，政教分離のそもそもの目的と両立しなくなることがあるからです。たとえば，私学助成において宗教系学校には助成をしないとなると，宗教に基づく不利益扱いをもたらしますし，文化財を保護するときも同様の問題が生じます。

　そこで，どの程度の分離が憲法上要請されているのか，言い換えると，いかなる程度のかかわり合いを憲法が禁止しているのかを判断する基準が問題となります。体育館の起工式を神職主宰による神式の地鎮祭で行ったことが争われた津地鎮祭事件で，最高裁は目的効果基準を採用しました（最大判昭52年7月13日民集31巻4号533頁）。この基準によると，「行為の目的が宗教的意義をもち，その効果が宗教に対する援助，助長，促進又は圧迫，干渉等になるような行為」を政教分離違反とみなします。これを検討する際には，行為の主宰者が宗教家であるかどうか等にとらわれるのではなく，当該行為の場所や一般人の評価等を総合的に考慮し，社会通念に従って判断します。この基準を最高裁は適用し続けていますが，学説から強い批判のあるところです。というのは，この基準は国家と宗教を厳格に分離するのではなく，むしろ結びつきを認めやすい（緩やかな分離）傾向にあるため，分離を原則ではなく例外としてしまい，政教分

離の本来の目的を果たすことができないからです。

　最高裁は，愛媛玉串料訴訟においてこの基準を適用したうえで初めて違憲判決を下しました（最大判平9年4月2日民集51巻4号1673頁）が，合憲判決の事案と何がどう異なり違憲という結論が導かれたのか不明であるとの批判が根強いところです。つまり，この基準に何をどのように適用した結果，合憲または違憲と判断されるのかが明らかではなく，合憲性を審査する基準として機能していないというわけです。

　いずれにしても最高裁は目的効果基準によって20条3項と89条の合憲性を審査してきたわけですが，空知太事件最高裁判決は，津地鎮祭判決および愛媛玉串料判決を踏襲しながらも，目的と効果の審査をせず，かつ20条1項後段および89条違反と認定しました（最大判平22年1月20日民集64巻1号1頁）。この判決をどう解するかについて様々な見解が示されてきています。基準の適用の問題を含め，この判決の射程はどこまでおよぶのか，今後の展開が気になるところです。国会議員や閣僚の靖国神社公式参拝問題や，公金によって行われる天皇・皇族の皇室行事が神道に則ったかたちで行われていることも，大変重要な憲法問題ですが，時間がないため，最後に前者についてだけ少し言及します。

3　信教の自由の限界と政教分離との関係

　信教の自由の限界が政教分離と関わる場合があります。先に紹介した日曜参観事件と剣道実技拒否事件がそうした事案です。信仰を理由に公教育機関が何らかの配慮をすることは，国家と宗教とのかかわり合いをもたらすからです。

　政教分離について，①信教への特別扱いを否定し分離を厳格にするという理解，②特別な配慮を容認しているという理解，③特別な配慮を憲法が要求しているという理解の3つに大きく分けることができます。どの理解に依拠するかで，法義務の免除を認めるかどうかの結論が変わりうるというわけです。

　先ほどの政教分離訴訟では厳格分離が信教の自由を強化することになりますが，ここでの論点で厳格分離を貫くと，特別な配慮が認められる可能性は低くなり，その意味では信教の自由を制限することになりえます。もし特別な配慮を行うならば，どのような手段が妥当であるかを検討する必要があります。剣道実技拒否事件で実際に問題となったように，実技を受けない代わりにレポー

ト提出を認めるといったもの（代替措置）が考えられます。

むすびにかえて

　最後に国会議員や閣僚の靖国神社公式参拝をとり上げます。国際問題の文脈で問題とされることが多いようですが，政教分離違反に関わる国内問題・憲法問題です。それらが，まさに憲法違反の問題であることや，憲法というのは「為政者が守らなければならないもの」だという認識が一般的とはいえないようです。そういう自分も，このゼミに入るまで何も知らなかったので，人のことをどうこういえないんですけど。

　こうした中，靖国神社公式参拝に反対する人を「敵」とみなす風潮が強くなりつつあるように感じています。自分と異なる思想や信条をもつ人を認めないという不寛容な社会は，すべての人にとって脅威となります。自分もいつ「敵」と扱われ排斥されることになるのかを恐れながら生きなければならないのですから。これは国旗国歌の問題と同列に扱われるべきではないかと思っています。さらにいうと，多くの日本人にとっての「常識」は時と場所が変われば「非常識」になることを常に頭に入れておくべきではないかと思うのです。身近な話でいうと，豚肉や牛肉を食べることでしょうか。嗜好の問題ではなく，ある人々にとっては，「食するなかれ」という真摯な宗教的信念の問題だからです。自分がマイノリティ（少数者）になりうることを考えたときに，思想の自由や信教の自由の意義をよりよく理解できるのではないでしょうか。

　調べきれなかったのですが，イスラーム教徒の女性のスカーフ着用等を学校等の公共の場で禁止する国が増えつつあるようです。政教分離を定めるフランスの議論の中で多文化主義という思想との関連が論じられていました。多文化主義の定義は非常にたくさんあるようですが，概していうと，言語や宗教等の文化的違いが，公共の場において等しい価値があるものと扱われるべきだという考え方です。公共の場で用いる言語（公用語）を複数定め，道路等の標識を複数の言語で表示するというのは，多文化主義の実現の一例でしょう。日本における政教分離との関係や，よく耳にする多文化共生との関わりをこれから調べてみようかと思っています。

ゼミ風景

(山鹿) それでは，誰からでもよいですから，…。

内心の自由

(乾) 「内心の自由」を保障するということが，もうひとつ分からないのですが。「面従腹背」という言葉があるように，内心のことは誰にも分からないんじゃないですか。

(時導) 「踏み絵を迫る」という行為が典型的ではないでしょうか。人の「内心」をいやおうなく晒してしまう，「沈黙の自由」を侵害するあの手この手の手段を禁じるということに意味があると思います。また，高度情報化社会においては，「弾圧」とは異なった，一定の方向性，思想性への「誘導」をめざす情報操作を禁ずるということも重要になっていると思います。

(羽生) 「内心の自由」の発露としての「行動」，たとえば良心的兵役拒否などは，19条では保障されないんですか。

(時導)　良心的兵役拒否は，「良心に従った生き方をおくる自由，自らの良心と相容れない行為からの自由が，個人の人格の保障のために時として極めて重要な意味を持つ」(林 知更^{はやしとものぶ})例だと思います。最近では，「思想の自由」と「良心の自由」とをそれぞれ趣旨と保護範囲を異にする別個の自由として区別した方が，19条の積極的内容が明らかになるのではないかとする主張もみられます。

(梟)　ちょっと違う角度からの疑問です。「人権の間接的制約にとどまるから」といって，安易に制約が認められているような気がするんですが。

(時導)　そこのところは，そう単純ではないようです。ピアノ判決での藤田裁判官の反対意見では，「…このような信念・信条を抱く者に対して公的儀式における斉唱への協力を要請すること」は，「当人の信条・信念そのものに対する直接的抑圧」となる，とされています。また，不利益処分をもってその歴史観等に反する行動を強制するという職務命令の「狙い」に着目して，通達および職務命令が思想・良心に対する直接的制約となる，とした宮川裁判官反対意見もあります（最判平23年6月6日民集65巻4号1855頁）。でも，確かに直接的制約・間接的制約という分け方が，制約を広く認定すると同時に，制約を結構安易に認めることにもつながっていると思います。裁判所は，重い懲戒処分に対してはその処分行為と処分事由にある程度立ち入ってその合理性と必要性を実質的に検証すべきでしょう（渡辺康行）。

(乾)　あとの信教の自由・政教分離の問題とも関連しますが，神戸高専事件判決の手法は，参考になるんでしょうか。

(時導)　そうですね。神戸高専事件は，裁量権の逸脱・濫用を審査するという形をとり

ながら，判断過程を統制する手法（学校長の裁量権を認めたうえで，信教の自由へ配慮し，代替措置を採ろうと思えば可能であったにもかかわらず採らなかったことを違法とする）を導入して違法という結論を導きました。この判断過程統制の手法は，積極的にとりいれるべきだと思います。

(山鹿) ちょっと元に戻って，国旗・国歌問題（日の丸・君が代）なんだけど。時導くんの言ったように一般論として考えるとき，外国ではどうなのかな？

(時導) フランスのラ・マルセイエーズはとっても有名な曲です。ただ，歌詞は，子どもが歌うにはどうかと思われるほど「過激」ですね。ドイツの国歌も大ドイツ主義を謳いあげた1番ではなく，3番が公式の歌詞のようですね。それから，…。

(山鹿) わたしは，日の丸・君が代に抵抗感はないし，結構好きなのですが，歌えない人（歌いたくない人）に強制し，不利益を課すのは，まさに憲法問題だと思っています（また，ピアノで軽やかにアレンジするのが認められなくて，音程を外してがなり立てるように歌うことが認められるのは理解できません）。それはさておき，ここではやはり有名なホームズ（アメリカ連邦最高裁判事）の次の言葉を挙げておくべきでしょう。「我々と同じ意見を持っている者のための思想の自由ではなく，我々の憎む思想のためにも自由を与えることが大切である。」（蛇足ですが，君が代が嫌いな人を憎んでいるわけではありません）。さて，「信教の自由」の話題に移りましょうか。

信教の自由と「国家と宗教との分離」

(長熊) 大日本帝国憲法が保障する「臣民の権利」には，「法律の留保」（法律の範囲内に於いて）が付いていたということは知っていたんですが，今，確認してみると「信教の自由」（28条）には，この法律の留保が付いていませんね。ということは，内心の絶対的自由だからということでしょうか。

(時導) そうではなくて，「法律の留保」すらなかった，というのが正確ではないでしょうか。28条は，「安寧秩序ヲ妨ケス及臣民タルノ義務ニ背カサル限ニ於テ」としていますし，実際にも法律によらないで各種の宗教規制・抑圧がおこなわれていました。

(鶴巻) 空知太（そらちぶと）神社事件最高裁判決（最大判平22年1月20日民集64巻1号1頁）が政教分離規定の憲法判断の枠組み（方法・基準）を変更したのかどうか，論議になっているということですが，具体的にはどういうことなのでしょうか。

(時導) 国家と宗教とのかかわり合いについて，従来の判決が，あたかも「原則は『関与』で例外的に相当性を欠く関与を否定する」という手法をとっていたように見えるのに対して，本判決が，「やはり原則は『分離』で，例外的に『関与』が認められる」という手法で結論を導き出したのではないかということです。しかし，本判決は，従来の手法を変えたものではなく，そうみえるのは事案の特殊性からではないでしょうか。また，本判決は，いわゆる「目的効果基準」を用いず，諸般の事情を考慮した総合的判断

をおこなっています。「国家と宗教団体との距離」のとり方にかかわる20条1項後段と89条の問題の判断が示されたものだと思います。

（鶴巻）　その「目的効果基準」ですが，アメリカ合衆国連邦最高裁のレモン・テスト（1971年）に由来すると言われているんですよね。

（時導）　そうです。しかし，レモン・テストは，目的・効果・過度のかかわり合いという3つを独立の要件としているのに，「目的効果基準」は，社会通念に従って，一般人の見解（常識？）を考慮に入れるものです。補足しておきますと，愛媛玉串料判決では，「特定の宗教団体に対してのみ本件のような形で特別のかかわり合いを持つことは，一般人に対して，県が当該特定の宗教団体を特別に支援しており，それらの宗教団体が他の特別の団体とは異なる特別のものであるとの印象を与え，特定の宗教への関心を呼び起こすものといわざるを得ない」と述べられています。

（梟）　それって，エンドースメント・テストとかいわれるもの？

（時導）　そこのところはよく分かりません。特定の宗教または宗教一般への政府の「肩入れ，是認」によって，宗教的少数者って「変な人たち！」（あるいは「二級市民」）というメッセージを発信する行為が政教分離違反になるのだよ，とエンドースメント・テストでは言うんじゃないかと思っていますが。

（梟）　ちょっと恣意的な基準のように思えるけど。

（時導）　その点については，「合理的な観察者からみて」といわれてきましたが，「メッセージの受け手の視点は，『合理的な宗教的少数者』のそれであるべきであ」り，「理性的で合理的な市民」に理解されるものでなければならないとする見解もあります（小泉良幸）。

比較憲法

（山鹿）　今日扱ったテーマについては，比較憲法的な情報が日本でもかなり紹介されていますので，適当な例を紹介してもらえますか。

（時導）　日の丸・君が代問題と関連しては，アメリカ連邦最高裁のバーネット判決（1943年）が有名です。学校で国旗に敬礼をしなかった生徒が退学処分になったのですが，それに対して憲法違反ではないかとする訴えがおこされたものです（同様の理由から全米で2000人以上の生徒が退学になったといわれています）。最高裁は，「国旗に対する敬礼や忠誠の強制は，…知性と精神の領域を侵害している」として訴えを認めました。

（山鹿）　戦争の真最中にこのような判決が出されたことにアメリカの「知性」と自由尊重の気概を感じますね（今はどうなんでしょう？）。同時に，日本などの枢軸国に対する「精神的優位」を示すための判決でもあったとする評価もあるようですが。ところで，フランスなどの「スカーフ」問題は，今日のテーマをみんなで改めて考えるには，ピッタリだと思います。ただ，ヨーロッパの中でもフランスは，最も「多文化主義」には遠

い国でしょう。そのフランスで問題となっているところに「多文化主義的な」動きの広がりを感じるのですが。

(時導) 公的な空間で,「非宗教性」を徹底することによって個々人の自由を保障しようとする『共和国』は,学校などの空間に「宗教性」を持ち込むことにはとっても敏感です。しかも,女性がスカーフをつける,あるいは最近ではブルカなどで顔全体を覆い隠してしまうことは,西欧的な視点からは,女性抑圧の象徴のようにも思われたのです。日本でもそのような報道が一般的です。しかし,この問題は,簡単には説明できないのですが,女性が自らの信仰とそれに結びついた服装を選びうる存在であること,あるいは信仰の核心と深く結びついた選択であること(スカーフを取れといわれることは,スカートを脱げといわれる以上の羞恥心をよぶものだということ)などが伝えられていません。

(山鹿) 多文化主義の限界を示す事例ではないでしょうか。多様性の尊重にとどまらない,「多元的な」価値観の並存を認めるかどうかという問題を含んでいると思います。これまで国民統合のために機能してきた政教分離が,国民統合を妨げる原理として働くのではないか?という問題ですから。

第8章 「思想の自由市場」って何か売ってるの？

はじめに
（乾）　本日は精神的自由の総論，および表現の自由の基礎について報告します。精神的自由総論として，特に二重の基準論について報告します。続いて，表現の自由を支える価値，表現の自由の範囲，表現の自由の法理を報告させていただきます。このあたりは難しいのでうまくできるか心配です。

I　精神的自由総論——二重の基準論について考える

まず，精神的自由全体に関わる部分です。憲法は19条以下で精神的自由を保障しています。特に，19条の思想及び良心の自由は，その他の精神的自由の母体になるものです。最高裁も学説の多数も，精神的自由の規制に対しては，経済的自由の規制の場合よりも厳格な違憲審査基準を用いるべきだと考えています。この考え方を二重の基準論といいます。

1　形式的根拠
これには憲法自体に根拠を見出すことができます。人権の総則的な規定である13条で「公共の福祉」による権利制約が認められていますが，経済的自由を保障する規定である22条と29条にだけ，あえて「公共の福祉」という文言が繰り返されています。このことは，経済的自由がより厳しい制約に服することを憲法自身が認めたものと理解できます。

2　実質的根拠
より実質的な根拠としては，①精神的自由は民主的な政治過程にとって不可欠の権利であるから経済的自由に比べて優越的地位を占めること，②精神的自由は政治的圧力に敏感であるため，規制はなるべく排除すべきであること，③

社会的少数者の見解は多数決原理によって弾圧されやすいので，裁判所は基本的に少数者保護の立場から精神的自由に対する規制に厳しい態度で臨むべきであること，④経済的自由は社会相互関連性が大きいので無制限な職業活動を許すと公共の安全と秩序の維持を脅かす事態が生じるおそれが大きいこと，⑤現代社会の要請する社会国家の理念を実現するためには，政策的配慮に基づいて，経済的自由に積極的規制を加えることが必要とされる場合が少なくないこと，⑥裁判所は経済的自由に対する規制の審査能力に乏しいこと等が挙げられています。このうち，①が最も有力な根拠だと思いますので，少し敷衍します。

　精神的自由，より直接的には表現の自由は，選挙権とともに国民が政府を批判，統制，または監視する手段として機能します。政府が一部の国民の声を押さえつけたり，国民にとって明らかに不利益な政策を遂行しようとしたり，あえて重要な情報を隠したりしたとき，国民は言論の力でそれに対抗できるのです。

　選挙権を行使するだけで国民の声が政治に反映され，政府が国民の利益に忠実に動くのであればいいのですが，これまでの経験からはそうはいかないことが明らかです。そのため，表現の自由によって，選挙以外の通常の政治の場面でも，政府に絶えず国民の声を伝え，プレッシャーをかけ続けることが求められるのです。民主政というものは，１本のパイプのようになっていて，国民→国会→内閣以下の行政機関→国民の流れで，民意が自分に身近な行政にまで届く仕組みになっています。精神的自由は，このパイプを円滑に循環させる役目を果たすのだと思います。

　逆に，精神的自由が政府の恣意的抑圧に服する場合，一部の国民の声が封じられたり，重要な情報が遮断されたりすることによりこのパイプが切断されたり，詰まったり，歪められたりするおそれがあります。そうなってしまうと，いくら選挙権が保障されていても，政治や行政が民意に沿ったものになることが保障されなくなるのです。このような場合に，政治の自浄作用を期待することは困難です。そこで，非政治的な司法機関である裁判所による救済の必要性が高まるわけです。他方で，経済的自由も精神的自由と同様に，場合によってはそれ以上に重要なのですが，この自由は，民主政のパイプを循環させる役目を直接担うものではありません。また，職業選択の自由や財産権が過度に侵害

されたときには，（精神的自由が十分に保障されている限りは）政治・行政の自浄作用は，精神的自由の侵害の場合以上に期待できます。

3 最高裁の立場

　二重の基準論を明確に認めたのが，小売市場距離制限事件（最大判昭47年11月22日刑集26巻9号586頁）です。同判決は，次のようにいいます。「憲法は，国の責務として積極的な社会経済政策の実施を予定しているものということができ，個人の経済活動の自由に関する限り，個人の精神的自由等に関する場合と異なつて，右社会経済政策の実施の一手段として，これに一定の合理的規制措置を講ずることは，もともと，憲法が予定し，かつ，許容するところと解するのが相当であり，国は，積極的に，国民経済の健全な発達と国民生活の安定を期し，もつて社会経済全体の均衡のとれた調和的発展を図るために，立法により，個人の経済活動に対し，一定の規制措置を講ずることも，それが右目的達成のために必要かつ合理的な範囲にとどまる限り，許されるべきであつて，決して，憲法の禁ずるところではないと解すべきである。」

　薬事法事件（最大判昭50年4月30日民集29巻4号572頁）でも，「職業は，前述のように，本質的に社会的な，しかも主として経済的な活動であつて，その性質上，社会的相互関連性が大きいものであるから，職業の自由は，それ以外の憲法の保障する自由，殊にいわゆる精神的自由に比較して，公権力による規制の要請がつよく，憲法22条1項が「公共の福祉に反しない限り」という留保のもとに職業選択の自由を認めたのも，特にこの点を強調する趣旨に出たものと考えられる」と述べています。

　また，泉佐野市民会館事件（最判平7年3月7日民集49巻3号687頁）では，上記の薬事法事件を引用して，集会の自由の重要性と，当該集会が開かれることによって侵害されることのある他の基本的人権の内容や侵害の発生の危険性の程度等の「較量をするに当たっては，集会の自由の制約は，基本的人権のうち精神的自由を制約するものであるから，経済的自由の制約における以上に厳格な基準の下にされなければならない」と判示しています。

II　表現の自由の基礎にあるもの──表現の自由の価値

　明治憲法も29条で表現の自由を保障していました。しかし，悪名高い治安維持法の運用に見られるように，言論弾圧や事実上の検閲が頻繁に行われていました。そこで，現行憲法の21条において表現の自由を手厚く保障することになりました。

1　表現の自由を支える価値
　表現の自由には，自己実現などの「価値」があるといわれます。そのため，表現の自由は優越的地位にあり，猥褻や暴力的表現などの「価値の低い表現」も，21条によって保護すべきだと論じられています。

　(1)　**自己実現**　まず自己実現の価値とは，個人が表現活動を通じて自己実現し，自分を発展させることに見出されるものです。個人主義的な価値といえます。あくまでも個人が自己実現することが重要なので，低級，低俗な表現，礼節を欠く表現も当人にとって重要である限り保護されるという結論が導かれるでしょう。職業選択や学問など他の条文で保護された行為も自己実現に資するといえるので，この議論は，特別に表現の自由が高い価値を持つことの根拠になるものではないでしょう。

　(2)　**自己統治**　自己統治の価値とは，言論活動によって国民が政治的意思決定に関与することに見出されるものです。これは，先ほど二重の基準論で説明したことと重複します。私たちは，選挙権を行使しますが，これだけでは国民の声が政治に反映されないし政府への監視も不十分です。そのため，表現の自由を保障することによって，選挙以外の通常の政治の場面でも政府に絶えず国民の声を伝え，プレッシャーをかけ続けられるようにします。表現の自由は，民主政のパイプを円滑に循環させ続けるための不可欠な手段だといえるでしょう。自己実現とは違って社会的価値といえます。経済的自由などの他の人権と比べて表現の自由が優越的地位を占めることの有力な根拠になるといえます。

　(3)　**真理の探求**　最後に，真理の探求です。これは，自由な言論市場において虚偽が暴露され，真実へと近づくことに見出される価値です。元アメリカ

最高裁裁判官のO.W.ホームズは，「真理の最善のテストは，市場の競争において自らを受け入れさせる思想の潜在的な力である」と述べました。また，イギリスの著名な思想家であるJ.S.ミルは，『自由論』において，言論の抑圧は，それが真理の場合には，自分の間違いを正す機会を奪われるがゆえに問題であり，それが虚偽の場合でも，真理をより活き活きと認識する機会を奪われるがゆえに問題があると説きました。要するに，思想と思想をガチンコでぶつけ合う「思想の市場」の中で，われわれは，虚偽を暴き，思想を鍛え，真理へと接近することができるということでしょう（「思想の自由市場」論）。これも社会的価値であるといえるでしょう。

　ここで，関連する概念として「対抗言論（more speech）」の原則に触れておきます。言論に対しては言論で対抗するべきであり，政府の規制に訴えるべきではないという原則です。これは，思想の自由市場論の核心にある原則といえるでしょう。

　表現の自由の価値を詳しく検討しても，具体的な事件で表現の自由の保障のあり方を導くことはできません。表現の自由の事件で悩ましいのは，その自由が対立利益としばしば衝突することですが，憲法はそのバランスのとり方についてほとんど触れていないのです。そこで，Ⅲで述べるように，表現の自由の様々な「法理」が形成されてきました。

2 表現の自由の射程

　(1)　「表現」の意義　　憲法21条は「表現」の自由を保障していますが，実際には，同条は「コミュニケーション」の自由の保障を行っているといえるでしょう。意味をなさないつぶやきをするのも13条の幸福追求権で保護されるかもしれませんが，21条はそのような行為の保障を意図したものではないのです。そもそも憲法というものは，何かの目的のために設けられているもので，個々の条文，ここでは21条も同様です。21条は，独白や雄叫びを保障するために規定されたものではなく，有意な意味の伝達としての「コミュニケーション」を保障することを意図しています。

　「表現」，「言論」の自由というと，話し手の話し，書き，その他表現する自由のように聞こえますが，21条の保障の対象をコミュニケーションの自由と解

すると，情報流通の全過程（情報の収集→編集→発信→流通→受領）に保護の射程が及ぶことになります。情報の収集に21条の保護がおよぶとした判例として，法廷メモ採取事件（最大判平1年3月8日民集43巻2号89頁）があります。また，メディアの取材の自由や，そこから派生する取材源秘匿の自由にも同条の保護がおよびます。さらに，未成年者に対する猥褻に至らない性表現，暴力的表現を含む書籍などの販売規制は，未成年者の側からみれば表現の「受領」の規制ですが，これも最高裁と学説は21条の問題と考えています。もう1つ重要なポイントです。21条の「表現」には，すべての媒体（メディア）による表現（演説，印刷物，ラジオ，テレビ，絵画，写真，映画，音楽，芝居など）が含まれます。

(2) 検閲と事前抑制 表現の自由保障が情報流通過程全体におよぶとすると，最も問題になるのは，政府が，ある情報が流通する前にそれを遮断してしまう型の規制です。憲法21条1項は表現の事前抑制を原則として禁止していると解されていますが，それに加えて，2項は「検閲」を禁止しています。これは，①市場に出る前に情報を抑止するものであるため政府権力の濫用の危険が大きいこと，②手続的保護や抑止的効果において事後規制の場合に比べて問題が多いことから，あえて別の項として設けられたものです。1項の事前抑制の禁止と2項の検閲の禁止との関係については議論があります。A説は，2項の検閲を「表現行為に先立ち行政権がその内容を事前に審査し不適当と認める場合にその表現行為を禁止すること」と狭く定義しつつそれは絶対的に禁止されるとし，その他の1項の禁止する事前抑制については一定の例外を許容するとします。B説は，2項の検閲には，裁判所による事前差止も含まれるとしつつ，裁判所による場合には，厳格かつ明確な要件の下で事前差止が許容される余地を認めます。最高裁は検閲を極めて狭く定義しています。税関検査事件（最大判昭59年12月12日民集38巻12号1308頁）で，最高裁は，「憲法21条2項にいう「検閲」とは，行政権が主体となつて，思想内容等の表現物を対象とし，その全部又は一部の発表の禁止を目的として，対象とされる一定の表現物につき網羅的一般的に，発表前にその内容を審査した上，不適当と認めるものの発表を禁止することを，その特質として備えるものを指すと解すべきである」として，税関検査は検閲にあたらないとしたのです。これはいくら何でも定義を絞りすぎていますよね（ただし，メイプルソープ写真集税関検査事件・最判平20年2月19日民

集62巻2号445頁では，関税定率法21条1項4号（現行・関税法69条の11第1項7号）にいう「風俗を害すべき書籍，図画」等に該当する文書，図画の芸術性を尊重する判断が下されていて，税関検査の領域で表現の自由がより尊重されるようになってはいます）。

ただし，最高裁は決して事前抑制一般に寛大ではありません。名誉毀損やプライバシー侵害を理由とする裁判所による事前差止について，かなり厳格な要件を設けているのです。詳しくは梟くんの報告をご参照ください。

III 表現の自由を実現する手段——表現の自由の「法理」とは？

表現の自由の「法理」とは，上述のように，具体的な事件において，表現の自由とその対抗利益を衡量し，解決を導くために裁判上用いられる準則，基準，または原則といえるでしょう。ここでは，「文面審査」の法理と「実体審査」の法理に区分して説明したいと思います。まず文面審査とは，憲法21条適合性が問題となっている法規定の文言だけを客観的に審査して，これはセーフ，これはアウトと判断するものです。中身の判断にゆく前にアウトになることもあるのです。これに対して実体審査とは，その規定が設けられた目的が正当か（目的審査），具体的にとられた規制措置が目的に比例しているか（手段審査）というような中身の判断にまで行くのです（いわゆる目的手段審査）。

1 文面審査

(1) **漠然性故の無効の法理（明確性の法理）** これは，表現の自由を規制する法規定が漠然で不明確である場合に，当該法令を文面上違憲とする法理です。表現の自由論では，梟くんが説明してくれているように，しばしば「萎縮効果」が語られます。何か言いたいことがあるのに，もし口に出したら逮捕されてしまうかもしれないとなると，怖くて黙ってしまうかもしれません。特に政治的，公共的な問題って，別に勇気を出して権力者とか大企業を批判したってすぐに自分の利益になるわけでもありませんから，萎縮効果が働きやすいでしょうね（毛利透）。漠然で不明確な法規定は，この効果を生みやすい点で問題です。表現の自由を規制する法律は，はっきりと明確に書いてもらって国民の予測可能性を保障するとともに，権力者の恣意を排除する必要があるということです。

有名なのは，徳島市公安条例事件（最大判昭50年9月10日刑集29巻8号489頁）です。ここでは，徳島市の公安条例が，集団示威行進を行う者が遵守すべき事項として「交通秩序を維持すること」を掲げていたところ，これが漠然不明確で，31条に違反すると主張されました。最高裁は，「ある刑罰法規があいまい不明確のゆえに憲法31条に違反するものと認めるべきかどうかは，通常の判断能力を有する一般人の理解において，具体的場合に当該行為がその適用を受けるものかどうかの判断を可能ならしめるような基準が読みとれるかどうかによつてこれを決定すべきである」と判示しています。結論としては条例を合憲としています。

　(2)　**過度の広汎性ゆえに無効の法理**　　これは，表現の自由を規制する法令が過度に広範にわたる場合に，当該法令を文面上違憲とする法理です。この法理も，上の明確性の法理と同様の論拠で正当化されると思います。広島市暴走族条例事件（最判平19年9月18日刑集61巻6号601頁）はおもしろい事件です。広島市暴走族追放条例は，「暴走族」を「暴走行為をすることを目的として結成された集団又は公共の場所において，公衆に不安若しくは恐怖を覚えさせるような特異な服装若しくは集団名を表示した服装で，い集，集会若しくは示威行為を行う集団」と定義していました。そして，「公共の場所において，当該場所の所有者又は管理者の承諾又は許可を得ないで，公衆に不安又は恐怖を覚えさせるようない集又は集会を行うこと」を禁止し，この行為が広島市の「管理する公共の場所において，特異な服装をし，顔面の全部若しくは一部を覆い隠し，円陣を組み，又は旗を立てる等威勢を示すことにより行われたときは」，市長は中止または退去を命じうるとしていました。そして，命令違反を処罰していたのです。この条例に反する集会を行い，中止・退去命令を受けながら集会を継続し，本条例違反で起訴された者が，本条例の規定が文面上違憲であると主張して争いました。最高裁は，「本条例の全体から読み取ることができる趣旨，さらには本条例施行規則の規定等を総合すれば，本条例が規制の対象としている「暴走族」は，本条例2条7号の定義にもかかわらず，暴走行為を目的として結成された集団である本来的な意味における暴走族の外には，服装，旗，言動などにおいてこのような暴走族に類似し社会通念上これと同視することができる集団に限られるものと解され，…中止・退去命令を発し得る対象

も」，暴走族および類似集団による集会が行われている場合に限定されると判示しました。そして，このように限定的に解釈すれば，本件規制は憲法21条1項，31条に違反しないと結論づけています。

2 実体審査

さて，問題の法令が文面審査を通過する場合，実体審査が行われます。先ほど述べたように，実体審査とは目的手段審査ですね。ただ，目的手段審査に入る前に，検討すべきことがあります。

(1) **憲法21条の保護領域外の表現** 第1に，理論的には，21条の背景にある価値に全くあるいはほとんど貢献しない類型の表現は，同条項の保護領域外にあると考えられます。そうなると，目的手段審査を行う前に門前払いで規制は合憲ということになります。ただ，最高裁はこの点について明確な立場を示していません。

(2) **内容規制／内容中立規制二分論** 第2に，目的手段審査を行う前に，規制を行う政府の目的に着目し，それが表現の内容を理由とするものなのか（内容規制），表現の内容と無関係のものなのか（内容中立規制）を区別する必要があるというのが学説，判例の立場です。前者に対してはより厳格な違憲審査がなされるというのです。たとえば，ビラ配りをしているときに警察がやってきて逮捕されたとします。このとき，ビラの内容が政府に批判的であった等の問題があったために警察が規制を行ったのであれば，内容規制となります。他方で，街の美観を守るための条例に明確に違反していたために規制を行ったのであれば，内容中立規制となります。全く同じ表現行為でも政府の規制目的によって違憲審査の厳格度が変わるのです。

二分論は内容規制をより厳格に審査することを提唱するわけですが，その論拠として，①内容規制は思想の市場を歪曲すること，②内容規制には政府の不正な動機が疑われること，③裁判所は内容中立規制の違憲審査を厳格に行う制度的基盤を持たないが，内容規制については司法的判断がより容易であること等が挙げられます。

これに対して，二分論には根拠がなく，内容規制／内容中立規制いずれに対しても一律に厳格な審査基準を用いるべきとする見解もあります（市川正人）。

最高裁は，二分論を採用しているようですが，どうも内容中立規制を緩やかに審査する（事実上審査すらしない）一方，内容規制を厳格に審査して違憲判決を導いたことはありません。

　内容中立規制に関する判例としては，屋外広告物条例事件（最大判昭43年12月18日刑集22巻13号1549頁）や，軽犯罪法違反事件（最大判昭45年6月17日刑集24巻6号280頁）などが有名です。前者は，美観風致の維持や公衆に対する危害の防止を目的とする大阪市条例の規定が，公共の福祉のための必要かつ合理的な制限としてあっさりと合憲とされました。後者は，他人の家屋等に関する財産権，管理権を保護するための軽犯罪法の規定について同様の判断を下しています。最高裁は，このように内容中立規制を簡単に合憲とすることで一貫していますが，最近は少し問題のある判決も出しています。立川テント村事件（最判平20年4月11日刑集62巻5号1217頁）では，防衛庁（当時）の宿舎で自衛隊のイラク派遣に反対する内容のビラを配布した者が，住居侵入等を処罰する刑法130条に違反するものとして逮捕，起訴されました。最高裁は，思想を外部に発表する手段であっても，その手段が他人の権利を不当に害するものは許されないと述べ，被告人の憲法21条違反の主張を簡単に斥けました。これは，従来の内容中立規制の判例を踏襲するものですが，本件では，むしろ規制の目的が表現内容を標的にすることにあったのではないかという疑問が拭えません。しかし，類似の事例である葛飾ビラ配布事件（最判平21年11月30日刑集63巻9号1765頁）でも同様の判断が繰り返されています。最高裁の二分論を再検討する必要がありそうです。

（3）**目的手段審査**　　内容規制／内容中立規制二分論を受容した場合，それぞれに対して異なった基準を用いて，目的手段審査を行うことになります。最高裁は審査基準について明確ではありませんが，学説上は，以下のような枠組みが提示されています。

	目的	目的と手段の関連性	手段
【内容規制】 厳格な基準	やむにやまれぬ政府利益の実現	必要不可欠の関係	目的達成に必要不可欠なもの
【内容中立的規制】 厳格な合理性審査の基準	重要な政府利益の実現	実質的関連性	より制限的でない代替手段（LRA）の不存在

(4) **定義付け衡量**　先述のとおり，表現の自由も様々な害悪を生むので制約は必要です。しかし，内容規制は特に厳格に審査するというのが学説の多数の立場です。それでは，暴力行為の煽動(せんどう)や児童ポルノのように，極めて有害な表現にどのように対処すればよいのでしょうか。これを解決するのが「定義付け衡量」，または「範疇化」という方法論です。具体的には梟くんの報告をご参照ください。

ゼミ風景

表現の自由の価値

（梟）　表現したいことを何でもできるのが「表現の自由」じゃないってことですか？

（乾）　そもそも21条の表現の自由規定は何らかの目的から設けられたものなのです。表現活動やコミュニケーションに憲法上保護に値する「価値」（報告で述べたように 自己実現，自己統治，真理の探求など）があると考えらたからこそ，その保護のために設けられたものだといえます。

（鶴巻）　ということは，その「価値」を持たないものは「表現の自由」には含まれないということになるわけだ。

（乾）　そう。「価値」に資する表現行為は手厚く保護しなければならないし，逆に「価値」に奉仕しない表現はそもそも保護の射程にすら入らないのです（山鹿先生が確かドイツ憲法の話をされているとき，「保護領域」という概念を説明しておられましたが，独白や雄叫びなどは憲法21条の「保護領域外」ということなのでしょう）。

（長熊）　国家（公権力）がその価値を決める（「そんなもの表現の自由に値しない」，「それって，表現の自由を語って儲けてるだけだ」）ということになったら，「思想の自由市場」は成り立たなくなるんじゃないの。

（乾）　もちろんですが，価値を考慮に入れないのも不都合です。

「知る権利」と「政府言論」

　あっ，それと，報告では触れることができなかったのですが，「思想の自由市場」というものを考えてみるのに参考となる興味深い事例もあります。天皇コラージュ事件（富山地判平10年12月16日判時1699号120頁）や高槻市パネル展事件（大阪地判平13年1月23日判時1755号101頁）です。これらの事例は，表現の自由の規制は，政府による表現活動の直接的制約のみでなく，政府による表現活動への援助，助成などがなされる際の差別的扱いも問題になることを示しているからです。

（羽生）　学校図書館（図書室）で『はだしのゲン』を閲覧できなくしたという事件がありましたが。

（乾）　アメリカでは，学校図書館の図書選定，政府の芸術に対する助成が「知る権利」との関係で議論されてきました。公立図書館は，「住民に対して思想，意見その他の種々の情報を含む図書資料を提供してその教養を高めること等を目的とする公的な場」であり，「そこで閲覧に供された図書の著作者にとって，その思想，意見等を公衆に伝達する公的な場でもある」とした最高裁判決があります（最判平17年7月14日民集59巻6号1569頁）。

（山鹿）　現代立憲主義国家は，高度に管理化され，国民生活に関する厖大な情報を収集，利用する一方，この厖大な情報を直接的あるいは間接的に様々な方法で国民に提供できる立場にあります。国家にかぎりませんが，圧倒的な経済力や組織力を背景に，国民の思想や良心を一定方向に誘導する動きには注意が必要でしょう。

「象徴的表現」って？

（時導）　アメリカでは，国旗の焼却のような「象徴的表現（symbolic speech）」も表現の自由とされるって本当ですか？

（乾）　確かにそのような最高裁判例があります（Texas v. Johnson, 491 U.S. 397 (1989)）。僕は，日本でも同様に解すべきだと思っています。

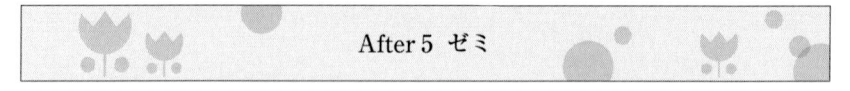

After 5　ゼミ

（山鹿）　時導くん。机の横のカバンから「よこしまな」帽子がのぞいていますよ。

（時導）　よこしま帽子ではありません。「縦じま」の模様です（ゼミ生全員納得の表情？）。

（山鹿）　失礼しました。今日は私もちょっと別の会合がありますから，ゼミの後は喉だけでも潤しておきましょうか。

ベルギービール

（羽生）　この前，先生のいわれたベルギービールの店を調べておきましたが。

（山鹿）　そうですか。じゃ～，今日はそこにチョット寄ってみましょうか。

　　　　　…　　…

（鶴巻）　これがビールですか？　完全にお酒じゃないですか。

（山鹿）　アルコール度数が10％前後ですからね。確かルーツは，トラピスト会の修道院だったと思いますよ。

（梟）　先生は，去年ベルギーのルーヴェン・カトリック大学に行かれたと聞きましたが。ビールの研究に行かれたんですか？

（山鹿）　そういう噂を流す、「心ない人？」がいるんですか？　元修道院の宿舎に滞在していたから修道僧のような生活をしていたとは言えるかもしれませんが。

ベルギー憲法

（長熊）　教科書に、1831年ベルギー憲法のことが載っていたような気がします。

（山鹿）　そうですね。立憲君主制の憲法ですが、当時としては自由主義的な憲法の代表的なものでしたから、日本の憲法制定にあたっては参考にされなかったようですが。

（鶴巻）　最近、1年以上国政が機能しなかったと報道されていました（2010年から2011年にかけて541日間、正式な政権が存在しないという事態が続いた）。人口は、たしか1000万人前後だったと思うのですが、連邦制をとっているんですね。

連邦制

（山鹿）　歴史的な対立をへて、1993年の憲法改正で連邦制になりました。何度読んでも理解しにくいのですが、この連邦は、ブリュッセル首都圏地域、フラマン地域、ワロン地域と言う3つの地域とフラマン語共同体、フランス語共同体、それにドイツ語共同体という3つの言語共同体という2層のものになっています（ドイツ語話者は人口の1％未満）。いずれかの「グループ」だけでは国政上の重要な決定が出来ないような仕組みをつくったんですね。だから、うまく妥協・合意ができないと深刻な対立が解決不能になってしまうということもあるのでしょう。ベルギーにかぎらず、多くの国が統治の仕組みにはいろいろな工夫を積み重ねて今日に至っているといってよいと思います。

われら「○▽人」！

（山鹿）　ところで、ルーヴェン大学の学生30人くらいに講義したときに、「君たちは『なに人』という意識を持っているの？」と聞いたところ、ほとんどの学生は「フラマン人」と応えました。「ベルギー人」と応えた学生は1人もいませんでしたね（註：中世からの伝統を有するこの大学は、1968年に「分裂」し、フランス語話者のための同名の大学が新たに設置された）。

（乾）　「ほとんど」ということは、数人の学生はどう応えたのですか？

（山鹿）　どう応えたと思いますか？

（一同）　！？

（山鹿）　「ヨーロッパ市民です」と。

第9章 「つぶやく」のも「ビラ配布」も同じ表現の自由？

はじめに

（梟）　みなさんはツイッター，フェイスブックといったソーシャルメディアを利用していますか？私は，ツイッターで部活の友人や乾くんと連絡しています。今日は「萎縮効果論」から報告していきます。萎縮とは，制裁を受けるかもしれない，と怯えて発言しないという意味ですね。自分の想いを口にした瞬間に逮捕されるかもしれない，または100％正確でないことを発言してしまったら何か責任を負うかもしれない，と思ったら，人は黙ってしまうでしょう。たとえば，アメリカではフェデラリストたちは自分たちの名前を匿名にして連邦憲法の起草を市民に訴えました。自由な討議をするなかで，ちょっとは「ひと息つける自由」が確保されていなければなりません。山鹿ゼミでは，みんな自由闊達に議論して，多少のことは目をつぶってもらえます。たぶん?!

I　表現の自由ってもろい？

　表現の自由はもろく傷つきやすいものだ，という視点は乾くんが第8章でとりあげた名誉毀損だけでなく，表現の自由一般に妥当する考え方かもしれません。日本では「表現制約がもたらす広い効果に対して敏感であることが求められ」ますね。（毛利・表現の自由）。萎縮効果論では，実際の権利侵害を認めることが難しく，原告適格を拡大してしまう可能性もあります。どんな発言をすれば捕まってしまうのかについて客観的で明確な基準がない場合，表現の自由は萎縮してしまうでしょう。表現の自由を守るためには，事件ごとに責任を判断するのではなく，できるだけ客観的な基準を確立していく努力が必要になります。

II　表現の自由の保障範囲

1　保障のおよぶ表現内容？

　表現内容に照らして，かつて表現の自由の保障がおよぶかにつき議論のあった表現について説明します。

　(1) 消費税の増税反対を訴えて逮捕される？　消費税の増税反対を訴えても問題にはなりませんけれども，犯罪の煽動（あおり）は法制上，処罰の対象になります。犯罪を実行する行為と別個に煽動自体が処罰されます。かつて最高裁（最大判昭24年5月18日刑集3巻6号839頁）は，「主要食糧ノ政府ニ対スル売渡ヲ為サザルコトヲ煽動シタル者」を処罰する食糧緊急措置令11条について，公共の福祉を根拠にその合憲性を認めました。この当時は米，雑穀，穀物が政府の一括管理のもとに置かれていた事情があるのですよね。

　(2) ゼッタイに痩せる？　私は，膝を痛めているので，ときどきお灸に行きます。友人に良い灸師を教えてもらったのです。「あん摩マッサージ指圧師，はり師，きゅう師等に関する法律（旧あん摩師はり師きゅう師及び柔道整復師法）」の7条は広告に掲載できる事項を制限しています。「膝によく効くお灸ですよ」という広告はダメなのです。電車内の広告，テレビのCMでは，カロリーゼロ，無料，最高級，絶対痩せる，格安という言葉を見かけます。だますとまではいえませんが，とても紛らわしく誇大な広告も，私たちの判断を誤らせてしまいます。最高裁（最大判昭36年2月15日刑集15巻2号347頁）は，同法の広告制限を合憲だと判断しました。無制限に広告できるとしてしまうと，患者を誘いこもうと虚偽，誇大になって，一般大衆を惑わすおそれがあると考えたのです。

　経済活動の一環として行われる言論を営利的言論といいます。営利的言論は表現の自由の保障の枠外という考えもありますが，営利的な言論であっても，消費者の選択を促し，わたしたちの日常生活や健康についての判断に役立つので，営利的言論も保護されると考えてよいと思います。ただし，政治的な言論と比べると，その真実性を客観的に判断することは可能ですし，萎縮効果も小さいと考えてよいでしょう。そこでは政治的言論よりは厳格性の緩和された基準が妥当すると思います。政治的言論と同じ枠組みで判断すべきだ，という見

解もあります。(松井・日本国憲法)

　(3) 見ればわかる？　　乾くんの扱う範疇別アプローチのひとつがわいせつ規制です。わいせつとは，最高裁によれば，「徒〔いたずら〕に性欲を興奮又は刺激せしめ，且つ普通人の正常な性的羞恥心を害し，善良な性的道義観念に反するもの」(最大判昭32年3月13日刑集11巻3号997頁)です。問題となる素材がわいせつの定義に該当すると表現の自由の保護がおよばないと考えます。この判断にあたって，問題となる一文，一節だけを見るのではなく，文書全体で判断します。わいせつ性の判断にあたって「見れば分かる」といったアメリカの裁判官がいたような気がします。ただし，この裁判官は実際には視力が弱っていて，そばの裁判官から描写を聞いて判断していたのですよね。だから，「聞けば分かる」かな。

2 国旗を燃やす？

　乾くんが内容規制と内容中立規制の二分論を説明しましたけれど，私はその区分が難しい例を挙げたいと思います。たとえば，ルターが免罪符を焼却したり，国の政治を批判するために国旗を焼却したり，自分の行動を使って自分の意見を表現する活動を象徴的言論といいます。この行為に制裁を課す場合は，内容規制でしょうか，それとも内容中立規制でしょうか。
　徴兵制度が廃止される前のアメリカでオブライエン氏が徴兵カードを市民たちの見守る中で焼却しました。彼の行為は有罪だと判断されました。オブライエン判決で採用された基準が輸入され猿払判決で採用されたのだ，と山鹿先生の講義で聞きました。このオブライエンテストを慎重に用いるべきだという意見もありますし，内容規制として厳格に審査すべきだという意見もあります。

III　未成年を守るためにできること？

　同じく定義があいまいだと批判されるのが児童ポルノです。「児童買春，児童ポルノに係る行為等の処罰及び児童の保護等に関する法律」は，頒布目的の児童ポルノの製造，所持を処罰しています。写真と異なり，アニメやCGであれば，未熟な判断能力に乗じられた被害者である児童は存在しませんから，処

罰の対象にはできません。各地方公共団体の中には，青少年保護条例を制定しているところもあります。岐阜県の青少年保護育成条例は，著しく性的感情を刺激し，または著しく残忍性を助長するために青少年の健全な育成を阻害するおそれのある図書を有害図書に指定し，青少年への販売を禁止しています。自動販売機に収納して販売することもできません。この条例の合憲性が問題となった事例で，最高裁は，青少年の健全な育成のために必要やむを得ない規制だと判断しました（最判平1年9月19日刑集43巻8号785頁）。青少年保護条例は，著作者の表現の自由を制約する可能性があります。たとえば，東京都の青少年保護条例は，強姦など刑罰法規に触れたり，近親相姦など著しく社会規範に反する性行為を「不当に賛美，誇張」したりする図書が「不健全図書」として指定されます。ドラえもんのしずかちゃんの入浴シーンが東京都青少年保護条例の規制対象になるかどうかが深刻に議論されたことがありました。「不当に賛美」という文言が明確性の問題と関係してきます。未成年者の保護を理由に成年者の情報受領権が制約されていないか，個人で判断できるはずだ，という自律性を尊重すべきか，判断能力が未熟だからを保護すべきか，どれも悩ましいところです。「青少年が安全に安心してインターネットを利用できる環境の整備等に関する法律」は，携帯電話インターネット接続役務提供事業者に対して，フィルタリングを条件に青少年に利用させるように命じています。この青少年とは18歳未満のものを言います。

Ⅳ 表現の自由と対立利益をどう調整するか？

表現の自由とほかの利益との対立調整が問題となった事案をみていきます。
1 表現の自由 vs 名誉権・プライバシー？
石に泳ぐ魚事件（最判平14年9月24日判時1802号60頁）では，小説の登場人物のモデルとなった実在の人物の詳細な特徴を記載していました。みなさんも，私の報告を今，聞いたら，その本を本屋で探すかもしれません。作品の読者が増えれば増えるほど，この女性の苦痛は増すばかりです。この作品は最初，連載小説として掲載されたのですよね。モデルになった女性が出版の差止めを求めました。最高裁は，私的立場にいる女性の名誉，プライバシーを侵害し，重大

で回復不能な損害を被らせるとして差止めを支持しました。名誉権と異なり，プライバシーの訴訟の場合は，損害賠償よりも差止めの方が救済として効果的なのですね。逆転事件（最判平6年2月8日民集48巻2号149頁）の場合は，モデルになった男性の名誉を回復するために小説「逆転」が出版されたのだ，と山鹿先生の講義で聞きました。裁判所が出版の差止を認めることは乾くんが第8章で説明した通り，検閲には該当しませんが，事前抑制と関係してきます。

　裁判所では傍聴できますが写真は撮影できません。これに従わなかった雑誌社もありました。被告人の姿を無断で撮影して雑誌に掲載したのです。被告人は肖像権の侵害を理由に損害賠償を起こしました。これに対して，雑誌社は，「絵ならどうなる？」と法廷イラストで記事を掲載しました。最高裁（最判平17年11月10日民集59巻9号2428頁）は，ある者の容貌等を承諾なく撮影することが違法となるかどうかは，撮影された者の社会的地位，活動内容，撮影の場所，撮影の目的，態様，撮影の必要性を総合考慮して判断すると述べました。もし撮影された人の人格的利益の侵害が受忍限度を超えている場合は，不法行為が成立します。本件では，手錠と腰縄付きの容貌を撮影しており，受忍限度を超えて違法であると判断されました。法廷イラストも，資料をみせられている容貌であれば受忍限度を超えていないが，手錠と腰縄付きの容貌であれば，写されたひとを侮辱し，名誉を毀損していると判断しました。

2 表現の自由 vs 国家機密？

　ウィキリークスや元CIA職員のプリズム計画の暴露が話題になりました。情報を収集しようと取材する記者の取材活動も制約されることがあるのですね。

　国家公務員法（以下，国公法）100条1項は，公務員が職務上知り得た秘密の漏えいを禁止しています。また，公務員に漏示（もらすこと）をそそのかす行為も処罰の対象としています。（同法111条）この「秘密」とは実質秘といわれます。秘密にする意思があり，客観的に見て，他者に知られておらず，秘密にする必要性，相当性が認められるものです。

　外務省秘密漏えい事件（最決昭53年5月31日刑集32巻3号457頁，西山記者事件とも呼ばれる）は，取材活動が真に報道の目的から出たものであり，その手段や方法が法秩序全体の精神に照らし相当なものとして社会観念上是認されるもの

である限りは，正当な業務行為というべきであるが，その方法が刑罰法令に触れる行為や，取材対象者の個人としての人格の尊厳を著しく蹂躙する等，法秩序全体の精神に照らし社会観念上是認することのできない態様のものである場合には，正当な取材活動の範囲を逸脱し違法性を帯びる，と述べました。この機密がどのように漏れたのか，についての男女関係のスキャンダラス性だけが注目され，「なぜこのような情報を政府が秘密にできるのか」，という論点は忘れさられてしまいました。

3 表現の自由（取材の自由）vs 訴訟経済？

　博多駅フィルム事件決定（最大決昭44年11月26日刑集23巻11号1490頁）では，アメリカの原子力空母エンタープライズの佐世保港の寄港を阻止するために学生たちが機動隊と衝突しました。機動隊の行為が特別公務員暴行陵虐罪に該当すると告発されましたが不起訴処分になりました。この不起訴処分に対する付審判請求に対して，裁判所がNHKや放送会社に撮影フィルムの提出を命じました。最高裁は，「報道のための取材の自由も憲法21条の精神に照らして尊重に値する」と述べたうえで，証拠として提出した場合に被る報道の自由に対する制約と公正な裁判を比較して決定すべきだと述べました。本件の場合は，学生と機動隊の衝突の様子を見れば分かるわけで，証拠上テレビフィルムはきわめて重要な価値を有し，被疑者らの罪責の有無を判定するのにほとんど必須のものと判断しました。

　取材したテープを裁判所ではなく捜査機関が請求した場合はどうでしょうか。日本テレビ事件（最決平1年1月30日刑集43巻1号19頁）では，未公開株譲渡の問題をある国会議員が国会で追及していました。この問題の当事者である社長室長が，この国会議員に対して追求を緩めるよう求めて贈賄をもちかけました。この議員と放送会社は，この様子を隠し撮りして放映しました。最高裁は，検察庁の差押えの可否を判断するにあたっては，捜査の対象である犯罪の性質，内容，軽重等差し押さえるべき取材結果の証拠としての価値，ひいては，適正迅速な捜査を遂げるための必要性と，取材結果を証拠として押収されることによって報道機関の報道の自由の制約の程度，および将来の取材の自由が受ける影響その他の諸般の事情を比較衡量すべきだと述べました。日本テレビ事件で

は，議員と放送会社の信頼関係を保って取材しています。記者の取材源の秘匿（秘密にしておくこと）は，一般の人に比べてより一層保護すべきでしょうか。裁判所で宣誓や証言を拒んだために証言拒絶罪に問われる場合はあるでしょうか。石井記者事件（最大判昭27年8月6日刑集6巻8号974頁）では，公の福祉のため最も重大な司法権の公正な発動につき必要欠くべからざる証言義務を犠牲にしてまで，証言拒絶の権利は認められないと判断されました。

他方で，証言拒絶を認めた判決もあります。NHK記者取材源開示拒否事件（最決平18年10月3日民集60巻8号2647頁）では，ある会社に対して日本とアメリカで同時に税務調査が行われていました。徴税の情報が国税当局から漏えいしてしまい，NHKが日本とアメリカ双方で，この会社が追徴課税を受けたと報道しました。この会社は，アメリカ本国に損害賠償請求を求めました。この手続の中で，日本の裁判所にNHKの記者への証人尋問の実施が嘱託されました。記者は，民事訴訟法197条1項3号「職業の秘密」を援用し，最高裁は，この主張を認めました。取材の手段，方法が一般の刑罰法令に触れるとか，取材源となった者が取材源の秘密の開示を承諾しているなどの事情がなく，しかも当該民事事件が社会的意義や影響のある重大な民事事件であれば，当該取材源の秘密の価値を考慮してもなお公正な裁判を実現するために開示すべきであるが，本件にはそのような事情がないと判断しました。

V　知る権利？——情報公開制度（国家を知る権利？）

情報公開制度は国民の「知る権利」に応えたものでしょうか？情報公開法には「知る権利」の文言はありません。情報公開法の1条は，国民主権のもと，政府は国民に対して説明責任を負い，行政に対する国民の信頼を得て，国民の監視をより充実させようというものです。何人も公開を請求でき，不開示事由は限定的に列記されています。もし非公開の場合は，行政不服審査法に基づき，取消請求ができるほか，不開示決定の取消訴訟，開示決定の義務付け訴訟も提起できます。非公開事由は，個人識別情報，法人等に関する情報，国家安全情報，公共安全情報，審議検討協議情報，行政執行情報が規定されています（情報公開法5条）。情報公開法に関する事件では，この5条の非公開事由の解釈が

争点になりそうです。

「知る権利」はもともと消費者が自分の購入する商品についての情報を「知る権利」として生み出された経緯があります。今の情報公開制度とは「知る」対象がすこし違いますね。「政府の説明責任」より「市民の知る権利」の文言の方がちょっと意味合いが異なるような気もしますね。マスメディアに対して主張する「知る権利」では、名誉毀損に基づく謝罪広告や反論権が問題になります。

VI　マスメディアの「人」権？

今やマスメディアが情報の発信を独占しています。テレビでは、あの有名人は今！とか、これで◯kg痩せたといった番組をやっています。自分とは異なる見解に触れ、多様な生き方の選択肢の存在を認めることに地上波放送や新聞は役立ちます。新聞やテレビといったマスメディアは第一権力とか第四権力と呼ばれることがありますが、社会全体の効果の限度で認められるべきなのかもしれません。マスメディアは「人」権と理解するよりも、社会生活に必要な基本的情報を社会全体に提供し、民主的政治過程を支えるとともに、寛容な社会を再生産する機能と理解するのも魅力的かもしれません。多様性を損なう特定の政治的思想的見解だけを報道してはいけないのですね（長谷部・憲法）。

マスメディアの情報発信の独占には、情報格差を縮小させるというプラス面もある一方、番組が画一化したり低俗化したりするというマイナス面もあります。そのため、番組内容などに対して規制がかけられています。

ツイッター、フェイスブック、ミクシーといったソーシャルメディアがあり、ニコニコ動画やYoutubeなどで動画を閲覧できるようになりました。かつて地上波放送は、電波の稀少性、放送のもつ社会的影響力を理由に、放送は新聞、雑誌とは異なる規制に置かれると考えられてきました。「公衆によって直接受信されることを目的とする無線通信の送信」として免許が必要であり、番組準則があります。通信と放送の融合、ユビキタスコンピューティングの進展で、インターネットは、地上波放送と同じ効用を有する情報発信手段だから、地上波放送と同じく規制に服するべきという意見もあります。地上波放送には基幹

放送としての役割もありますね。

ゼミ風景

（山鹿）　論点の多いところですが，短時間でなんとかコンパクトにまとめることができましたね。まず「わいせつ」の概念とその判断手法をめぐる判決について，「わいせつ性」を文書全体で判断するということなども，ちょっと補足してもらえますか。

わいせつ表現の自由？

（梟）　この分野では，「文書」，つまり文字表現による「わいせつ性」についての判例が積み重ねられ，その中身が変化してきました。ほぼ10年ごとに出た有名な判決が3つあります。まず，チャタレー判決（最大判昭32年3月13日刑集11巻3号997頁）です。ここでは，たとえ文学作品でも「○▽×という表現があれば，駄目だよ」とでもいうように，わいせつ性を部分的に判断するかのような表現を用いていました。ところが，サド判決（最大判昭44年10月15日刑集23巻10号1239頁）では，文書全体の関係で判断すると述べています。また，このサド判決の田中二郎反対意見は，科学性，思想性，芸術性との関係で「わいせつ性」は相対的に判断されるべきだと主張しました。さらに四畳半襖の下張事件（最判昭55年11月28日刑集34巻6号433頁）は，文書のわいせつ性の判断にあたって，「当該文書…に表現された思想等と右描写叙述との関連性，文書の構成や展開，さらには芸術性・思想性等による性的刺激の緩和の程度，これらの観点から該文書を全体としてみたときに，主として，読者の好色的興味にうつたえるものと認められるか否かなどの諸点を検討することが必要であり，これらの事情を総合し，その時代の健全な社会通念に照らして，それが『徒らに性欲を興奮又は刺激せしめ，かつ，普通人の正常な性的羞恥心を害し，善良な性的道義観念に反するもの』…といえるか否か」で判断すると述べています。この基準が，ハードコアポルノ，マンガ，インターネット画像などにも拡げられているようです（写真集を全体的考察方法によって判断し，「風俗を害すべき書籍，図画」に該当しないと判断した，メイプルソープ写真集税関検査事件判決（最判平20年2月19日民集62巻2号445頁）などがあります）。

（時導）　憲法学の表現の自由論は，フェミニズムなどからの批判を受けてきたと聞いたこともあるのですが。

表現のもつ偏向性・暴力性

（梟）　「わいせつ」とは区別される「ポルノグラフィー」に対して「性に基づく差別」を理由に法的規制を求めるものです。男性の支配と女性の従属という社会構造を構築する表現であり，人格と尊厳を有する「女性」がたんなる表現客体（モノ）としかとらえ

られていない，という批判などでしょうか。報告でも述べたように児童ポルノの問題なども考えなければならないと思っています。また，「すべての表現（言葉）は，偏向性・暴力性をもっている」ということも念頭において論議すべきだとも思います。
（羽生）　それって，「差別的表現」，「憎悪的表現」などの問題とも関係してくるの？
（梟）　いわゆる「ヘイトスピーチ」を認定した，2013年10月7日の京都地裁判決が注目されます。また，この問題については，国際人権規約B規約20条や人種差別撤廃条約4条も重要です。

少年法61条は違憲？
（鶴巻）　少年法61条の推知報道の禁止はやはり必要なのでしょうか？なぜ少年だけが「保護」されるのですか？
（梟）　違憲説も有力です。罰則がない以上，少年法61条は「帯に短し，たすきに長し」だ，という見解もあります（松井茂記）。

メディアという法人？
（鶴巻）　「メディアの人権」（特権？）を「法人の人権論」の再検討の中であらためて位置づけるとどうなるんでしょう？
（梟）　新聞やテレビを第「四」の権力として考えることに実益はあるでしょうか。情報流通の発信者と受信者とが分離，固定化され，一般の国民は情報の受領者になっているという評価もありました。情報受領権は，この背景で展開してきたのです。八幡製鉄事件は，「権利の性質上」可能な限り，と述べていましたが，出版社に「人権」を認める意味は少ないかもしれません。出版社や放送局に属するジャーナリストの集合体として考えればよいだけです。問題となるのは，私たち国民に社会の見取り図を提供してきたジャーナリズムの存在意義が問われていることかもしれません。

沖縄密約事件ふたたび？「国民の知る権利」に奉仕するために政府秘密を「漏えい」すると犯罪！
（羽生）　外務省秘密漏えい事件は，ドラマにもなったようですが，その後，どうなりましたか？
（梟）　この外務省秘密漏えい事件は，沖縄返還にあたって日米政府間に密約（沖縄返還に伴い，米国が支払うべき返還軍用地の原状回復費用を日本政府が肩代わりすることを約束あるいは合意した）があったのではないか，ということが問題となったものです。東京地裁は，開示請求者の主張を認めたのですが（東京地平22年4月9日判時2076号19頁），東京高裁は原審を取り消しました（東京高平23年9月29日判時2142号3頁）。開示請求者が密約文書について主張できていないというのです。開示請求者は，不開示決定において行政機関が保有していないとされた行政文書に係る当該行政機関の管理状況を直接確認する権限を有していません。だから，この主張立証責任を果たすため①過去のある時点において，当該行政機関の職員が当該行政文書を職務上作成し，または取得し，

当該行政機関がそれを保有するに至り，②その状態が，その後も継続していることを主張立証しなければなりません。東京高裁によれば，問題となる文書が通常存在すべき場所については網羅的な調査がされたのだろうが，本件文書は発見されない。通常とは異なる方法で管理され，通常と異なる方法で廃棄された可能性があり，行政文書を外務省が保有していたという推認を動揺させる「特段の事情」に該当し，外務省が本件文書を保有していたことを認めるには足りないと判断しました。

（鶴巻）　「秘密保護法」とでも言えるような法律は，表現への委縮効果がきわめて大きいですよね。

　　特定秘密保護法の内容って？

（時導）　秘密保護法はメディアの報道の自由に配慮しているのですか？

（梟）　秘密保護法は「国民の知る権利の保障に資する報道又は取材の自由に十分に配慮」するという文言になりました。防衛，外交，スパイ活動，テロ対策に関する事柄について閣僚ら行政機関の長が「特定秘密」を指定します。永遠に秘密が隠されないように時間的な制約がもうけられました。かつて尖閣諸島での中国船の海上保安庁船への衝突がユーチューブを通じて広がったことがありました。もし特定秘密を漏示した場合，秘密を守るべき公務員は懲役最高10年，罰金最高1000万円の責任を負います。罰則の制裁を前に取材協力をためらう公務員もいるかもしれません。

　　情報公開法と知る権利？

（乾）　説明を聞いて問題の所在がかなり分かってきました。すみませんが，「知る権利」と「取材の自由」の判例，学説の簡単な「おさらい」をお願いできませんか。

（梟）　もともと「知る権利」は，消費者が購入する商品の情報を知る自由として登場してきました。知る権利とは，マスメディアにアクセスする権利（自己の意見の発表を要求する権利）なのか，その対象は多義的です。情報公開法の制定において「知る権利」を盛り込むべきだという意見もありましたが，2011年の情報公開法の改正でも「知る権利」を盛り込むことは見送られました。情報開示請求権としての「知る権利」について，よど号ハイジャック新聞記事抹消事件（最大判昭58年6月22日民集37巻5号793頁）では，新聞記事の抹消が「知る権利」を侵害しているとして争われました。

第10章　お金もうけだって人権？

経済活動の自由

はじめに

（乾）　本日わたしに割り当てられたテーマは経済活動の自由です。憲法は，主に22条と29条でこれを保障していますが，22条2項には経済的自由のみならず，精神的自由，人身の自由の側面を併せ持つ移動の自由を保障する規定もあります。ここではこれも含めて報告させていただきます。まず，Ⅰで職業選択の自由を，Ⅱで移動の自由を，Ⅲで財産権を扱います。はじめにこの報告の総論的なことを述べておきます。判例，学説とも二重の基準論を支持しており，精神的自由の規制は，経済的自由の規制よりも厳格に審査されるべきだとされています。憲法自体にこの根拠を見出すことができます。総則的規定である13条に「公共の福祉」による権利制約が認められていますが，経済的自由を保障する規定である22条と29条には，あえて「公共の福祉」が再言されています。経済的自由がより厳しい制約に服することを，憲法自身が認めているのです。学説は，経済的自由には，「内在的制約」のみならず，「政策的制約」も認められるという言い方をしています。最高裁も，小売市場距離制限事件（最大判昭47年11月22日刑集26巻9号586頁），薬事法事件（最大判昭50年4月30日民集29巻4号572頁）等でこの点を明確に認めています。

Ⅰ　職業くらい自分で選びたい？──職業選択の自由

1　概　説

　憲法22条1項が保障する職業選択の自由は，経済的自由のみならず精神的自由の側面も持つと考えられています。職業の選択は，その人の人生の一大事です。人間として成長し，自己実現し，生きがいを得るための重要なステップでしょうから当然でしょう。「職業」は，人が自己の生計を維持するためにする継続的活動と定義されています（後掲薬事法事件判決）。
　職業「選択」の自由といっても，選択した職業を「遂行」する自由が保障されなければ意味がないので，最高裁も学説の多数も，ここに「営業の自由」が

含まれると解します。ただし，多くの学説は，営業の自由は29条によっても保障されると考えます。なお，学説の中には，営業の自由は独占を排除して自由な市場を作りだすという「公序」として形成されてきたものなので，22条1項で保障される権利ではないとの説もあります。日本では，登録制，許可制，資格制，特許制などの職業選択の自由に対する様々な規制があります（渋谷ほか・憲法1）。

2 判 例

(1) **目的二分論とは？** 最高裁は，職業の自由規制の合憲性審査の方法として，「目的二分論」を展開しています。これは，政府による規制を「消極目的規制」と「積極目的規制」に分け，それぞれに応じた審査基準を用いるという方法論です。

消極目的規制とは，主として国民の生命および健康に対する危険を防止，除去，または緩和するために課せられる規制です。国民の生命等を守るのは，戦前の多くの諸国に見られた夜警国家観の下でも，また極端な「小さな政府」論の下でも，疑いなく政府の義務です。政府は嫌でもやらないといけないものなので，「消極」目的と呼ばれるのです。積極目的規制は，福祉国家の理念に基づいて，経済の調和のとれた発展を確保し，特に社会的・経済的弱者を保護するためになされる規制です（ただし「経済の発展」をここに含めるべきかは議論があります）。このような規制は義務づけられたものではなく，政府が国民生活をより充実させるために積極的に乗り出してやるものです。そのため，「積極」目的と名づけられています。

最高裁は，消極目的規制に対しては厳格な合理性の基準が適用されるとします。この基準は，裁判所が規制の「必要性」と「合理性」，および「同じ目的を達成できるより緩やかな規制手段」の有無を立法事実に基づいて審査するというものです。積極目的規制に対しては明白性の原則が適用されます。この基準によれば，問題の規制措置が著しく不合理であることの明白な場合に限って違憲と判断されることになります。かなり緩い基準で，これが使われるということは，ほとんど政治部門に判断をお任せすることを意味します。

消極目的規制のほうが，国民の生命等を守るためのものだから必要性が高い

はずなのに，なぜより厳しく審査されることになるのでしょうか。様々な議論がなされていますが,消極目的規制のほうは裁判所による判断が可能であるが,積極目的規制のほうは高度な政策判断が求められるため裁判所の審査に適しないという点が挙げられています。確かに福祉国家理念に基づく職業の自由の規制は,消極目的規制に比べて高度な専門的判断に基づいていることが多いので，裁判所が判断し難いというのも頷けます。他方で，このように割り切って言えるかどうかには疑問も出されており，二分論も万能ではなさそうです。

(2) **判例探訪** それでは判例の説明にはいりたいと思います。ここでは，事前規制／事後規制に大別しました。

(i) **事前規制** まず，小売市場距離制限事件です。小売商業調整特別措置法とそれに基づく大阪府の内規により，既存の小売市場から700m以上離れていないと小売市場の設置は許可されないことになっていたことが問題になった事件です。このルールに違反して起訴された人が，憲法22条1項等の違反を主張したのです。最高裁はまず以下のように目的二分論を展開します。「22条に基づく個人の経済活動に対する法的規制は，個人の自由な経済活動からもたらされる諸々の弊害が社会公共の安全と秩序の維持の見地から看過することができないような場合に，消極的に，かような弊害を除去ないし緩和するために必要かつ合理的な規制である限りにおいて許されるべきことはいうまでもない」。のみならず，「憲法は，全体として，福祉国家的理想のもとに，社会経済の均衡のとれた調和的発展を企図しており，その見地から，すべての国民にいわゆる生存権を保障し，その一環として，国民の勤労権を保障する等，経済的劣位に立つ者に対する適切な保護政策を要請している」。そして，積極目的規制に対しては広範な立法裁量を認め,明白性の原則をとることを明確にしています。そのうえで，本件規制を積極目的規制と位置付けて，この原則の下で合憲としています。

次に，薬事法事件です。この事件では，薬事法とそれに基づく広島県条例により，薬局の開設に距離制限が設けられていたことが問題になりました。薬局を開こうとして不許可処分を下された者が，薬事法と条例の規定が憲法22条に反するとして訴えを起しました。最高裁は，薬事法の規定を違憲としました。最高裁は，職業の自由の規制は多様な形態をとるので，その合憲性を一律に論

ずることはできず,「具体的な規制措置について,規制の目的,必要性,内容,これによつて制限される職業の自由の性質,内容及び制限の程度を検討し,これらを比較考量したうえで慎重に決定されなければならない」とします。そして,許可制は職業の自由に対する強力な制限であるので,重要な公共の利益のために必要かつ合理的な措置であることを要し,また,消極目的規制である場合には,よりゆるやかな制限が存しないことが証明されなければならないとします。そのうえで,本件規制の理由として国の指摘する薬局等の偏在⇒競争激化⇒一部薬局等の経営の不安定⇒不良医薬品の供給の危険又は医薬品乱用の助長の弊害という事由は,いずれも必要性と合理性を肯定するに足りないと判示し,薬事法6条2項を違憲としました。この判決は,違憲の結論を導くにあたって,立法事実を具体的かつ詳細に検討したことでも有名です。

　これらによく似た問題として,公衆浴場の設置規制があります。日本には公衆浴場法という法律があり,その法律とその下で設けられている条例により,公衆浴場の設置に関して距離制限が置かれています。最高裁は,公衆浴場法の規制は積極・消極両目的から設けられたものとして合憲と考えているようです(最大判昭30年1月26日刑集9巻1号89頁,最判平1年1月20日刑集43巻1号1頁,最判平1年3月7日判時1308号111頁)。公衆浴場の公共性を強調し,業者の経営の安定化と国民の保健福祉の保持という目的,さらに手段としての距離制限の必要性と合理性を認める立場のようです。なお,最高裁は,たばこ小売販売免許制事件(最判平5年6月25日訟月40巻5号1089頁)において,たばこ事業法23条3号の配置規制についても合憲と判断しています。

　このほか,事前規制の事例としては,免許制に関する判例があります。わが国ではタクシー免許制がとられていて,いわゆる白タク営業が禁止されています。白タク営業事件(最大判昭38年12月4日刑集17巻12号2434頁)では,許可を受けずに白タク営業を行ったとして起訴された者が,それを規制する道路運送法101条1項(現78条)の違憲性を主張した事件です。最高裁は,同法の規制を公共の福祉のために必要な制限と解し,その合憲性を認めました。もう1つは,酒類販売免許制事件(最判平4年12月15日民集46巻9号2829頁)です。酒税法は,確実な租税の徴収のため酒類販売業免許制をとり(9条),経営の基礎が薄弱な者には免許を与えないことができるとしています(10条10号)。この規定によ

り免許を与えられなかったものが，処分の取消しを求め，訴えを起こしたのが本件です。最高裁は，「租税法の定立については，…立法府の政策的，技術的な判断にゆだねるほかはなく，裁判所は，基本的にはその裁量的判断を尊重せざるを得ない」という立場に立ち，「租税の適正かつ確実な賦課徴収を図るという国家の財政目的のための職業の許可制による規制については，その必要性と合理性についての立法府の判断が，右の政策的，技術的な裁量の範囲を逸脱するもので，著しく不合理なものでない限り，これを憲法22条1項の規定に違反するものということはできない。」とし，明白性の原則と同等の非常に緩やかな審査基準を用いました。そして，立法府の判断は，政策的，技術的な裁量の範囲を逸脱し，著しく不合理であるとまでは断定し難いと判示しています。

(ii) 事後規制　事後規制の例として，西陣ネクタイ事件（最判平2年2月6日訟月36巻12号2242頁）があります。1976（昭51）年に，国会が生糸の輸入一元措置と，この措置に基づいて輸入された外国産生糸の売渡しについて，売渡方法，価格を規制する生糸価格安定制度を採用しました。これに対して，京都の織物業者が，この制度が採用されたため，高額な価格で生糸を購入せざるを得なくなるなどの事態が生じた等と主張して，憲法22条1項・29条1項等の違反を主張して国を訴えました。最高裁はこの訴えを簡単に斥けています。

II　引っ越す自由と住む自由──居住・移転の自由

居住・移転の自由については，明治憲法も22条で規定していましたが，法律の留保が付されている等の問題がありました。日本国憲法22条は，法律の留保を外したうえで，1項において「居住」，「移転」の自由を，2項において「外国移住」，「国籍離脱」の自由を保障しました。「居住」は住むこと，「移転」は引っ越すことを意味します。移転は国内旅行を含みます。「外国移住」が外国旅行を含むかについては争いがあり，①含むとする説（多数説），②1項の「移転」に含まれるとする説，③13条の幸福追求権に含まれるとする説があります。「国籍離脱」の権利は日本国籍を離脱する権利で，性質上外国人には保障されません。ちなみに無国籍になる権利までは保障されません。居住，移転，外国移住の自由は，封建的な経済構造において土地に緊縛されていた国民を解放す

るという意義を有しているので，その意味で経済的自由の1つということができますが，精神的自由や人身の自由の側面もあるといわれます。

　居住，移転の自由が争われたものとして，アレフ信者転入拒否事件（最判平15年6月26日判時1831号94頁）があります。アレフ（旧オウム真理教）信者の転入届の受理を拒否したことが22条1項の居住移転の自由を侵害する等として争われたものですが，最高裁は転入届を受理しないことは許されないと判示しています。また，帆足計事件（最大判昭33年9月10日民集12巻13号1969頁）は，「著しく，かつ，直接に日本国の利益又は公安を害する行為を行うおそれがあると認めるに足りる相当の理由がある者」に旅券の発給を拒否できるとする旅券法の規定により，旅券の発行を拒否された政治家が，国家賠償請求訴訟を提起したというものです。最高裁は，当該規定は公共の福祉に基づくものとして，簡単にその合憲性を認めました。

III　価値あるものを持つ権利——財産権

　憲法29条の財産権の条文は3つの項から構成されています。以下，個別にみていきたいと思います。

1　29条1項

　1項の「財産権」は，物権，債権，知的財産権等の，財産的価値を有するすべての権利を含むといわれます。また同項は，個人の財産権という「権利」とともに，私有財産制という「制度」を保障しているともいわれます（通説・判例〔後掲森林法事件〕）。私有財産制が保障される以上，少なくとも徹底した共産主義体制への移行には憲法改正が必要になります。

2　29条2項

　(1)　**規制目的二分論**　　2項は，財産権の内容は法律により形成されるとしています。財産権は市場に関する複雑な制度と関係するので，その内容を法律に委ねざるをえません。憲法で「財産権」と規定しても，いっこうにその内容が明らかにならないのです。2項は，財産権の内容は「公共の福祉に適合する

やうに」定めるとし，精神的自由等に比較してより制約を受けやすいことを明らかにしています。先述のように，最高裁と学説の通説は，これを二重の基準論の根拠とみています。そもそも戦前の多くの国々では財産権が神聖不可侵なものとみられることもありましたが，現代福祉国家の下では財産権の社会性が強調されることが多いといえます。アメリカ憲法はこの点を明文で触れておりませんので，小さな政府論が常に一定の規模で存在します。これに対して，日本国憲法は，職業の自由（22条）と財産権（29条）の両方で公共の福祉を明記して，アメリカとは異なる道を選んでいるのです。

先にみたように，最高裁は，職業の自由について規制目的二分論を採用していました。財産権についても，森林法共有林事件（最大判昭62年4月22日民集41巻3号408頁）が，消極目的規制と積極目的規制がありうると述べています。すなわち，「財産権は，それ自体に内在する制約があるほか，…立法府が社会全体の利益を図るために加える規制により制約を受けるものであるが，この規制は，財産権の種類，性質等が多種多様であり，また，財産権に対し規制を要求する社会的理由ないし目的も，社会公共の便宜の促進，経済的弱者の保護等の社会政策及び経済政策上の積極的なものから，社会生活における安全の保障や秩序の維持等の消極的なものに至るまで多岐にわたるため，種々様々でありうるのである。」と判示したのです。

29条2項に関する有名な判例は，先に挙げた森林法事件です。この事件では，父から森林を2分の1ずつ生前贈与され共有していた兄Yと弟Xが，森林経営をめぐり対立したため，Xが共有森林の分割等を請求しました。ところが，当時の森林法186条は，共有物分割請求権を規定する民法256条1項にもかかわらず，共有森林につき持分価額2分の1以下の共有者に分割請求権を否定していました。Xは森林法186条が憲法29条に違反する等として争いました。最高裁は，財産権の規制が「種々様々でありうる」ことを前提に，合憲性判断は，「規制の目的，必要性，内容，その規制によつて制限される財産権の種類，性質及び制限の程度等を比較考量して決すべきものである」とします。そして，「立法の規制目的が…公共の福祉に合致しないことが明らかであるか」，「規制目的が公共の福祉に合致するものであつても規制手段が右目的を達成するための手段として必要性若しくは合理性に欠けていることが明らかであ」る場合に

限り違憲とするという，非常に緩やかな基準を示しました。そこで，本件法令の合憲性ですが，まず立法目的については合憲性を認めます。しかし，手段については，森林が共有であることと森林の共同経営とは直接関連するものとはいえないこと，分割の禁止は共有者間の紛争において森林荒廃の事態を永続化させるだけで，森林経営の安定化に資さないこと等の理由で違憲と判断しました。最高裁は森林法186条の規制目的が積極・消極いずれに属するのかを明らかにせず，「手段」が合理的関連性を欠くという理由で，憲法29条2項に違反するという判決を導いたのです。

(2) 条例による財産権規制　　29条2項は，財産権の内容は「法律」でこれを定めるとしているため，「条例」による制限が許されるかどうかについて議論がありました。財産取引は全国的に行われることが多いこと，地方分権一括法による改正前の地方自治法が一部の財産権規制について「法律の定めるところにより」という留保を付していたこと等から，否定説も有力でした。

奈良県ため池条例事件（最大判昭38年6月26日刑集17巻5号521頁）は，奈良県の条例が，「ため池の堤とうに竹木若しくは農作物を植え，又は建物その他の工作物…を設置する行為」やその他「ため池の破損又は決かいの原因となる行為」を禁止するとともに，違反に罰金を科していたところ，被告人らが，条例施行後も農作物を堤とうに植えていたため起訴されたというものです。最高裁は，当該堤とうの使用行為は，憲法，民法の保障する財産権の行使の埒外にあり，これらを条例で禁止，処罰しても憲法，法律に抵触も逸脱もしないと判示しました。この判決は，条例による財産権規制を認めたようにもみえますが，当該堤とうの使用行為は財産権の行使の「埒外」にあるとしたので，条例による財産権制限が憲法29条2項に反するかという問いには答えていないとも読めます。ただし，現在では条例による財産権規制は広く行われており，憲法上の疑義はほぼ解消しています。

3　29条3項

(1) 「公共のために用ひる」の意義　　私有財産を「公共のために用ひる」というのは，財産権の収用，制限が可能であることを意味します。「公共のために用ひる」の意義について，狭義説は，直接公共の用に供するため特定の私

有財産を収用すること（公用収用）ないし制限すること（公用制限）に限られると説き，広義説は「公共の利益」のための財産の収用ないし制限も含めて広く解します。

自作農創設特別措置法に基づく宅地買収が，29条の「公共のために用ひる」にあたらないとして買収計画の取り消しが求められた事件で，最高裁は以下のように広義説に立ちました（最判昭29年1月22日民集8巻1号225頁）。「自創法による農地改革は，…耕作者の地位を安定し，その労働の成果を公正に享受させるため自作農を急速且つ広汎に創設し，又，土地の農業上の利用を増進し，以て農業生産力の発展と農村における民主的傾向の促進を図るという公共の福祉の為の必要に基いたものであるから，自創法により買収された農地，宅地，建物等が買収申請人である特定の者に売渡されるとしても，それは農地改革を目的とする公共の福祉の為の必要に基いて制定された自創法の運用による当然の結果に外ならない」。そのほか，最大判昭27年1月9日刑集6巻1号4頁は，食糧管理法令上の供出制度につき，「公共のために用いるものに外ならぬ」ものと判示しています。

(2) **補償の要否の判定基準**　3項は，「公共のために用ひる」際には，「正当な補償」が必要であるとします。補償の要否の判定基準をめぐっては，特別犠牲説（形式説）が，相隣関係上の制約や，財産権に内在する社会的制約の場合には補償は不要であるが，特定の個人に特別な犠牲を加えた場合には補償が必要と主張し，侵害の実質を問う説（実質説）が，財産権の剥奪ないし当該財産権の本来の効用の発揮を妨げることとなるような侵害には補償が必要となると説きます。折衷説は，形式的側面，実質的側面を併せて考慮する必要があるという中間説です。佐藤幸治教授は，補償の要否は，消極目的／積極目的に分けて考えることができるとしています。すなわち，消極目的の場合には，一般には受忍義務があるが，侵害が強度な場合は補償が必要とし，積極目的の場合には，一部の者にのみ負担が課される場合や，財産権の剥奪またはそれに類する結果になる場合は補償が必要とするのです。

(3) **「正当な補償」の意味**　29条3項の「正当な補償」の意味をめぐっては，それを「被収用財産の客観的にもつ貨幣価値」とみる完全補償説と，「侵害目的や社会・経済状況などを考慮して，合理的と認められる相当額」とする相当

補償説が対立しています。29条3項の損失補償の規定とは別に，17条が国家賠償の規定を置いています。公務員の故意，過失による違法な損害を賠償するのが17条の目的ですが，29条3項は合法か否かを問わず，公共の利益のために特定の国民が犠牲になり，損失を被った場合に，公平性の見地から政府が補償を行うというものです（「賠償」，「補償」と用語が区別されているのはこのためです）。

ゼミ風景

財産（権）の保障—日本国憲法のスタンスは？
（羽生） 29条の構造はどうなっているんでしょう？ 憲法で保障される財産権の内容は2項で決まり（しかも法律によって），それを1項が不可侵だ，としているのは何か変じゃないですか。財産権が，憲法上の権利ではなく「法律上の権利」となってしまいますから。かといって，1項に私有財産制度の保障が含まれているので，その「制度」をなくすのは，憲法上できない，というのもチョット納得できないんです。どこで読んだかは，忘れたのですが，「現実の個々の財産上の権利」と「財産権を有する能力としての自由」との違いや，「財産権の内容の制約」と「財産権の行使の自由の制約」との違いなどをキチンと押さえて論じなければならないとの指摘があったように思います。
（乾） 確かに論議（というよりも「論争」）の多いところです。2項を別格にしておいて読むほうが分かりやすいという考え方もあるようです。また，いわゆる「制度的保障論」が理解の混乱を招いているのではないか，とする考えもあります。

「制度」の保障？
（羽生） どういうこと？
（乾） 森林法判決が「（29条は）私有財産制度を保障しているのみではなく，社会的経済的活動の基礎をなす国民の個々の財産権につきこれを基本的人権として保障する」と述べていることについて，「国民の個々の財産権という現状保障の論点を提示した上で，『社会的経済的活動の基礎をなす』という，学説上は見慣れない限定を付している」ことなどに着目し，「私有財産制度の保障とは異なる水準で，『法制度としての所有権』の憲法的保障を，いわば手探りで追求している」判決と評価するのです（石川健治）。また，29条については，「1項・3項と2項の対抗図式によって構造的に把握することが大切である」（同）とされます。
（鶴巻） 「制度的保障論」の理解と説明が不正確だったということ？
（乾） こうも述べられています。「…たまたま第3章に書いてあるからといって，それ

が主観的権利として援用できるとは限らないのである。典型は20条の政教分離条項で、これが議会を含むすべての国家機関に対する拘束力を有する法命題であることは誰もが疑わないが、それを個人の利益のために主観的権利として援用できると考える見解は、現在のところ少数にとどまっている」(同)。「財産権と私法上の法制度」については、小山剛・憲法上の権利152頁以下などを読んでみてください。すみません。僕の言葉で説明できなくて。

補償と賠償

(梟) 補償と賠償ってどう違うんですか？

(乾) 報告でも少し触れましたが、たとえ適法な行為であっても、「特別の犠牲」を与えてしまったときには「補償」しなければならないということと、違法な行為によって損害を与えたときには「賠償」しなければならない、という違いでしょうか。

(梟) 具体的な例、判例とかがありますか？

(乾) そうですね。予防接種禍訴訟の説明をしてみます。予防接種による健康被害の問題に関して、損失補償と国家賠償の関係が問題になりました。予防接種による健康被害については、一般に公務員の故意、過失を立証するのが難しいため（予防接種禍は、「違法無過失」な侵害といわれていました）、憲法29条3項に基づいて直接補償を請求することは可能かが議論されたのです。

①肯定説A（東京地判昭59年5月18日判時1118号28頁）は、この被害は、予防接種の実施に随伴する公共のための特別な犠牲であると見ることができるが、この犠牲は生命、身体に対して課せられたもので、財産権の特別犠牲に比べて不利に扱われる合理的理由はまったくないので、29条3項の「類推適用」を認めるべきとします。②肯定説B（大阪地判昭62年9月30日判時1255号45頁・福岡地判平元年4月18日判時1313号17頁）は、財産権の侵害に補償が行われるのなら、本来侵してはならない生命、身体への侵害に補償がなされるのは当然だから、29条3項の「勿論解釈」をとるべきであるとします。③憲法13条説は、生命・身体に関わる問題を憲法29条で扱うことには問題があり、憲法13条の生命・身体の自由の侵害の問題と考えるべきであるとします。この問題を立法で解決することもありうるのですが、そのためには無過失責任を法令で認めなければなりません。一般に無過失責任を明確に認めることには慎重論が多く、なかなか問題が前進してこなかったのです。

(長熊) ハンセン病訴訟は「賠償」を求めたものなの？

(乾) ハンセン病国家賠償訴訟（熊本地判平13年5月11日判時1748号30頁）のことですね。1953年制定のらい予防法は、ハンセン病患者の強制隔離、外出制限などの厳しい人権制限を定めていました。この病気の伝染性は極めて微弱であること、スルフォン剤による治療効果が大変高いことが、50年代半ばまでには明確になっていて、ハンセン病に

関する国際会議も特別法による規制を撤廃するよう繰り返し各国によびかけていました。ところが，同法は1996年まで廃止されず，厚生省の隔離政策は継続されました。そこで，元患者らがこの措置の違法を訴え，国家賠償請求を提起したのです。

　裁判所は，①厚生省の隔離措置によって憲法13 条・22 条の権利が著しく侵害され，厚生大臣は隔離の不要性を認識できたとして，大臣の違法・過失に基づく国家賠償を認め，②らい予防法の違憲性は遅くとも1960年には明確になっていたので，国会が以後もこの法律を放置したことは立法不作為の違憲にあたり，国家賠償法上違法であると判示しました。政府は控訴を断念し，判決は確定しました。

第11章 「勝ち組」「負け組」って言葉，変だよね

社会権と「公正な」社会のしくみ

はじめに

（時導）　日本国憲法は25条から28条にかけて社会権を保障しています。社会権とは生存権，教育を受ける権利，勤労の権利，労働基本権を総称したよび名です。ここに，新しい人権と称される環境権（第6章Ⅳ4を参照）を含めて説明されることも多いようです。こうした権利の名前を聞いたことがある人は多いと思います。でも，日常生活において，これらが大切なもの（権利）と意識したことのある人って，そんなに多くはないんじゃないでしょうか。私もそうでした。けれども，報告の準備をする中で，社会権の意義を認識することができました。今日は，社会権の総則的規定といわれる生存権をメインテーマに報告します。社会権の内容を説明するにあたり，日本国憲法の条文を例にとったほうが分かりやすいように思うので，条文ごとに概観していきます。

Ⅰ　社会権の保障はどうして必要なの？——近代憲法から現代憲法へ

1　背景

　社会権は現代において保障されるようになったもので，近代では保障されていなかった権利です。近代憲法は自由権（不作為請求権）を保障しました。自由権とは，国家権力の介入を排除する権利の総称です。精神活動の自由（精神的自由権）と経済活動の自由（経済的自由権）に大別されますが，後者と密接不可分なものが，近代法の大原則の1つである契約自由の原則です。誰かと何らかの内容の契約を自由に結ぶことができるというもので，したがって，どういう内容の労働契約を誰と結ぶかも自由なわけです。国家は国民の経済活動に介入してはならない，という国家のあり方を消極国家とか小さな政府とよびます。

　自由な経済活動，経済発展によってみんなが豊かになれば良かったのですが，そうはならず，巨大な富を得るごく一部の者（資本家）と，生活に困窮し極度な貧困状態にある大多数の者（労働者）という2極化が進んでしまいました。労働者は資本家と労働契約を結び，労働の対価として賃金を得ることでしか生

活を成り立たせることができません。資本家が提示するきわめて劣悪な労働条件であっても，労働者はそれに従わざるを得なくなったのです。誰もがそんな労働を望むわけはありません。でも，アルバイトだけで生活費を稼がないといけない大学生なら，自給300円で休憩なしの12時間労働という労働条件でも，生活するためには嫌でも働かざるを得ませんよね。働かなければ餓死してしまいますから。こうした状況において，経済的自由権や契約自由の原則は労働者にとって，実際上無いにひとしくなってしまいます。かかる構造的な貧困・失業問題等が生じ，社会的・経済的な不平等が大きな問題となってきたのです。小林多喜二が書いた『蟹工船』は，労働者がいかに酷使されているかを描いた作品ですよね。近年よく聞く格差社会って言葉がありますが，これって簡単にいうと，資本家と労働者の格差の21世紀版のようなものでしょう。こうした背景の下で『蟹工船』の売れ行きが最近伸びていると聞いたことがあります。苦学生などの例は，決して過去のことではないんですね。

2　社会権の保障へ

　近代と異なり，現代では国家が積極的に国民の経済活動に介入し，社会的・経済的不平等を克服する役割を担うことになります。このような国家のあり方を積極国家とか大きな政府といいます。経済活動への介入は国家の役割が大きくなることを意味するから，大きな政府と呼ばれるわけですね。そして社会権（作為請求権）が保障されるようになっていきます。社会権とは自由権とまったく逆の性格をもつ権利で，国家権力の介入を要求する権利です。ただし，後で述べるように社会権にも自由権の性格があります。社会権のことを調べていると，ドイツ・ワイマール憲法151条１項が必ずといっていいほど紹介されています。「経済生活の秩序は，すべての者に人間たるに値する生存を保障する目的をもつ正義の原則に適合しなければならない」という規定です。

　この規定は，国家が経済活動に介入することによって，すべての者が人間に値する生活をおくれるようにし，全くの制約を受けない自由な経済活動はもはや許されないと明確に宣言しています。だから，資本家が労働者を酷使することは許されないのです。労働者を保護する必要性をはっきり認めたわけですね。

　この条文は法的権利を保障したものとは解されていなかったようですが，そ

の趣旨は日本国憲法を含め，他国の憲法に影響をおよぼし，権利と認められていくようになります。憲法はその国のあり方を定めるものですが，他国の憲法と無関係に作られるものではないことが分かります。日本国憲法が社会権を保障しているのは，決して偶然の産物ではなく，（先人の賢慮を含めた）歴史を踏まえ引き継がれていることを自覚する必要性を感じました。

II 社会権の内容ってどんなもの？

1 教育を受ける権利

詳細は長熊くんが報告してくれるので（第12章），ここではごく簡潔に触れるに留めます。26条1項は教育を受ける権利を保障していますが，貧困ゆえに義務教育を受けることができなければ，この権利は無意味なものになってしまいます。そこで26条2項は義務教育の無償を定めています。文字の読み書きや計算ができないと日常生活に支障をきたしますよね。板書を読んで書き写すことに何の自覚ももっていませんでしたが，教育を受けることができたおかげなんですね。

2 勤労の権利

27条1項が保障する勤労の権利には，個人が働くことを国家から妨害されない自由権的性格と，職場の提供，労働条件の整備を求める社会権的性格があるといわれます。もっとも，この規定を根拠に勤労の場を提供することを直接国家に要求できるものではないと解されています。職業安定法，雇用対策法，障害者雇用促進法等がこの権利に対応する法律です。勤労により経済的自立が確保されるので，勤労の権利の保障は生存と密接不可分に関連しています。他方でこの規定は義務も定めています。これは，勤労の能力そしてその機会があるにもかかわらず，勤労しようとしない者に対しては，勤労の権利や生存権の保障がおよばないという意味において，法的な意味があると一般に考えられています。勤労によって自分の生存を確保することが原則で，それが不可能になったときに，生存権等が保障される仕組みになっているということでしょう。

27条2項は先に述べた歴史的背景を踏まえ，契約自由の原則の修正を明確に

示し，基本的な勤労条件の最低基準を法律で定めることを規定しています。これに基づき労働基準法や最低賃金法等が制定されています。劣悪な労働条件では人間らしい生活を営むことはできませんよね。また労働における性差別禁止を理念とする男女雇用機会均等法が定める婚姻，妊娠，出産等における不利益扱いの禁止が重要かと思います。女性の経済的自立を阻害することや，共働きで生計を立てることへの妨げを除去しなければ，生存への障害となるからです。

27条3項の趣旨は2項にも含まれていると解されていますが，あえて3項を設けた理由として，児童の酷使がおよぼす害悪の大きさと，その意味で労働保護がまず児童からなされたという沿革があること，そして児童の保護が十分になされてこなかったことが挙げられています。

3　労働基本権

28条が保障する労働基本権には，団結権，団体交渉権，団体行動権（争議権）という3つの権利が含まれます。労働者の1人ひとりの力は弱いので，団結することで使用者と可能な限り対等な立場を保つ権利（団結権）や，団結した労働者が労働条件等の維持・改善を目的とし交渉する権利（団体交渉権）が必要となります。最近，非正規労働者の労働組合があると聞きましたが，これは団結権の行使ということなんですね。そして仕事をしないというストライキ，仕事の能率をあえて落とすというサボタージュといった争議行為を行う権利（争議権）は，刑事上の責任を問われることはなく，また使用者に経済的な損失を与えても，損害賠償等の民事上の責任を負わないことを保障するものです（労働基準法1条2項，8条）。ところで争議権は奇妙な権利だと思いませんか？使用者と労働者には歴然とした力の差はありますが，労働の対価として賃金を得るというのが労働契約です。仕事をしない権利（ストライキ権）を保障することに違和感はありませんか？航空会社の労働組合がストライキをして飛行機が飛ばないということになると，予約していた人にとっては迷惑この上ないことになります。簡単にいうと，人に迷惑をかける権利というわけです。

争議権の意義を考えてみます。団体交渉が決裂し争議権が行使されると，使用者が被る損失は非常に大きなものになりますので，団体交渉をテキトーに済ませてしまうわけにはいきません。このように，団体交渉を実りあるものとし，

	団結権	団体交渉権	争議権	根拠法	刑事罰の有無
警察職員，海上保安庁職員，刑事施設に勤務する職員，消防職員，自衛隊員	×	×	×	国公法98条2項，108条の2第5項，地公法52条5項・37条1項，自衛隊法64条	有（争議行為をあおる等した者のみ）
非現業の国家公務員及び地方公務員	○	△（制限）	×	国公法108条の2第3項・108条の5第2項・98条2項，地公法52条3項・55条2項・37条1項	有（争議行為をあおる等した者のみ）
現業の国家公務員及び地方公務員	○	○	×	特定独立行政法人等労働関係法4条・8条・17条1項，地方公営企業等労働関係法5条・7条・11条1項	無

　そして争議権の行使によって，使用者にさらなる圧力をかけることを可能にする権利なんですね。かつてプロ野球の労働組合がストライキをし，試合が開催されなかったことがあります。プロ野球選手は優れた成績をおさめることで多額の収入を得ることができる，いわば「強い労働者」のイメージがあるかもしれませんが，そうした人（および組合）においても，争議権を保障しなければならない力の格差が使用者との間にあるわけです。これを踏まえると，一般の労働者においてはなおさらこの権利が重要だと分かるのではないでしょうか。

　しかし公務員については，法律によって労働基本権が大きく制約されており，争議権が全面的に禁止されているだけでなく，刑事罰を科す規定もあります。最高裁は当初，これを正当化していましたが，その後，法律自体を合憲としながらも，刑罰を科することに慎重な態度を示したり，規制の対象となる行為を限定したりすることで，一定の理解を示すようになりました（全逓中郵事件判決／最大判昭41年10月26日刑集20巻8号901頁，東京都教組事件判決／最大判昭44年4月2日刑集23巻5号305頁，全司法仙台事件判決／最大判昭44年4月2日刑集23巻5号685頁）。ところが，全農林警職法事件判決（最大判昭48年4月25日刑集27巻4号547頁）は，公務員の地位の特殊性と職務の公共性を強調し，この流れを断ち切りまし

た。地位の特殊性と職務の公共性とは，使用者は実質的に国民全体であり（15条），公務員は国民全体のために働く地位にあって，仕事の内容は公共の利益のためのものであるということです。この判決は，公務員の地位と職務が私企業の労働者のそれと異なることを強調します。すなわち，①公務員の勤務条件は国会が制定した法律・予算によって定められる（73条4号，41条，83条など）から政府に対する争議行為は的外れであること（勤務条件法定主義・財政民主主義論），②私企業の使用者と異なり作業所閉鎖（ロックアウト）で対抗できず，また，労働者の過大な要求が企業経営の悪化を招き，自らが失業する恐れが生じるという抑制力が公務員にはないこと，③労働基本権の代償措置として，適正な給与を確保する人事院勧告等があることを論拠に，刑罰を科することを合憲と判示しました。その後，最高裁はこの判決の考え方を基本的に採り入れ，従来の判例を変更し（岩手教組学テ事件判決／最大判昭51年5月21日刑集30巻5号1178頁，全逓名古屋中郵事件判決／最大判昭52年5月4日刑集31巻3号182頁），現在に至ります。現行法は前頁の表のとおりです。

III　生存権は法律がなければ保障されないの？

1　概　説

　25条は生存権の保障および社会保障制度の構築を宣言しています。税金でまかなうのか国民から一定額を徴収するのか，金銭給付なのかサービスの提供なのか等，様々な要素が1つの法律に含まれており複雑な制度になっています。ここでは費用をどのようなかたちでまかなうのかに着目し，2つに分けて説明します。1つは，国民からあらかじめ保険料を徴収し，病気や失業等の際に，その保険料によって金銭等を給付するという社会保険というものがあり，国民健康保険法，国民年金法，雇用保険法，介護保険法等がその例です。もう1つは，公的扶助とよばれるもので，税金でまかなわれるものです。生活保護法がこれにあたります。このように様々な法律が整備されていますが，対象者や給付額に関する運用や実態が肝心な部分ですので，後で検討します。

2　生存権の法的性格

生存権の法的性格をめぐって様々な議論が展開されてきています。初期の支配的な学説は，国家に対して政治的義務（努力義務）を課しているにすぎず，個人の法的権利を保障したものではないと解していました（プログラム規定説）。この説への批判が高まるきっかけとなったのが朝日訴訟です。重度の結核を患っていた朝日さんが，兄から新たな仕送りを受けることになったことを理由に，役所が生活扶助を打ち切り，さらには医療費を朝日さんに負担させる保護変更を行ったことの違法性を争った訴訟です。最高裁は，憲法の定める健康で文化的な最低限度の生活とは抽象的・相対的概念であるので，その判断は厚生大臣に委ねられていると説き，行政裁量（行政府が自由に決定できる範囲）を広範に認めました（最大判昭42年5月24日民集21巻5号1043頁）。朝日さんの訴えは斥けられましたが，この訴訟が契機となって，生活保護行政の実態が広く知られるようになり，また生活保護基準額が引き上げられることにつながりました。敗訴したら意味はないと思っていたので，裁判の意義ってこういうところにもあるんだと教えられました。

　現在の通説は，法的権利と解するが，25条から直接，金銭等の給付を要求できないという説です（抽象的権利説）。生存権を具体化する法律があれば，その法律と25条が一体となって，役所の決定の違法性を判断する違憲審査基準になると説きます。この点にプログラム規定説との違いがあるということでしょう。しかし，結局は法律違反かどうかで判断されるのですから，プログラム規定説と変わりはないと批判する論者は，役所の決定を裁判で争う際に，決定の根拠となっている法律自体の違憲性を問うことができると主張します。これに対し，法律がない場合に，そのことを裁判所に訴え，違憲であることを確認できるという説があります（具体的権利説）。もっともこの説も，法律がなければ具体的に給付請求できない点においては，抽象的権利説と変わりはありません。

　法律の違憲性が争点となった重要判例に堀木訴訟があります。これは，視力障害者で障害福祉年金を受給し，離婚後働きながら子どもを養育していた堀木さんが，児童扶養手当の申請をしたところ，二重に給付を受けることを禁止する児童扶養手当法の規定（併給禁止規定）に反することを理由に却下されたことの取消しを求めた訴訟です。最高裁は，健康で文化的な最低限度の生活という概念は抽象的・相対的であり，それを法律で具体化する際には，国の財政状

況や高度の専門技術的な判断が必要であると指摘し，25条の趣旨からどのような立法措置を講じるかは「立法府の裁量にゆだねられており，それが著しく合理性を欠き明らかに裁量の逸脱・濫用と見ざるをえないような場合を除き」審査に適しないと判示しました（最大判昭57年7月7日民集36巻7号1235頁）。このように，健康で文化的な最低限度の生活が抽象的・相対的概念であることから，立法裁量（立法府が自由に決めることのできる範囲）を広く認めました。憲法違反であるか否かを審査しているのでプログラム規定説を採っていないと思われますが，広範な立法裁量を認め，きわめて緩やかな基準（明白性の原則）でしか審査しないとしたことに強い批判があります。

　学説は，抽象的権利説に立ちながら，健康で文化的な最低限度の生活の内容の客観化や審査基準の厳格化を試み，立法裁量や行政裁量を狭めようとしてきました。こうした学説状況の中で，25条1項に基づき直接給付請求できるという見解（言葉通りの具体的権利説）が登場しました。最高裁が，健康で文化的な最低限度の生活という概念の不明確さ，予算の必要性を論拠としていることに対し，最高裁はわいせつ概念が不明確であるにもかかわらずそれへの解釈を示していること，29条3項に基づき直接損失補償を要求できることを認めていることを指摘し，反論を加えています。また，正当な理由なく，現にある社会保障水準を切り下げたり，社会保障制度を廃止したりすることは禁止されるとする考えも提示されています（制度後退禁止原則）。重税を課して生活を困難にすることや生活保護行政を停止することは，生存権の自由権的性格（一般には自由権的効果とよばれているようですが）を侵害するといわれてきました。この説は後者の点に着目しているわけです。給付額をもとに月々の生活を営み，将来の生活設計を立てている人にとって，減額や廃止は死活問題になりますよね。作為請求権だけを念頭に生存権を考えていたのですが，この説を知ることで，生存権の自由権的性格の意義を確認することができました。

　しかし，学生無年金障害者訴訟判決（最判平19年9月28日民集61巻6号2345頁）や生活保護老齢加算廃止訴訟判決（最判平24年2月28日民集66巻3号1240頁）等の近年の判例をみると，学説の主張は取り入れられていないようです。確かに何が健康で文化的な最低限度の生活かの確定は難しいし，財政問題を無視して議論できないとなると，政治府に委ねられた問題なので，裁判所はそれを尊重す

べきだという判例の考えも理解できるところです。ただ，政治府がしっかりと役割を果たしていれば，訴訟をする必要もないわけですから，少なくとも健康で文化的な最低限度の生活については，裁判所がもう少し積極的に審査しても良いのではないかと思いました。

3　1項と2項の関係

　25条の文言をみると，1項は国民の「権利」を，2項は国の「義務」を定めています。通説・判例は，1項と2項を一体のものと捉え，不可分であると考えます（1項2項一体論）。これに対し堀木訴訟控訴審判決は，1項と2項は異なる内容を定めたものだと解しました（大阪高判昭50年11月10日行集26巻10・11号1268頁）。この考えによると，2項は，健康で文化的な最低限度の生活を保障する施策（防貧施策）を講じる責務を規定するもので，立法政策の問題として立法裁量に委ねられたものとされます。他方で，1項を健康で文化的な最低生活の保障という絶対的基準の確保を目的とし，防貧政策から落ちこぼれた者を救貧すること（救貧施策）を定めたものと解します（1項2項分離論）。多くの学説は，分離することがそもそも困難であることや，2項に関して，司法審査を放棄するかのようなきわめて広範な立法裁量を認めることを批判しています。

　なお，健康で文化的な最低限度の生活の保障の意味を，ギリギリの生活を営むための給付を求めるものではないとの指摘は，傾聴に値します。抽象的・相対的な概念であるとしても，25条1項は健康で文化的な最低限度の生活と定めており，人間らしく生きることを保障していると理解すべきと考えます。

4　生活保護法をめぐる最近の動向

　生存権を具体化した法律といわれるのが生活保護法です。この法律は最後のセーフティーネットと称されるようにきわめて重要なものです。しかし近年，生活保護や受給者の困窮への無理解が際立っているように感じます。顕著な例が，人気お笑い芸人の母親が生活保護を受給していたことへの非難です。しかもこれは，憲法尊重擁護義務（99条）を負っている国会議員が問題視したことが発端でした。素朴な感情として，子が親の面倒をみるべきというのは分かりますが，みんなが必ずしも家族円満で支え合っていける状態であるわけではな

いし，家族の支え合いは法の要請ではありません。そもそも生存権は「個人の権利」であることを忘れてはならないでしょう。酒等の嗜好品を保護費で購入することへの批判もあるようですが，受給者に娯楽を許さない考えは，人間らしい暮らしや保護費の範囲内で生活設計する受給者の自律を否定することになるでしょう。また不正受給の報道が頻繁にされていますが，その割合は受給者の0.5％未満に過ぎません。しかし，多くの受給者がそうであるような印象を与えてしまっている感があります。こうした生活保護バッシングの影響もあってか，生活保護を受けることを恥と感じ申請しない人が増えているそうです。

　ところで，ホームレスとよばれる人たちは，どのような理由で路上生活をしているのでしょうか。暴行や傷害さらには死と隣り合わせの生活をするぐらいなら，たとえ恥ずかしいと思っても生活保護申請をした方が（しなければ）と思うのですが。今回，この点を調べることができませんでした。すみません。

　さて，兵庫県小野市が2013年に制定した条例は，ギャンブル等で生活保護費等を常習的に浪費する者の情報を市に提供することを市民の責務と規定しました。これには市民同士の私生活監視という密告社会を作り出すとの批判があります。多くの人の努力によって獲得された権利が事実上行使できなくなることで，個人が個人として尊重されなくなる社会になるのではないかと危惧しています。こうした中で，2013年8月，受給額の引き下げ・見直しが始まりました。生活保護の基準額は，健康で文化的な最低限度の生活に必要な額を決定するものなので，他の多くの制度と連動して運用されています。たとえば，最低賃金や低所得者の家庭の子どもに給食費や修学旅行費等を支援する就学援助があります。これらも引き下げられることにつながります。給食費や修学旅行費を払えない家庭が現にあることを踏まえ，基準額の引き下げについては慎重に検討しなければならないと思います。私はお金に困ったことがないので，これまで生活保護に関心をもっていませんでした。でも，生きている以上，誰もが事故に遭ったり，病気を患ったり，失業したりする可能性があります。東日本大震災や福島原発「事故」は記憶に新しいことでしょう。

むすびにかえて

　社会権は人間らしく生きていくことを可能にする権利です。明日の暮らしの保証すらないならば，表現の自由などの自由権の意義は大きく減じられてしまいます。しかしワーキングプア，ネットカフェ難民という言葉が象徴するように，人間らしい暮らしをおくることのできない人たちが増加しています。こうした格差社会は自然にできたものではなく，新自由主義に基づく政策の影響がかなり大きいと考えられます。しかも格差は世代にわたるものです。親の経済力が子どもの学歴および収入に連鎖する教育格差と結びついています。奨学金によって進学している人の多くは，親の経済力に頼ることができない等の事情があると考えられます。卒業後，奨学金を返済することが困難な人が増えているようですが，非正規雇用を広く認める政策は，こうした社会的・経済的弱者にさらなる負担を課しているように思います。最近よく聞く「勝ち組」「負け組」という言葉は収入の多寡を指標にしているようですが，これまで述べてきたことを踏まえると，努力による勝ち負けを表しているのか疑問です。そもそも，人生の勝ち負けを決定すること自体がナンセンスだと思いますし，「勝ち組」「負け組」を定義できる人っているんでしょうか。格差社会の是正のために社会保障制度を充実させる必要がありますが，現実には，生活保護費の減額，各種保険料や年金受給年齢の引き上げが行われています。国の財政状況や少子高齢社会の中でやむを得ない部分もあるかと思われますが，長期的な視点にたって，格差の拡大が社会そして個人にもたらす弊害を熟慮すべきと考えます。

ゼミ風景

（山鹿）　時導くんの報告を聞いて，報告タイトルの趣旨がよく分かりました。
個人の生存権のみならず公共的理念の実現も
（乾）　すみません。最初から，質問が報告の中身のちょっと細かいところに入ってしまうのですが，「生存権」全般の位置づけと僕の「経済活動の自由」のところにもかかわると思うので質問させてください。時導くんも説明されましたが，有名なワイマール憲法151条は，経済秩序の話であって，生存「権」の話ではないですよね。条文の位置も違いますし。ここらあたりのことを補足してもらえませんか。
（時導）　そうですね。だから，権利ではなく，プログラム規定だとされていたと思います。なお，現在の憲法では，プログラム規定説を否定するような条文が設けられています（「以下の基本権は，直接に適用される法として，立法，執行権および裁判を拘束する」（ドイツ基本法１条３項））。
（鶴巻）　「生存権」って聞いたとき，それって昔からどこの社会でも支えあい，助け合っ

て生きてきた，暮らしてきたという当然の話なのかって誤解したんですが，内容としてはどんな特徴があるのでしょうか。

（時導）　正確にいうと25条は「生活への権利」ともいうべきもので「生存」という文言はありません。しかし，その位置と内容から「生存権」と称することが一般化しています。まず，25条を「公正な社会の基本構造」の理念的基礎を担う「公共的理念」でもあると位置づけることが重要だと思います（尾形健）。その理念の実現のためには，国家機関相互の「協働」が不可欠です。その上で，25条の裁判規範性を考えるということになるのだと思います。従来，裁判所は，「立法裁量論」で処理してしまうケースが多かったのですが。

（山鹿）　そもそも論に戻るけど。25条を「生存権総論」ってするのはチョット変だということになりませんか？最低限の生活すら不可能となった人を，国は救う義務があるということですから。まず，人がその生涯にわたって能力を不断に伸ばし（教育を受ける権利，26条），その能力を生かして働く権利が保障され（27条），そして，何らかの事情でそれが出来なくなったときには国が配慮を義務付けられる（25条）ということですから。「社会権」と一括りにしても，その権利の性質（対国家とか私人相互の関係）は，かなり異なっているんじゃないでしょうか。25条から始めるとなると，ルーツのワイマール憲法151条（「経済生活の秩序は，…」）からしても，25条以下の条文を（主観的）権利の話というよりも，客観的な権利（秩序）の話とした方が一貫するということになってしまいませんかね。一方で，25条の権利・法規範としての内容を具体化していこうとする試みもなされていますね。具体的な説明を補足してもらえますか。

（時導）　ドイツの憲法には社会権の規定はありませんが，先ほど紹介した基本権の「人間の尊厳」条項（1条1項）と社会国家条項（20条1項）とを関連づけて，社会保障の切り下げや廃止に歯止めをかける解釈論が展開されています。日本国憲法の議論では，人格的自律権論を基礎とした生存権保障論が有力に主張されています。つまり，25条だけで生存権を論じるのではなく，むしろ13条を軸として25条との関係を捉えるのです。そうすると「健康で文化的な最低限度」の水準とは，各人が現実の社会状況下にあって，自らの人生を自律的・主体的に構想しかつ達成する能力の水準だということになります。生存権は，このような主体であり続けるための条件整備と位置づけられます。

ホームレスと生存権

（長熊）　生活保護法があるのに，ホームレスの問題がどうして生じるの？「明日はホームレス」といわれるネットカフェ難民の問題もありますし。

（時導）　直接その問題に答えることができるほど勉強していませんし…。

（山鹿）　そういえばこの前，「住所」のことを話してませんでしたか？

（時導）　ホームレスの人が公園を住所と認めないことを争った扇町公園事件がありま

す。大阪地裁は原告の請求を認容しましたが（大阪地判平18年1月27日判タ1214号160頁），大阪高裁は地裁判決を覆しました（大阪高判平19年1月23日判時1976号34頁）。住所と認めること＝公園に住む権利を認めること，という誤った報道もなされていましたが，まず「住所」がないと生活保護の手続もできません。悪質な貧困ビジネスがこれを利用していることなども問題となっています。

第12章　教育をする人？　受ける人？

憲法と教育の関係

はじめに

（長熊）　日本国憲法には教育に関する条項が2つあります。23条と26条です。それぞれ「学問の自由」と「教育を受ける権利」が定められています。憲法のこの2つの規定は，その解釈や実際の事例の中で複雑に絡み合ってきました。もちろん学問や教育の権利・自由はこの2つの規定だけを検討すれば足りるというものではありませんが，みなさんとの論議のために，報告ではこの2つの条文について，みていくことにします。

I　学問の自由

　日本国憲法は23条で「学問の自由は，これを保障する。」と五七五調のシンプルな形で学問の自由を定めています。

1　学問の自由の背景

　学問の自由は，「academic freedom」と呼ばれるもので，諸外国の憲法にはあまり規定のないものでした。英米では，思想の自由や表現の自由といった市民の自由が保障される中で研究の自由も同時に保障されると考えられていたからです。わが国でも大日本帝国憲法には学問の自由に関する規定はありませんでしたが，1933年（昭8年）に滝川事件，1935年（昭10年）には天皇機関説事件といった学問弾圧事件がたて続けに起こります。滝川事件は，京都帝国大学法学部の刑法学者であった滝川幸辰教授が，その学説が自由主義的であるという理由から文部省より休職処分を受け，それに反対した法学部の教授団が辞表を提出して抗議した事件です。また天皇機関説事件は，東京帝国大学の美濃部達吉教授が，天皇は法人である国家の一機関であるとする学説を述べた著書を，我が国の国体に反するとして発禁処分とされ，貴族院議員を辞職させられた事例です。日本国憲法は，このような歴史的背景に基づいて，学問の自由を特に規定したものとされています。

2 学問の自由の内容とその限界

(1) **学問の自由の内容**　学問の自由の内容としては，大きく3つ挙げられます。学問研究の自由，研究発表の自由，教授の自由です。学問研究の自由や研究発表の自由は，それぞれ19条の思想・良心の自由や21条の表現の自由とも関連してきます。元来人間というものは未知のことにチャレンジし，真理を知りたいという欲求をもっています。真理の発見・探究を目的とする学問研究は，場合によっては従来の考え方や価値観を批判して，新しいものを生み出していくことを使命とすることから，常に国家権力からの圧力を受ける危険を内包しています。その危険性を回避するために，学問の自由の規定は設けられたのだといえるでしょう。

(2) **学問の自由の限界はあるの？**　学問の自由は精神的自由権に分類され，また特に学問研究の自由は思想・良心の自由の一部をなすものとしても考えられることから，その限界・規制について厳格にとらえられるべきではありますが，絶対無制限なものとはいえないでしょう。たとえばバイオテクノロジーなど科学技術の発達は，私たちの生活を豊かにする反面，人間への応用の是非が大きな問題となってきます。23条の保障する学問の自由を重視すれば，生命倫理を理由として学問の発展を阻害することは許されない，とする主張もありえますし，基本的には学会などの自主規制や監督官庁による行政指導にとどめられることが望ましいのでしょうが，「ヒトに関するクローン技術等の規制に関する法律」のように，人間の尊厳を保持するためクローン技術の人間への応用を禁止する法律もあります。同法はクローン技術等について「人の尊厳の保持，人の生命及び身体の安全の確保並びに社会秩序の維持に重大な影響を与える可能性」があることから，クローン技術等の禁止や規制をするものです。人間の尊厳に反する研究を明確に峻別し禁止するべきだと考えれば，クローン技術に対する規制は正当化されるとする見方も可能ではないかと思われます。

II　大学の自治と学問の自由

(1) **学問の自由と大学の自治の関係**　伝統的には学問活動の中心的な場は大学でした。既存の価値観を疑い時として権力と対立することもある学問を担

う大学は，それゆえ権力からの攻撃の的ともなり得たわけで，大学の自治を保障することは同時に学問の自由の保障にとってもなくてはならないものと考えられています。大学の自治に関する明文の規定はありませんが，学問の自由と大学の自治は切っても切れない関係にあり，23条で保障されていると考えられています。大学の自治それ自体は人権ではありませんが，学問の自由を保障するための「制度的保障」であるとされています。

(2) **大学の自治の内容** 大学の自治の範囲としては，①研究者の人事の自治，②大学施設管理の自治，③学生管理の自治の3つだとされていますが，昨今ではさらに④教育研究内容および方法の自主決定権，⑤予算管理の自治を挙げる学説も有力です。自治の担い手は，大学の自治の存在理由から考えれば，基本的には教授その他の研究者です。中心となるのは教授会といえるでしょう。学校教育法93条1項は，「大学には，重要な事項を審議するため，教授会を置かなければならない」と定めています。

(3) **大学の自治をめぐる判例** 学問の自由，大学の自治に関する判例として東大ポポロ事件が挙げられます。この事件は大学公認のポポロ劇団という学生サークルが大学の了解の下に学内で公演を行った際，私服警官の内偵を見咎(とが)めた学生がこの警察官に対して暴行を働いたとして暴力行為等処罰法で起訴された事例です。その最高裁判決（最大判昭38年5月28日刑集17巻4号370頁）では，「一面において，広くすべての国民に対してそれらの自由を保障するとともに，他面において，大学が学術の中心として深く真理を探究することを本質とすることにかんがみて，特に大学におけるそれらの自由を保障することを趣旨としたものである。」と学問の自由について述べたのち，大学の自治について「大学における学問の自由を保障するために，伝統的に大学の自治が認められている。…大学の学問の自由と自治は，大学が学術の中心として深く真理を探求し，専門の学芸を教授研究することを本質とすることに基づくから，直接には教授その他の研究者の研究，その結果の発表，研究結果の教授の自由とこれらを保障するための自治とを意味すると解される」と判示しています。

(4) **大学の自治に学生は含まれる？** 問題なのは学生を大学の自治の主体に含めるかどうかという点です。大学の自治における学生の地位に関しては，先ほど述べた東大ポポロ事件では「自由と自治の効果として，施設が大学当局

によって自治的に管理され，学生も学問の自由と施設の利用を認められるのである」と述べています。この考えは学生を大学という施設の利用者と位置付ける営造物利用者説と呼ばれる立場を採っています。これに対しては，大学を美術館や博物館と同視するものである，との批判や，学生も学問研究の主体であり，大学の教育研究を支える構成員として大学の運営につき積極的に意見を述べうる，との指摘がされています。ただ，どの程度学生が大学運営に関与できるのかについては，先に述べた教授会の自治に照らし合わせて各大学が自主的に決定すべきだとされています。

 (5) **大学の自治の限界**　大学の自治といっても，無制限に認められるわけではなく，学問の自由と無関係な消防・衛生などの関係からの制約があり得るほか，人事や学生懲戒などで司法審査の対象となることが考えられます。また，警察作用との関係でも，適正な令状に基づく学内立ち入りなどは認められることになります（愛知大学事件控訴審判決　名古屋高判昭45年8月25日判タ254号99頁）。先述の東大ポポロ事件の場合は令状によるものではなく大学側の許可なくして大学構内に立ち入った事例でした。最高裁は「学生の集会が真に学問的な研究またはその結果の発表のためのものでなく，実社会の政治的社会的活動に当る行為をする場合には，大学の有する特別の学問の自由と自治は享有しないといわなければならない。」とし，「本件集会は，真に学問的な研究と発表のためのものでなく，実社会の政治的社会的活動であり，かつ公開の集会またはこれに準じるものであつて，大学の学問の自由と自治は，これを享有しないといわなければならない。したがって，本件の集会に警察が立ち入ったことは，大学の学問の自由と自治を犯すものではない。」と述べました。本件に関しては，大学によって承認された団体による，正規の手続を経た学内施設の利用であって，原則として大学管理者の自律的判断が尊重されるべきだとの批判があります。

 (6) **学問の自由と教育を受ける権利**　学問の自由の内容に教授の自由がありますが，この教授の自由は誰に対して保障されるのか，という問題があります。この論点は，23条の学問の自由は大学における教員の「特権」として保障しているものなのか，あるいは普遍的自由として保障しているものなのか，という問題でもあります。従来からの通説では，23条の学問の自由は大学における教員の特権的な意味合いで理解されてきました。したがって，学問の自由か

ら導き出される教授の自由は大学における教授の自由に限定される，と考えられていたわけです。東大ポポロ事件でも，「大学が学術の中心として深く真理を探究することを本質とすることにかんがみて，特に大学におけるそれらの自由を保障することを趣旨としたものである」と述べています。では，大学とは異なる初等中等教育機関における教育の自由はどこで保障されるのか，という問題が生じますが，その根拠規定として主張されるのが26条の「教育を受ける権利」です。そこで，次にこの「教育を受ける権利」についてみていくことにします。

Ⅲ　教育を受ける権利

　憲法は26条1項で「すべて国民は，法律の定めるところにより，その能力に応じて，ひとしく教育を受ける権利を有する」と定め，さらに2項で「すべて国民は，法律の定めるところにより，その保護する子女に普通教育を受けさせる義務を負ふ。義務教育は，これを無償とする」と定めています。

1　教育を受ける権利の内容

　(1)　**憲法の想定する教育**　人間が個人としての人格を形成していくために，さらには将来の主権者として民主主義のプロセスに参加しうるだけの資質を養っていくためには，教育は必要不可欠なものです。その意味では，教育を受ける権利は13条の「幸福追求権」とも関連する権利であり，教育を受ける権利の主体である国民の中心は子どもということになります。もちろん，26条の主語が「すべて国民は」となっているように，ゆりかごから墓場まで（入ってしまったら「国民」とはいえないのですが），国民のそれぞれの年齢や環境に応じた「生涯教育」を保障したものであることが忘れられてはなりません。従来「子ども」に重点がおかれていたことによって26条の問題を「学校教育」に限定して考える傾向が強かったのですが，広く「社会教育」のあり方，国民すべての「学習権」を考える必要があります。その中で，子を持つ親に「義務」を課す2項の存在によって，とりわけ子どもの学習権をめぐる論議が活発におこなわれてきたということになります。親権者である親には，子どもに対して教育を施す自由と義務があるわけですが，子どもに教育を施すにしても個人では限界

もあり得ることから，教育施設や環境など，適切な教育の場を提供するよう国家に対して要求する権利として理解されるようになってきます。その結果，国家は教育に対してどの程度関与できるのかという問題が生じてきます。

(2) **学習権**　教育を受ける権利の内容は「学習権」，もう少し正確に言えば「国民の学習権」という観念を中心に理解されています。子どもにとっての学習権とは，子どもが教育を受けて学習し，人間的に発達・成長していく権利として捉えられるものですが，最高裁判所も後述の旭川学テ事件（最大判昭51年5月21日刑集30巻5号615頁）において，「国民各自が，一個の人間として，また，一市民として，成長，発達し，自己の人格を完成，実現するために必要な学習をする固有の権利を有すること，特に，みずから学習することのできない子どもは，その学習要求を充足するための教育を自己に施すことを大人一般に対して要求する権利を有するとの観念が存在していると考えられる」と述べており，判例を通じても学習権は認められているといえるでしょう。もっとも，具体的な部分については「法律の定めるところ」によるため，教育基本法や学校教育法などによって教育制度の具体化がなされています。

(3) **教育権の所在**　国が教育制度を整備し教育の場を提供するにあたって，その内容や方法において親権者・現場教師と国とが対立した場合，どちらの意見が優先するのか。このことが，従来26条をめぐる論争となってきました。この論点については，「国民教育権説」と「国家教育権説」との対立がみられました。国民教育権説と呼ばれる学説は，教育権の主体は親を中心とする国民全体であり，国家の介入は教育の諸条件の整備に限られ教育内容への関与は認められない，とする説です。一方国家教育権説は，国民からの信託を受けて適切な教育政策をなしうる権能を有するのは国家であるから，教育権の主体は国家であり国家が教育内容について関与・決定する権能を有する，と主張します。この対立は，私教育の延長として公教育を理解し，それゆえ教育権の主体はあくまでも第一義的には親であって，そして親の負託に応える現場教師が主体となり得るのだとする前者に対し，公教育の場で実現されるべきは国民全体の教育意思であって，議会制民主主義の下では国民によって選出された国会が法律を制定することによって具体化されるのだとする後者の立場の違いでもあります。

下級裁判所の判決ではそれぞれの立場に立った判決が見られます。たとえば国民教育権説に立つ判決としては第2次教科書検定訴訟東京地裁判決（東京地判昭45年7月17日判時604号29頁）が，国家教育権説に立つ判決として第1次教科書検定訴訟東京地裁判決（東京地判昭49年7月16日判時751号47頁）が見られます。この両者の対立について，最高裁は旭川学テ判決において，「2つの見解はいずれも極端かつ一方的であり，そのいずれをも全面的に採用することはできない」とし，教師が児童生徒に対して強い影響力・支配力を有すること，子どもの側に学校や教師を選択する余地が乏しく，教育の機会均等をはかる上からも全国的に一定の水準を確保すべき強い要請があること等を理由に，国家は「必要かつ相当と認められる範囲において，教育内容についてもこれを決定する権能を有する」と述べています。旭川学テ事件は全国中学校一斉学力調査の実施に反対した教員が，学力調査を阻止しようと暴行・脅迫を加えたとして公務執行妨害等で起訴された事例です。この事件では学力テストが教育基本法10条（現16条）の「不当な支配」に該当するかどうか，という点が実体的な問題としてありました。最高裁は，『教基法10条は，国の教育統制権能を前提としつつ，教育行政の目標を教育の目的の遂行に必要な諸条件の整備確立に置き，その整備確立のための措置を講ずるにあたっては，教育の自主性尊重の見地から，これに対する「不当な支配」となることのないようにすべき旨の限定を付したところにその意味があり，したがって，教育に対する行政権力の不当，不要の介入は排除されるべきであるとしても，許容される目的のために必要かつ合理的と認められるそれは，たとえ教育の内容及び方法に関するものであっても，必ずしも同条の禁止するところではない』としたうえで，学力テストは「不当な支配」にはあたらないと判示しています。

(4)　**教師の教育の自由，親の教育の自由**　　この旭川学テ事件では，学説の対立の中で教師の教授の自由が国民教育権説の側から唱えられていました。この点については先に述べた学問の自由の一内容である教授の自由が，初等中等教育機関の教師にも保障されるのか，という論点を含んでいます。最高裁は「学問の自由を保障した憲法23条により，…公権力による支配，介入を受けないで自由に子どもの教育内容を決定することができるとする見解も，採用することができない」として，23条に基づく初等中等教育機関の教師の教授の自由は認

めませんでした。その意味では、学問の自由は大学の特権ともいうべきものとして認識されているといえるでしょう。ただ、続けて最高裁は「普通教育の場においても、…一定の範囲における教授の自由が保障されるべきことを肯定できないではない」と述べています。もちろん、大学教育の場合には、学生が一応教授内容を批判する能力を備えていると考えられるのに対して、初等中等教育では、児童生徒にそのような能力が不十分であること、教師が児童生徒に対して強い影響力、支配力を有すること、子どもの側に学校や教師を選択する余地が乏しいこと、教育の機会均等をはかる上からも全国的に一定の水準を確保すべき強い要請があること、を理由に「普通教育における教師に完全な教授の自由を認めることは、とうてい許されないところといわなければならない」と述べてはいますが、逆に言えばある程度の教師の教育の自由は26条により保障される、と考えているといえるでしょう。

　ところで、教師の教育の自由が国民教育権説の側から唱えられたとしても、必ずしも教師と親の利益が一致するとは限りません。ここに「教師の教育の自由」とは異なる「親の教育の自由」が語られることになります。たとえば、子どもやその親権者である親の利益と、学校や教師の利益が対立する事例としては剣道実技拒否事件（最判平8年3月8日民集50巻3号469頁）や日曜日授業参観事件（東京地判昭61年3月20日行集37巻3号347頁）などの事例が挙げられます。もっとも、これらの事例においてはいずれも学校内部における親の教育の自由が問われるものであり、その意味では公教育制度の枠内での親の教育の自由だといえると思われます。しかし、むしろ教育の私事性を考慮に入れた場合「公権力からの自由としての教育の自由」を認める余地はないか、検討してみてもいいのではないかと思います。この点についてはディスカッションに譲ることにします。

　(5) **教育の機会均等**　　26条1項は教育を受ける権利について、「その能力に応じて、ひとしく」と加えています。教育基本法でも4条1項が「人種、信条、性別、社会的身分、経済的地位又は門地によって、教育上差別されない」と定めているのは、憲法14条の平等原則が教育の場面においても妥当することを確認したものということができます。これは単に「ひとしく」ではなく「能力に応じて、ひとしく」であることから、各人の適性や能力の違いに応じて異

なった内容の教育が認められる趣旨だと解されています。とはいえ，教育を受けるにあたっての能力とは全く無関係な，たとえば家庭的な事情や経済的事情を理由とするものは認められません。むしろ教育基本法4条3項で「国及び地方公共団体は，能力があるにもかかわらず，経済的理由によって修学が困難な者に対して，奨学の措置を講じなければならない。」と定めており，一定の条件整備を積極的に要請する規定となっています。また同法4条2項は「国及び地方公共団体は，障害のある者が，その障害の状態に応じ，十分な教育を受けられるよう，教育上必要な支援を講じなければならない。」と定め，これを受けた学校教育法でも72条以下で特別支援教育と位置付けて，心身障害児のための特別な配慮を実施しています。

2 義務教育の無償

26条2項の義務教育の無償については，一般には授業料の無償を指すと理解されています。最高裁も「同条項の無償とは授業料不徴収の意味と解するのが相当である」と判示しています（最大判昭39年2月26日民集18巻2号343頁）が，現在では「義務教育諸学校の教科用図書の無償措置に関する法律」により，教科書に関しても無償配布されています。公立の高等学校では「公立高等学校に係る授業料の不徴収及び高等学校等就学支援金の支給に関する法律」により，授業料は不徴収とされていましたが，法改正により，公立私立を問わず，所得制限を伴う就学支援金制度が2014（平26）年4月より実施されました（高等学校等就学支援金の支給に関する法律）。

むすびにかえて

今回のテーマ設定では，自由権に分類される「学問の自由」と，社会権に分類される「教育を受ける権利」を複合的にまとめました。学問の自由は言うまでもありませんが，教育を受ける権利を定める26条も，誰が教育の主体なのかという点で「教育の自由」という論点が登場してくるからこそ，この2つの規定は総合的にとらえなければならないのだと思います。また，時導くんが報告した「平等」の問題とも切り離して考えることはできないと思います。ところで2006年（平18年）に教育基本法が全面改正され，その内容が国家の教育への介入を容易にさせたとする主張も見られるようです。実際，教育現場における強制を伴う処分がいくつかみられます。国家の教育への干渉は，判例にも見

られるように大綱的枠組みに限定されるべきだと思われるのですが,「国歌を斉唱しているかどうか口元をチェック」したり,「国歌斉唱の際に起立しない教員を処分」したりする事例は,大綱的枠組みを越えて,教育現場に介入していると言えなくもありません。これらの事例は憲法19条の思想・良心の自由とも関連してくる論点ですから,教育をめぐる憲法上の問題は23条と26条だけにとどまらず,もっと幅広くとらえていかなければならないのかもしれません。

ゼミ風景

「学問の自由」
(山鹿) 「学問の自由」は,日本における「特殊」事情から独立した条文として保障されただけではなく,ドイツなどにもありませんでしたか？
(長熊) 現在のドイツ基本法5条3項で明記されていますし,歴史的には,1849年のフランクフルト憲法,1850年のプロイセン憲法,そしてワイマール憲法(1919年)などでも保障されていました。また,フランスでは,憲法院の判決(1984年)によって「大学の自由」・「大学の自治」が認められています。
(時導) 「『歴史』は人の財産　あなたたちが生きる未来をきっと照らしてくれる　だけど過去から受け取った歴史は　次の時代に引き渡さなくっちゃ消えていくの…過去の声を受け止めて守りたかっただけ…。」
(山鹿) 何ですか？急に。
(時導) すみません。「正義」の名によってすべての資料を破壊し,学者たちを抹殺しようとしたことに対して…。
(羽生) 分かった。時導くんがよく読んでいる One Piece でしょう(尾田栄一郎『One Piece』41巻,集英社)。
(山鹿) 有名な「焚書坑儒」のようなものですね。ところで,「大学の自治」＝教授会の自治という,長熊くんの説明には若干「古典的な？」トーンを感じますね。学校教育法93条1項が変わらなくても,国立大学法人法の制定や私立学校法の改正などによって大学の管理運営法制は大きく変わってきています。これらの変化によって,学長などの選挙があっても「意向投票」に過ぎなかったりするところも多いようです(学内の投票結果が学長選考会議の選考を法的に拘束しないものとされるような)。でも,やはり「学問の自由」,学問研究の発展のためには「大学の自治」が不可欠だということを説きつづけるべきなのでしょうね。

教育の自由―学習指導要領の法的拘束力

(梟) 普通教育では文科省の制定する学習指導要領に従うべしとされていますよね。

(長熊) 学習指導要領はもともと戦後すぐに「試案」の形式で定められていたものです。その後，その内容が教育内容を拘束するものとなるにつれて，法的拘束力の問題がクローズアップされるようになってきたのです。最高裁は旭川学テ事件判決で国の基準が大綱的なものである限りにおいては「不当な支配」とはならないことを示しましたが，いわゆる学習指導要領の法的拘束力との関係で問題とされることになります。文部省（現文科省）検定済み教科書を使用せずに学習指導要領から逸脱した授業を行ったとして懲戒免職処分となった教員が処分の取り消しを求めた伝習館高校事件（最判平2年1月18日民集44巻1号1頁）では，旭川学テ判決を踏まえ，「高等学校においても，…国が，教育の一定水準を維持しつつ，高等学校教育の目的達成に資するために，高等学校教育の内容及び方法について遵守すべき基準を定立する必要があり，特に法規によってそのような基準が定立されている事柄については，教育の具体的内容及び方法につき高等学校の教師に認められるべき裁量にもおのずから制約が存する」と述べ，学習指導要領の法的拘束力を認めたうえで，学校長の裁量権の濫用を否定しています。

教育の自由――「教育の私事性」

(梟) 「教育の私事性」としてどんな例があるのですか？

(長熊) アメリカに見られるホーム・スクーリングがこれに当てはまるのではないか，少なくとも教育の私事性を重視するものではないかと思います。学校施設に通うことなく自分の子どもを家庭で教育するもので，「家庭教育」とは意味合いが違います。日本での「家庭教育」は躾など親の保護監督の延長のイメージで語られますが，ホーム・スクーリングは親が教師，子どもがその生徒という関係で理解されています。

アメリカの例でいうと多くは，宗教的な信念に基づくものです。自らの信仰にそって子どもを教育するのは親の権利であると連邦最高裁も認めています。連邦最高裁のヨーダー判決（1972年）は，アーミッシュという宗教団体の信者が子どもに第9学年以上の学校教育を受けさせることを拒否して起訴された事件です。親の主張が認められています。子どもの権利とその最善の利益をはかるのはやはり「親」なんですね。教員の役割も子どもと親の権利をサポートすることから始まると思います。

(山鹿) やはり，原点は「すべての国民（とりわけ子ども）が学び，育っていく権利（学習権）」であり，それを誰がどのようにサポートすべきなのか（どのように教育制度をつくりあげていくのか，実施していくのか），ということでしょうか。

After 5 ゼミ

　ワインバーにて
(山鹿)　ゼミの続きができるような落ち着いた雰囲気ですね。乾くんは，何にするの？
(乾)　ピノ・ノワールだったらどこのものでも…。
(山鹿)　じゃー。…
(梟)　ところで，この前中国の新疆ウイグル自治区の報道をしていました。中国の憲法や憲法体制は，憲法の講義ではほとんど出てこないのですが。
(長熊)　「憲法」とは，立憲主義憲法を意味するからということじゃないの。それに日本国憲法の解釈論を中心として，その解釈に参考となる範囲で外国の憲法の例が紹介，検討されることにならざるを得ないし。
(羽生)　その言い方だと中国は，立憲主義国家ではないということになるよね。でも，いくつかの『世界憲法集』には必ず中国の憲法が載ってるよ。
(山鹿)　そんなにむきにならなくても…。確かに，「一般的な？」憲法論だけでは，論じにくいところがあることは確かでしょうが。中国などを除いて「世界の」憲法を論じるのも変ですね。
(羽生)　具体的にはどういうところでしょうか？

　中国憲法
(山鹿)　中華人民共和国憲法（1982年）は，その前文で「四つの基本原則」を明記し社会主義憲法であることを宣言しています。すべての国家権力は，全国人民代表大会が集中的に行使し，一府二院（国務院（政府），人民法院（裁判所），および人民検察院（検察機関））が分担するものとされています。「司法権の独立」は保障されていませんし，地位も検察と同じです。
(時導)　人権は憲法上明記されたはずですよね。
(山鹿)　「人権入憲」といわれ，2004年の改正で加えられました。しかし，「第2章　市民の基本的権利および義務」の中の33条3項で「国は，人権を尊重し，保障する」という規定の仕方になっています。

　少数民族？
(乾)　中国は，「多民族国家」ですよね。
(山鹿)　それが中国の「大義」でもあると思います。55族ともいわれます。憲法前文では「…大漢族主義に反対し，他方民族主義にも反対しなければならない」とされています。しかし，「漢族中心主義」だとして批判される実態もあるようです。
(鶴巻)　先生は，何年か前に　新疆ウィグル自治区に行かれたんですよね。

(山鹿) 数年前ですね。上海からウルムチ（烏魯木斉）まで飛行機で行き，そこから車でウースー（烏蘇），ボルタラ（博楽），ウェンチュワン（温泉）…と山を越えればカザフスタンというところまで行きました。途中で幾つかの人民法院を訪ねながらですが，毎日ひたすら車が走っていました。メンバーの中にセネガル人の研究者（ムスリム）も入っていたので結構目立っていたと思います。

(長熊) 実地調査・裁判所訪問一筋だったのですか？

(山鹿) ウルムチより東のトルファンに行ったときには，砂漠のなかの古代中国のワインセラーも見学し，葡萄酒を試飲しましたね。中国古代の葡萄酒製法は，今のワインとはかなり違っていたようですが（もちろん，試飲したのは，今の葡萄酒です）。

(乾) 先生の「ゆたかな」感性で『神の雫』的に表現してもらえませんか？（註：梟も大きくうなずく）

(山鹿) トルファンの葡萄の香りと味がした，としかいいようがありません。

(全員) ??!!

第13章　参政権って本当に人権・権利なの？

はじめに
（梟）みなさん，選挙には行きましたか？今年，ワタシは部活の試合があって行けませんでした。期日前投票という制度があるらしいです。選挙に行ったからといって，何か自分の生活が変わる，とは思えなかったので僕は行きませんでした。試合で勝つことのほうが大事かな，って思いました。今回，選挙権について考えてみたことを報告します。

　みなさん，選挙って義務だと思いますかそれとも権利でしょうか？日本では選挙「権」と呼ばれています。行くのも行かないのも自由です。任意投票制度と呼ばれています。ただしこの国のありかたを決めていくのは私たちなのですから，選挙は公務であり，義務だと考える国もあるらしいです。山鹿先生の憲法の講義で，選挙権は，ボクという個人の意見を表明する権利であると同時に，有権者であるワタシ達の一員（有権者団の構成員）としての公務の側面もあるという考えを知りました（権利であり義務でもあるという二元説のこと）。

I　選挙の大原則？

（1）「普通」に選挙できるのは「フツウ」？　　選挙の原則について説明します。僕たちは，選挙権はハタチになったら自動的にもらえますが，昔はそうでもなかったそうです。明治憲法の時代は1925年（大正時代！）に25歳以上の男性すべてに選挙権が与えられましたが，女性が選挙権を獲得したのは1945年です。そして，1946年には女性の衆議院議員が誕生しました。現在の憲法が施行されたのが1947年5月3日なので，帝国議会のときの衆議院議員選挙になるのですよね。憲法44条には，人種，信条，性別，教育によって差別されないと書いてあり，普通選挙と呼ばれています。外国人には，国政選挙権はありません。選挙で投票できる年齢や細かい選挙の仕組みは公職選挙法（以下，公選法）に書いてあります。憲法は「成年」としか書いていません。選挙にはハタチから行けるのですが，僕はバイクの免許は16歳で取得したので，16歳から選挙権

をもらえても良い気がします。憲法改正の国民投票法では「年齢が18歳以上」です（付記：2015年の公選法改正により現在は18歳）。

　(2)　**納税額が高いほど価値も高い？──平等選挙**　それぞれの個人は1票をもっています。選挙の結果に影響をおよぼす1票の価値は平等です。税金を納める額が高いほど価値も高くなるとは考えません。

　(3)　**ヒミツ？──秘密選挙**　私たちがどの候補者や政党に投票したかは秘密です。自分で候補者や政党を書いて投票箱に入れます。誰が誰に投票したのかはヒミツです。

　(4)　**投票しなくてもよいですか？──任意選挙**　わたしたちは自分の意思で（任意で），自分の期待する候補者や政党に投票します。選挙を「権利」と理解すれば，投票するかどうかは本人の自由だ，ということになるので無責任な響きもします。選挙を義務だと考えると仕事放棄になって許されないことになりそうです。しかし，この立場であっても公務の行使は本人の自覚を待つべきですし，強制的に選挙に行かせて投票率があがっても果たして本人の意思を表明したといえるのか，疑問が残るので棄権の自由は認められると考えます。

　(5)　**東京地裁が成年後見制度について判断した？**　成年後見人がつくと選挙権を失うという公選法の規定が2013年3月14日に東京地裁に違憲だ（判時2178号3頁）と判断されました。ダウン症で知的障害のある原告の訴えを認めたものです。運用に困難が伴うからと言っても，一律に選挙権を奪うことは「やむをえない」とはいえないと判断しました。障害者の自己決定権を尊重し，通常の生活ができる社会をつくるノーマライゼーションという成年後見制度の趣旨を重視したのです。国会は，この判決を受けて，公選法を改正しました。意思を表明する機会をもちながらテニスの試合を理由に投票しないのも，モッタイないような気もします。権利説でも公務説どちらの立場であっても成年被後見人になってしまったがために個別の判断能力を問うことなく，一律に選挙の機会をはく奪する規定は問題だと考えます。

II　選挙は制度なのか権利なのか？

　選挙にかかわる事例を説明します。選挙に関する事件では一方の当事者は選

挙「権」の侵害だと主張します。他方の当事者は，選挙は公務であり制度の問題なのだから議会の広範な裁量が働くと反論するでしょう。ただし公務であるといっても，選挙の公正という目的で裁量を限定することも可能です。権利と理解しても必要最小限の規制には服するはずです。両説は接近するのですが，実際の訴訟では，原告は選挙権の侵害を主張し，被告は立法権の広範な裁量を反論としてもちだしてきます。現実の事件では，主張を支える理由について当事者の表現の仕方が異なってくるのですね。

(1) **在宅投票制度についての国賠訴訟は？** 僕は去年，選挙に行き，名前と政党名を書いてきました。僕たちは，信頼できる人であれば部活の先輩とか，バイト先の上司を選挙で選べばよいのですが，それだと，この国をかたちづくるという選挙の目的を達成できないので，立候補制度が用意されています。主権者と国会の関係については，2章で鶴巻くんが報告しますよね。投票所は，自分で候補者の名前を緑やオレンジといった色のついた投票用紙に記入する制度になっています。かつて，重度の身体障害者は投票所に行くのも大変なので，在宅投票制度が用意されていました。しかし，悪用されたので，国会は，この在宅投票制度を廃止してしまったそうです。雪おろしをしていて転落してしまい身体障害者となった申立人は，在宅投票制度が廃止されたので選挙に行くことができません。この廃止に対する国賠訴訟で1985年に最高裁（最判昭60年11月21日民集39巻7号1512頁）は，「国会議員の立法行為が憲法の一義的な文言に違反しているにもかかわらず国会があえて当該立法を行うというごとき，容易に想定しがたいような例外的な場合でない限り，国家賠償法1条1項の規定の適用上，違法の評価を受けない」と判断しました。国会は，重度の身体障害者が在宅投票できるように法律を1974年に改正しています。

(2) **在外国民選挙権訴訟はどちらに軍配があがったの？** ところが，在外国民選挙権訴訟判決（最大判平17年9月14日民集59巻7号2087頁）は，この在宅投票制度とはどちらも国会の立法行為（不作為）という争点なのに結論に至る道筋（論理構成）は異なります。外国に在住する日本人は，たとえ日本国籍を保持していても国政選挙に投票することはできなかったのです。1998年の公選法の改正で，衆議院・参議院の比例代表選挙には投票できるようになりましたが，衆議院小選挙区，参議院選挙区選挙には投票できないままでした。最高裁は，

選挙権またはその行使を制限するには「やむを得ない」事由がなければならず，「選挙の公正を確保しつつ選挙権の行使を認めることが事実上不能ないし著しく困難であると認められる場合でない」限り，選挙権の制限は認められないと判断しました。最高裁は，そんな「やむを得ない事由」は認められず，長い間立法を放置した点に違法があったと判断しました。この判決以降，公選法は改正され，海外にいる日本国民は「在外選挙人名簿」に登録されます。立法行為が違法と評価されるにあたって「合理的期間の経過」がその考慮要素のひとつなのですが，権利の種類や侵害の程度も問題でしょうが，はたしてどれだけ徒(いたずら)に過ぎてしまえば，国賠法上，違法と評価されるのでしょうか。

(3) **参議院非拘束名簿式比例代表制に関する訴訟は？** 在外国民選挙権判決では，最高裁は違憲だとの判断を示しましたが，他方で，定数不均衡の問題では，最高裁は違憲無効だとは考えていない場合もあるようです。同じ選挙権なのに，異なった結論になったことは気になりませんか？ えっ，ならないって？ 僕は気になりました。

在外国民選挙権違憲判決は，「権利」から考えた判決だと考えることができます。最高裁は，選挙権は国民の国政への参加の機会を保障する基本的権利であり，議会制民主主義の根幹であるなら，投票する機会は平等でなければならないと考えました。制限にあたっては，やむをえない事由，事実上不能ないし著しく困難であるかどうか，が必要になります。最高裁は，10年以上，在外選挙権制度を創設しないで放置したことは，「やむをえない」事由には該当しないと判断しました。ところが，選挙制度の格差，たとえば衆議院選挙小選挙区という具体的な制度の仕組みを争う場合は違うんだと最高裁は考えるみたいですね。選挙制度は，決まった特定の方法があるわけではなく，色々な方式があります。テニスに，陸上にそれぞれのルールがあるのと同じです。どのルール（候補者を選ぶ方式）を使うのかどうかは，国会の広い裁量にゆだねられます。この裁量権の限界を超えた場合に違憲となります。選挙制度を政策本位，政党本位で考えていきましょう，と決めた国会の判断には合理性が認められます。

参議院選挙非拘束名簿式比例代表制に関する判決（最大判平16年1月14日民集58巻1号1頁）はスポーツのルールと考えたようです。参議院選挙については，昔は拘束式だったのですが，非拘束名簿式になりました。拘束式だと順位があ

らかじめ決まっています。この順位がお金次第で変わってしまうとか，支持団体の力が順位に反映されているじゃないか，と批判されてきたのです。そこで，非拘束名簿式になりました。政党名，個人名のどちらで投票してもかまいません。名簿の順位が決まっていません（非拘束）から，候補者は個人名で獲得した票の多い順で当選していきます。この個人名の投票は，そのまま所属する政党の得票となります。たとえば僕の敬愛するテニス選手Aさんが立候補すると，僕の書いたAさんへの票は，その人の所属する政党の得票としてもカウントされます。Aさんはテニスの天才でも政治の才能はゼロかもしれません。天は二物を与えず。僕みたいに政治に疎い学生の票が政党の票にも利用されてしまうのです。最高裁は，名簿に登載された候補者には投票したいが，自分の投じた大事な1票を政党の得票としてもカウントするのはダメ！，という主張を受け入れませんでした。

　権利の制限として構成すると厳格審査になりやすく，制度が合理性を有しているかどうかとして構成すると立法府の裁量の逸脱濫用の問題になりそうです。どちらで攻めるか，で結論も変わってくるのですね。しかし，選挙権は当初は，公務としての性質が強く意識されてきましたが，徐々に人権，権利として理解されるようになった経緯があります。公務であり，ルールだからという理由だけで，「権利」の面を無視してほぼノーチェックで合憲だと判断されるのも奇妙な話です。

　(4)　**重複立候補の合憲性はルールの問題なのか？**　1994年から実施された衆議院選挙では小選挙区と比例区で重複して立候補することができるようになりました。テニスでいうとシングルとダブルス両方に出場できるわけですね。この小選挙区比例代表制では，小選挙区で落選しても比例区で復活当選することがあります。敗者復活ですね。これが重複立候補の問題です。重複立候補できるのは，名前の知られた大きな政党に所属している候補者に限られているじゃないか，落選しておいて復活するなんておかしいと思いませんか？最高裁は，重複立候補制度はテニスのルール（国会の裁量）の問題だと考えているようです。先ほどの在外国民選挙権判決とこの重複立候補判決は一見すると矛盾しているように感じます。在外国民選挙権違憲判決を「権利」で考え，重複立候補合憲判決は「制度（ルール設定）」で考えると納得できそうな気もします。

(5) 戸別訪問の禁止はルールの問題なのか？　戸別訪問とは，候補者が1件ずつ，私たちの家を訪問することです。日本では戸別訪問が公選法138条1項で禁止されています。戸別訪問がダメな理由は，買収，利益誘導，投票の情実による支配，無用・不当な競争に伴う選挙の実質的な公平の阻害，有権者の私生活の平穏の攪乱です。最高裁（最判昭56年7月21日刑集35巻5号568頁）は，1950年の判決（最大判昭25年9月27日刑集4巻9号1799頁）を踏襲して，この態度を変えてはいません。電話，メール，ソーシャルメディアの普及した現在，意味がないような気もしますが。この判決も権利制限ではなく，スポーツのルールの問題として考えることができます。最高裁判例は，合理的関連性の基準を採用しています。伊藤正己裁判官は，補足意見（最判昭56年7月21日刑集35巻5号568頁）で，国会は選挙区の定め方，投票の方法，選挙の実態など諸般の事情を考慮して，選挙運動のルールを定めることができる，と指摘しています。不合理じゃん，といえる特段の事情が存在しない限り，国会の定めるルールは各候補者の守るべき規範として尊重されるべきだと考えるようです。

III　最高裁は議員定数不均衡をどう考えているのか？

(1)　裁判所は怒っている？　最近話題の議員定数の不均衡をめぐる問題について知っていますか？僕の友達には，1人暮らしをしている学生もいます。卒業したら都内か関東一円の企業ならば首都圏に住むことになるわけですが，住民票を移していない場合，選挙のお知らせが実家に届きます。毎年，人は亡くなりますし，人口は日々変動しています。変動にあわせて議員定数も日々調整していくのは国会の仕事とされています。この国会の努力に対して，裁判所が怒っていることについて説明します。

　以前の最高裁は，議員定数を人口比に応じて配分しろ！と命じている規定は存在しないのだから，国会の立法政策の問題でしょ，と判断していました（最大判昭39年2月5日民集18巻2号270頁）。1976年判決は，憲法は各選挙人の投票の価値の平等を要請すると述べました（最大判昭51年4月14日民集30巻3号223頁）。そこでは，選挙は違法なのだけれども有効だよ，という事情判決の法理を用いました。行政事件訴訟法31条を借用してきたのです。けれども当時の公選法は

事情判決を使っちゃだめだよ，とはっきり書いてあったのです。これをこの判決は，クリアしようとしたのです。

(2) **最高裁がこのように考える理由は？** なぜ，最高裁は，こんな不可解な理屈を使うのでしょうか？最高裁が違憲だ！と判断すると，公選法の定数配分規定は不可分一体で全体として違憲となります。また，もし選挙が憲法違反であり無効になってしまうと，本来，議員ではなかった人が立法したことになるので，その立法も無効になってしまいます。問題となっている選挙区選出の議員が存在しなくなっても事態はなんら改善されないだろう，と考えるようです。これではあとで僕の報告する憲法保障機能を軽視していないでしょうか。憲法保障とは，憲法を国会や内閣がしっかり遵守しているか否かを裁判所が監督すべきだという立場です。第19章で私が報告します。

裁判所は合理的期間内に，不均衡を是正するように国会に「ガンバレ」と働きかけています。「従来の選挙の実績」，「選挙区としてのまとまり具合」，「市町村その他の行政区画」，「面積の大小」，「政治における安定の要請」等を考慮して，国会に合理的期間内に対応しなさい，と裁判所は国会を見守っているようです。ただし裁判所のメッセージを国会が無視すると，「見守っていて」も意味がないことになります。事情判決では，最高裁は違憲を確認しますが，最高裁の違憲確認という判断に従って国会が具体的に働いてくれることを前提にしているからです。

(3) **将来効判決って何？** 最近，将来効という言葉がでてきました。これを説明します。2011年に最高裁は2009年の衆議院選挙で1票の格差が2倍以上の状況を「違憲状態」と判断しました。また，2012年に最高裁は，2010年7月の参議院選挙区の定数配分が違憲状態だと判断しました。選挙を「違憲無効」とは判断していません。2010年の参議院選挙では1票の格差が最大5.00倍だったのです。「単に一部の選挙定数の増減にとどまらず，都道府県単位の選挙区を改めることが必要」と選挙制度について国会に抜本的な改革を求めるようになっています。「違憲状態」と宣言し，違憲状態を解消するために必要な合理的期間を経て「違憲」になるのです。しびれを切らした高等裁判所の中には将来効判決を使う裁判所も現れました。将来効判決とは判決の効力が直ちに生じると，さまざまな混乱が発生してしまうために効力を一定期間猶予する判決の

ことです。純粋な将来効判決では事件の当事者に判決の効果が遡りません。なんら改正の努力をしないままに選挙になってしまえば，当該選挙を一切無効にするというのが将来効判決です。

Ⅳ　最近の選挙はわかりにくい？

(1) 誰が当選しても同じこと？選挙区制と代表法について考えてみよう

日本では，だれが当選しても政治も世の中も変わらないよね，という風潮があるのかもしれません。私も部活を理由に選挙に行きませんでした。わたしたち若者がアルバイトにはげみ，クラブやサークルで楽しみ，どんな下手な政治家が当選してもなんとかやっていくというのが立憲主義のひとつなのかもしれません。日本ではどのような選挙制度が採用されているのでしょうか。日本では，小選挙区と比例代表を並立した制度。小選挙区とは1つの選挙区で1人しか当選しない仕組みです。1つの選挙区で2人以上当選する仕組みを大選挙区といいます。比例代表とは，多数派と少数派の得票数に応じて議席数を決めようという仕組みです。41条の全国民をそのままサイズを縮小したミニチュアが国会であるというのであれば比例代表がベストかもしれません。けれども，これは，政党同士の競い合いの結果，つぶしあいになる可能性が高くなります。政権の運営も，政党間の衝突で不安定になりかねません。必ずしも，全国民をミニチュアにすることも良いとはいえませんね。

　日本では，1994年に衆議院に小選挙区比例代表並立制度が採用されました。比例代表では，全国を11ブロックにわけます。人口に応じて議席数が配分されます。ブロックごとの得票に応じて政党名簿上の順位に従い，当選者が決定されます。

(2) 衆参の選挙とAKB48の総選挙の違いって？　　最近の選挙の動向について説明します。衆議院は小選挙区比例代表並立制度です。小選挙区（300：小選挙区では候補者の名前を書く）と比例代表（480－300＝180を人口比で割り当てる）で全国を11ブロックに分けて集計します。衆議院選挙はAKB48のように「総」選挙といいます。すべての衆議院議員が当選のために選挙活動にがんばるからです。参議院は衆議院と異なり「総」選挙と呼びません。半数改選だからです。

「総」ではありません。全議員242÷2＝121（比例代表48＋選挙区選挙73）となります。選挙区選挙では個人に、比例代表では政党に投票します。

2012年に「4増4減」、「0増5減」という言葉を耳にしましたが、「0増5減」とは衆議院のことです。次回の選挙から衆議院の総議員の定数は480から475になります。ただし2012年12月の衆議院選挙では480のままでした。よく聞く「4増4減」とは参議院のことです。福島と岐阜で－2×2県＝－4と、大阪府と神奈川で＋2×2府県ですから、プラスマイナスゼロで増減なしになります。衆議院でどこの5を減らすのでしょうか？山梨、福井、徳島、高知、佐賀の小選挙区を3から2へ減らすのです。2012年11月に0増5減とするように国会で決まりました。ところが、2012年12月の衆議院選挙にはこの改正が間にあわず、違憲状態のままで選挙してしまったのです。なぜ11月に決まったのに12月の選挙で間に合わなかったのでしょうか。第三者機関である衆議院選挙区画定審議会（通称、区割り審）が、区割り勧告を行い、それに基づき政府提出の区割り改定法案を成立させます。これが間に合わなかったのです（付記：2014年の総選挙より適用）。

(3)　1人別枠方式はどこが問題だ、といわれているの？　1人別枠方式（ひとりべつわく）とは何でしょうか。衆議院選挙（480とすると）で小選挙区は全国で300設けられます。この300のうち、人口にかかわらず、47都道府県にまず1議席与えられます。これを1人別枠方式といいます。300－47＝253　残りの253を人口に応じて割りふります。これのどこが問題なのでしょうか？たとえば、鳥取県の人口はおよそ58万人です。定数は1のはずです。しかし、これまでは2選挙区与えられています。2名が小選挙区2つで当選することになります。もし定数不均衡を解消しようとすれば、本来は21増21減になるはずだという意見もあります。2012年の公選法改正で1人別枠方式は廃止されましたが、鳥取県は、鳥取県全体で1区とせず、定数2を維持させたのです。かわりに山梨、福井、徳島、高知、佐賀の5県の定数を1つずつ減らします。1994年に小選挙区比例代表並立制が導入されました。小選挙区の区割りを首相に勧告するために総理府（現在の内閣府）に区割り審が設けられました。7人の有識者で構成され、政府はその勧告を踏まえて、公選法の改正案を国会に提出します。1994年に全300選挙区の区割りを勧告しました。2001年に国勢調査に基づいて、1票の格差を縮小する見直し案を作成しました。いずれも勧告通りに区割りが行われていま

す。

(4) **2013年最高裁の判決**　2012年12月に実施された衆議院選挙の比例代表制度について2013年11月に最高裁第2小法廷が判断しました。最大判平11年11月10日民集53巻8号1441頁を引用し，最大1対1.17の格差は憲法に違反しないと判断した東京高裁を支持しました。最大2.43倍の格差となった小選挙区制について大法廷が判断しました。今後，衆議院の議員定数は削減される動きがあるでしょう。小選挙区と比例代表だと比例代表の削減の方が政治屋にとって都合がよさそうですね。

V　ネット選挙の解禁で何が変わったの？

(1) **公選法はどう改正されたの？**　公選法上の選挙活動の禁止が解除されました。公選法は，選挙期間中の選挙活動を制限し，配布できる文書や写真の種類や量を規制していました。公職候補者の中には資金が潤沢な人もいれば，あまり資金が十分でない人もいます。ツイッター，SNSでの活動を有権者，候補者が自由に行うことができるようになったのです。

ただし，問題も新たに発生します。最初のネット選挙の解禁でなりすまし，評判を落とすような誹謗中傷がネット上に登場しました。その対策として公民権（立候補する権利，投票）の停止，禁錮や罰金といった措置が用意されました。またサイト上での選挙運動には，メールアドレスの表示を義務付け，プロバイダの書き込みの早期削除が必要になってきます。

何人もウェブサイト等を利用して選挙活動が可能になりました。ただ未成年者の選挙運動は禁止されるというのが，ちょっとよく分かりません。公務だからでしょうか。選挙事務関係者，特定公務員（裁判官，警察官，検察官），選挙犯罪で選挙権や被選挙権を有しないものに禁止されるのは，まあ仕方がないかな，という気もします。有権者の選挙活動は，選挙期間内だけ可能です。

文書図画の頒布規制ですが，判例上，「文書図画」とはコンピュータのディスプレイに表示される文字も含めます。これらを紙に印刷して「頒布」することはできません。文書図画が掲載される場合の電子メールやウェブサイトについては，候補者と政党だけが可能です。電子メール，ウェブサイトに次の項目

の表示義務が課せられます。送信者の氏名・名称，選挙運動用電子メールである旨，送信拒否通知が可能である旨，送信拒否通知のために必要となる電子メールアドレスそのほかの通知先です。そして，受信に同意してくれた人，普段から発行しているメーリングリストを継続的に受信しており，選挙運動用電子メールの送信通知を受けて，拒否しなかった人に送信できます。この選挙運動用電子メールは保存義務があります。ネット広告ですが，選挙運動のための有料ネット広告は許されません。選挙運動期間中，当該政党の選挙運動用ウェブサイトに直接リンクする，政治活動用有料広告は可能です。

ゼミ風景

参政権って「権利」
（山鹿）　鶴巻くん。待ってましたとばかりに手を挙げていますが。
（鶴巻）　このテーマの報告の時に聞こう，聞こうと前から思ってたことがあります。「人権」の定義のところでの説明からすると，「参政権」って人権とは言えないんじゃないですか？ 梟くんも「ハタチになったら」と言っていますし。
（梟）　そうですね。この報告をするために調べてみて分かったんですが。参政権を「権利」だと考えるとしても，それを「自然権的なもの」と考える立場はほとんどありませんでした。
（鶴巻）　とすると，どういうこと？　ゴメンけど，もう1度説明してもらえますか。
（梟）　参政権は，「資格」あるいは「地位」と結びついたものでした（憲法44条も「選挙人の資格」という言葉を使っています）。したがって，基本的には「権利」だと考えるとしても，どうしても「資格」や「地位」，つまり法律で定めなければならないものが出てきます。「憲法上の権利」なんだけれども，あたかも「法律上の権利」のようになってしまいますね。でも，日本国憲法は，「国民固有の権利」（15条）と明言しています。

国民固有の権利
（時導）　僕が報告し，みんなで論議したところの繰り返しになるけど（第5章），「国民固有の権利」の「国民」の意味が問題ですよね。
（梟）　権利説の代表的論者は，「参政権は，国民が主権者として直接もしくは代表者を通じて国の政治参加をする権利」（辻村みよ子）としています。つまり，主権者＝国民の権利とされているように読めます。

（羽生）　15条では，「選定」だけではなく，「…罷免することは，国民固有の権利である」とされていますよね。たとえば，国会議員を選定（選挙）するだけではなく，国民が罷免する制度を設けることができるということでしょうか。

（梟）　そのような制度を設けて「罷免」の趣旨を充実させようという考えや，国会議員の罷免権の行使の可能性を現実に保障し，主権者である国民が実際に罷免できる制度を設けることができるという見解もあります。しかしながら，この15条の趣旨は，国民主権のもとで，あらゆる公務員の終局的任免権は国民にあり，国政を担当する公務員の権威は国民に由来するものだ，ということを宣言したものだという見解が一般的です。

成年被後見人の選挙権・被選挙権剥奪は？　受刑者は？

（乾）　ちょっと具体的な話に変えていいですか。成年後見制度に関する東京地裁判決（2013年）は，選挙権の法的性質にかかわる見解とどのように関係してくるのでしょう。

（梟）　これはあくまでも感想なのですが。二元説からすると，成年被後見人の選挙権および被選挙権を剥奪する公選法の規定は，公務としての特殊な性格ゆえの最小限度の制約と理解できます。しかし，権利説からすると，成年被後見人に選挙権や被選挙権を認めないということは，行為自体の権利性を否定することになる，あるいは必要最小限度を超える制約になると考えられます。選挙権・被選挙権の剥奪は，「権利の内在的制約」の問題ではありませんから。

（長熊）　禁錮以上の受刑者について選挙権を認めないことが違憲だと大阪高裁が判断しましたよね（2013年9月）。

（梟）　服役中および執行免除中の一般犯罪者の場合は，公選法11条が定める選挙権の制約があります。国民固有の権利だと理解すれば，国家には，刑務所内等に投票場所を設置することが要請されることになります。受刑者も，政治に関する情報を受領する権利を享有しているのだと考えれば，選挙権を行使できないのは不当かもしれません。

選挙運動と「表現の自由」との関係は？

（乾）　選挙運動も広い意味では「表現の自由」の行使ということになりませんか。選挙期間中は，公選法で認められた「表現行為」だけが認められている，という感じがするのですが。

（梟）　選挙権が表現の自由としての側面を有しているのであれば，その制約は最小限度でなければなりません。一元説でも二元説でも同じことだと思います。しかし，選挙権を「権利」だと一元的に理解すると，立法府の裁量は認められにくくなります。選挙で競うルールを法律で設定できないということにもなりかねません。選挙犯罪者の選挙権・被選挙権を停止する公選法252条の合憲判決（最大判昭30年2月9日刑集9巻2号217頁）は，選挙の公正を保持し，本人の反省を促すためであると述べ，一元説，二元説どちらの立場なのかはっきりしません。

第14章　キチンとした理由と手続がないと！

人身の自由と適正手続の保障

はじめに

(山鹿)　これまで、基本的人権のそれぞれの内容についてみなさんと論議してきました。この章では、基本的人権の「まとめ」として、あるいは、考えようによっては「はじめに」として論議しておくべき内容を扱ってみたいと思います。というのは、信教の自由にしても表現の自由にしても、自由に移動し、不当に身柄を拘束されずに人々にメッセージを伝えることが（他者と自由にコミュニケート）できなければ行使できないからです。また、為政者が気に入らないからといってその都度勝手に処罰できるというのでは困ります。「自由の歴史は、その多くが手続的保障の歴史であった」ともいわれます。身体の自由を制限するのには、キチンとした理由がハッキリと示されなければなりませんし、国は、予め定められた適正な手続に則って対応しなければなりません。そして、政治府とは独立した公平・公正な裁判所の判断によって決着がはかられるということが保障されていなければならないのです。

I　移動の自由がなければ？

1　住んでみたい、行ってみたい（居住・移転の自由）

　自分の住む場所、あるいは居場所を自由に決定し、移動すること、さらには自由に旅行することは、「経済活動の自由」というだけではなく、「人身の自由」ととらえることが出来ます。また、精神的自由の確保のための不可欠の権利ということも出来るでしょうし、「個人の人格形成に寄与するという意義」も忘れてはなりません。このことを判例は、次のように述べています。「（居住移転の自由は、）…経済的自由の一環をなすものであるとともに、…広い意味での人身の自由としての側面をもつ。のみならず、自己の選択するところに従い社会の様々な事物に触れ、人と接しコミュニケートすることは、人が人として生存する上で決定的重要性を有することであって、居住・移転の自由は、これに不可欠の前提というべきである」（熊本地判平13年5月11日判時1748号30頁）。

2　海外にも行きたい（海外渡航の自由）

　自由に海外渡航（旅行）することが憲法上保障されていることは当然でしょう（もちろん，一定の手続は必要ですが）。ただ，憲法上，どの条文を根拠にするのか，ということについては意見の違いがみられます。①22条2項の「外国移住の自由」に含まれると解するもの（通説・判例），②22条1項の「居住・移転の自由」に含まれると解するもの，および③13条の「幸福追求権」の1つと解するものなどです。この海外渡航の自由は，「公共の福祉」のための合理的な制限を受けるとして，最高裁は旅券法13条1項5号（現7号）に基づく旅券発給拒否処分を合憲としました（最大判昭33年9月10日民集12巻13号1969頁）。これに対しては，不明確な文言による規制であることを理由に違憲であるとするもの，あるいは，この規定は重大な犯罪行為を行う危険性が極めて顕著な場合に限定する趣旨のものである，などとする批判があります。

3　日本から離れたい（国籍離脱の自由）

　憲法22条2項は，「国籍を離脱する自由」を認めています。政府の許可が必要となるわけではなく，個人の自由な意思で国籍を離脱することを認めるものです。しかし，国籍法は，「日本国民は，自己の志望によつて外国の国籍を取得したときは，日本の国籍を失う」（11条1項）と定めています。したがって，無国籍となる自由や二重国籍となる自由は保障されていません。特定の国家の構成員であることを示すための資格とされる「国籍」という考え方も今後の「国民」国家の変容によって，変わっていくのかもしれませんが，憲法が「国籍をもたない自由」を認めているのだとする考えは，少ないようです。

II　人身の自由がないと？

1　今でも「奴隷」？——奴隷的拘束・その意に反する苦役からの自由（18条）

　「奴隷的拘束」とは，「自由な人格者であることと両立しない程度の身体の自由の拘束状態」とされ，人間の尊厳に反するような「奴隷的な拘束」をいうと解されています。また，「その意に反する苦役」とは，「広く本人の意思に反して強制される労役」を意味すると解されています。たとえば，労働基準法では，

「使用者は，暴行，脅迫，監禁その他精神又は身体の自由を不当に拘束する手段によって，労働者の意思に反して労働を強制してはならない」（5条）と定め，違反者に対する罰則を科しています（117条）。法律上，災害の発生を防御し，その拡大を防止するために緊急の必要があると認められる応急措置業務への従事を求めることは，一時的なものであり，社会の共同生活に必要不可欠のものである場合には，18条に違反しないと解されます。しかし，救助活動などを罰則によって強制することは憲法違反だと思われます。兵役の強制である徴兵制は，憲法9条の存在のみならず，憲法上兵役の義務に関する規定がまったく存在しないことからしても18条に違反すると考えられています。

2 身体の拘束に対する保障

「何人も，現行犯として逮捕される場合を除いては，権限を有する司法官憲が発し，且つ理由となつてゐる犯罪を明示する令状によらなければ，逮捕され」てはなりません（33条）。逮捕には，司法官憲（裁判官）の発する令状が必要です。現行犯の場合が例外とされているのは，犯行の明白性，逮捕の必要性・緊急性があるからです。刑事訴訟法では，準現行犯（212条2項），や緊急逮捕（210条）の規定を設けています。判例は，この準現行犯や緊急逮捕は33条の趣旨に反するものではないとしていますが，その合憲性には論議もあり，安易な運用は避けるべきでしょう。わけが分からないまま，突然身柄を拘束されてはたまりません。憲法は，「抑留又は拘禁」には，①理由を直ちに告げられること，②直ちに弁護人に依頼する権利を与えること，が必要であることを明記しています（34条）。また同条は，拘禁には，①正当な理由が必要であり，②要求があれば，その理由は，直ちに本人及びその弁護人の出席する公開の法廷で示されなければならない，とも定めています。

3 住居等の不可侵

住居は私生活の中心です。「各人の住居は彼の城である。雨や風は入ることができるが，国王は入ることができない」ともいわれていたのです。住居の不可侵はプライバシーの権利としても考えられるので，「およそ人が私生活の保護について合理的期待を抱く場所」（佐藤・日本国憲法論），たとえば，事務所，

大学の研究室なども広く「住居」と考えることができるでしょう。憲法は，33条の場合を除いて，何人も「その住居，書類及び所持品について，侵入，捜索及び押収を受けることのない権利」は，「正当な理由に基づいて発せられ，且つ捜索する場所及び押収する物を明示する令状がなければ，侵されない」と定めています（35条）。

III 「権利」って書かれただけのもの？——裁判を受ける権利

誰でも，政治部門から独立した公平な裁判所に訴えを提起できること（民事事件，行政事件），また，かかる裁判所の裁判によらなければ刑罰を科せられないこと（刑事事件），を憲法は保障しています（32条）。憲法上の権利とは，「裁判規範性」（裁判所に訴えることができること）をもつものだからです。「裁判所」とは，76条1項の最高裁判所と下級裁判所をさすとされていますが，最近では国際人権規約（B規約）14条などをふまえ，より広く「あらかじめ法律によって設置され権限を定められた裁判所の裁判を求める権利」（浦部法穂）ととらえる立場もあります。「裁判」とは，広く「公開・対審の訴訟手続による裁判」とされ，公開裁判の原則（82条），公開裁判を受ける被告人の権利（37条1項）と相まって理解されるものです。では，家事審判などのように，当事者間の紛争を前提とせず，公開の対審手続も必要としない手続は違憲となるのでしょうか。最高裁は，家事審判法の審判は，32条でいう「裁判」にはあたらないとしました（最大決昭40年6月30日民集19巻4号1089頁）。最近では，訴訟と非訟（一定の法律関係を後見的に形成するもの）との形式的区別ではなく，事件の内容・性格に即して判断すべきだとの見解が有力となり，32条の「裁判」は，家事審判等をも含めて広くとらえられるようになっています。

なお，裁判によって，国の責任が認められたときには，国は賠償責任，補償責任を負うことになります。17条は，公務員の不法行為による損害を受けたときには，国または公共団体に賠償を求めることができるとしていますし（詳しくは国家賠償法を参照してください），40条は，抑留・拘禁の後に無罪の裁判を受けたときには，国に対してその補償を求める権利を定めています。

Ⅳ 被告人・被疑者となったときの権利こそが重要？

　国家による刑罰権の発動は，人権を最も強力に侵害するものです。したがって，その手続はあらかじめ適正に定めておかなければなりませんし，とりわけ被告人の権利についても明記しておく必要があります。

1 公平な裁判所の迅速な裁判を受ける権利
　37条1項は，刑事被告人の公平な裁判所の迅速な公開裁判を受ける権利を保障しています。不当に遅延した裁判は，被告人の不安定かつ不利益な地位を長引かせるもので，裁判の拒否にも等しいものです。15年にわたって審理が中断するなどした高田事件では，審理の著しい遅延の結果，被告人の権利が害されたと認められる異常な事態が生じたときには，37条を根拠として審理を打ち切るという非常救済手段が許されるという判決が下されました（最大判昭47年12月20日刑集26巻10号631頁）。

2 証人審問権・証人喚問権と弁護人依頼権
　憲法は，「刑事被告人は，すべての証人に対して審問する機会を充分に与へられ，又，公費で自己のために強制的手続により証人を求める権利を有する」（37条2項）として，証人の審問権と喚問権を保障しています。伝聞証拠禁止の原則（刑事訴訟法320条）は，被告人に審問の機会が充分に与えられない証人の証言に証拠能力を認めないとする直接審理の原則を定めた，この証人審問権に基づくものです。被疑者の弁護人依頼権は34条に定められていますが，37条3項は，「刑事被告人は，いかなる場合にも，資格を有する弁護人を依頼することができる。被告人が自らこれを依頼することができないときは，国でこれを附する」と定め，刑事被告人の弁護人依頼権を保障しています。被告人（被疑者も）にとっては，速やかに依頼した弁護士と率直な話し合いができることが重要です。弁護人が，立会人のない状態の下で被疑者と接見し書類等を授受する権利（接見交通権）は，この弁護人依頼権の内容に含まれると解されます。

3 不利益な供述強要の禁止

憲法は,「何人も,自己に不利益な供述を強要されない」(38条1項)と定め,刑事被告人だけではなく,何人(被疑者や証人など)にも不利益な供述を拒んだことに対する処罰その他の不利益を禁じています。黙秘権の保障(刑事訴訟法198条2項,291条2項)もこの趣旨を具体化したものといえるでしょう。

では,行政官庁が記帳や報告の義務を課し,それに従わない場合には刑罰を科すとした法規は,38条に違反しないのでしょうか。税務上の質問検査について,最高裁は,「もっぱら所得税の公平確実な賦課徴収を目的とする手続きであって」,「…このような公益上の必要性と合理性」があるので,38条1項には違反しないと判断しました(最大判昭47年11月22日刑集26巻9号554頁)。そのほかにも,自動車運転者の交通事故報告義務,医師法21条の届出義務などについての判例があります。

4 自白の証拠能力,証明力

自白は「証拠の王様」とされ,極端な場合には拷問によってでも「自白」を引き出そうとする例は,世界の各国でみられました。そこで,「強制,拷問若しくは脅迫による自白又は不当に長く抑留若しくは拘禁された後の自白は,これを証拠とすることができない」(38条2項)ことを明記し,人権の保障を充実させ,違法な証拠を排除する原則が明らかにされました。さらに同条3項は,「何人も,自己に不利益な唯一の証拠が本人の自白である場合には,有罪とされ,又は刑罰を課せられない」と定め,1項の保障内容を充実させています。

V 悪いヤツにはどんな「刑罰」でも?

1 残虐な刑罰の禁止

36条は,「公務員による拷問及び残虐な刑罰は,絶対にこれを禁ずる」と明確かつ断定的な表現で拷問及び残虐な刑罰を禁止しています。「残虐な刑罰」とは,「不必要な精神的・肉体的苦痛を内容とする人道上残酷と認められる刑罰」です(最大判昭23年6月30日刑集2巻7号777頁)。死刑が残虐な刑罰にあたるかどうか(死刑の合憲性)が論議されてきました。最高裁は,死刑の執行方法が,

「その時代と環境とにおいて人道上の見地から一般に残虐性を有するものと認められる場合」（たとえば，火あぶり，はりつけなど）には，残虐な刑罰になるが，現在の絞首刑による死刑は残虐な刑罰には該当しないと判断しています（最大判昭23年3月12日刑集2巻3号191頁）。

2 事後法の禁止，二重処罰の禁止

「法律なければ犯罪なし」，「犯罪なければ刑罰なし」と表現される罪刑法定主義は，実行のときに適法であった行為だけではなく，実行のときに刑罰が法定されていなかった行為についても，事後法で刑罰を科すことはできないとする考えです。実行の時の法定刑よりも重い刑罰を事後的に定めることも禁止される趣旨と解されています。また，「既に無罪とされた行為については，刑事上の責任を問われない」，「同一の犯罪について，重ねて責任を問はれない」との規定（39条）は，「二重の危険」の禁止や「一時不再理」の考えを示すものだといわれています。

VI 目的のためには手段を択ばないって？──適正手続の保障

人権は，適正な手続を保障されることによってこそ実現される，という考えはマグナ・カルタ（1215年）にもフランス人権宣言（1789年）にもみられます。「手続」を軽視する傾向は人権保障そのものをも不完全で不十分なものとしてしまいます。また，手続そのものの保障が人権保障の重要な内容の1つだと考えることもできます。日本国憲法は，31条で手続の法定を要求する規定を設けましたが，この規定は，直接的にはアメリカ合衆国憲法の適正手続条項（デュー・プロセス条項）に由来するものといわれています。

1 31条の保障内容

31条は，「法律の定める手続によらなければ，…刑罰を科せられない」と定めています。では，①法律で定めさえすれば，その内容の当否は問われないのでしょうか，また，②手続だけを法律で定めればよいのであって，実体（犯罪や刑罰の要件）を法律で定めることは求められていないのでしょうか。この2

つのことについては，(a)手続の法定とその内容の適正さを要求すると解する説や，(b)適正な内容の手続と実体を法律で定めることを求めるものであるとする見解が有力です。

2 告知と聴聞

自分がどんな罪に問われているのかも知らされず，また，言いたいことも聞いてもらえないまま刑罰を科せられることがあってはたまりません。すなわち，公権力が国民に刑罰を科そうとする場合などには当事者に前もってその内容を告知し，当事者に弁解と防御の機会を与えることが不可欠です。最高裁は，「所有物を没収せられる第三者についても，告知，弁護，防御の機会を与え」なければ，没収手続は31条，29条に違反するとしました（最大判昭37年11月28日刑集16巻11号1593頁）。

3 刑事手続以外の手続は？

今日では，行政が国民生活のすみずみまで介入し，国民の権利に大きな影響を与えるようになっています。31条は，その文言上，刑事手続の適正手続のみを明記していますが，国民生活へのもろもろの行政的介入が適正な手続によって行われることが重要です。したがって，最近では，「憲法31条以下の保障は一般的に，行政手続全般について及ぶ」とも解されるようになってきました（浦部・全訂教室）。最高裁は，川崎民商事件判決において，「当該手続が刑事責任追及を目的とするものではないとの理由のみで，その手続における一切の強制が当然に右規定による保障の枠外にあると判断することは相当ではない」とし，35条および38条が行政手続にも適用される余地があることを認めました（最大判昭47年11月22日刑集26巻9号554頁）。また，成田新法事件では，「憲法31条の定める法定手続の保障は，直接には刑事手続に関するものであるが，行政手続については，それが刑事手続ではないとの理由のみで，そのすべてが当然に同条による保障の枠外にあると判断することは相当ではない」との判断を示しました（最大判平4年7月1日民集46巻5号437頁）。なお，1997年に行政手続法が制定され，不利益処分について聴聞と弁明の機会の付与が明記されています。

ゼミ風景

「人身の自由」の位置づけ

(長熊)　冒頭に説明された「人身の自由の位置づけ」について補足してもらえませんか。

(山鹿)　以前論議した「思想の自由市場」論などは、精神的な自由（とりわけ表現の自由）の優越性を説明するための考え方の1つだったと思います。ただ、より正確にいうと、「心身の自由」とでもいえるものが前提にあってはじめて基本的人権は行使できるのではないでしょうか。「土地からの解放、居住・移転の自由は、近代市民革命によって初めて獲得されたのではなく、市民社会が成立する基本的前提として、近代憲法の制定に先立って事実上形成されていた」（高見勝利）のです。思っていること、考えていることを他者に自由に伝え、コミュニケーションを拡げ、人格形成をはかるためには「人身の自由」は人間存在に不可欠な本質的自由ともいえるのではないでしょうか。

無国籍となる自由？

(時導)　「無国籍となる自由」とか「入国の自由」なども「人権」と考える余地があるということなのでしょうか？

(山鹿)　これまで、「無国籍となる自由」までは含まれないとされてきましたが、「憲法上、個人の人格的利益ないし自己決定を尊重する見地から、本人の志望に対する制約を根拠づける」これまでの制約理由の当否が改めて問われよう、と述べるものもあります（野中ほか・憲法Ⅰ）。また、出入国の自由については、「今日の国際的な人権の尊重傾向と自由往来の原則からみるならば、原則的には外国人の出入国の自由を認めたのちに、国家の独立と安全を侵すかあるいは公序良俗に反する現実かつ明白なおそれがある外国人の入国を拒否すれば足りる」（作間忠雄）とする学説もみられます。

「非訟」って何？

(梟)　すみません。言葉の問題になるので、「調べておきなさい」と言われてしまうかもしれないのですが、「非訟事件」ってなんですか？

(山鹿)　そうですね。「訴訟」については第18章で乾くんが報告してくれると思うのですが、「非訟」はそれとは違うものだということですね。すこし話を先取りしておくと、非訟事件とは、①必ずしも当事者間の争いを前提としない、②裁判所が私人の間の生活関係に後見的に介入し、その判断によって将来に向かって法律関係を形成するもの、ということでしょうか。民事上の生活関係について私的自治に委ねないで、その確実な実現をはかるため裁判所が後見的な作用を営むことが求められるものをいいます。

「死刑」について

(羽生)　死刑って、やっぱり「残虐な刑罰」って言えるのではないでしょうか？

（山鹿）「生命は尊貴である。1人の生命は，全地球より重い」とは，最高裁判決の表現です（最大判昭23年3月12日刑集2巻3号191頁）。しかし，結論は，死刑そのものは残虐な刑罰にあたらないとされているのです。将来の国民感情のあり方によっては，36条違反になるとする考えもありますが，政策論あるいは立法論として死刑を廃止することは可能であると考えられています。13条や31条は，死刑という刑罰が存在することを想定していますので，36条だけから死刑を「残虐な刑罰」とすることは無理なのかもしれません。羽生くんへの答えにはなっていないような気もしますが。

行政手続の「適正」

（乾） 31条が刑事手続以外の手続にも適用（あるいは準用）されるということを明確に述べた判例はないんじゃないですか。

（山鹿） そうですね。紹介した成田新法事件では，31条の行政手続への「適用」（あるいは準用）は，限定的です。というのは，同判決で，最高裁は，「事前の告知，弁解，防禦の機会を与えるかどうかは，行政処分により制限を受ける権利利益の内容，性質，制限の程度，行政処分により達成しようとする公益の内容，程度，緊急性等を総合較量して決定されるべきものであって，常に必ずそのような機会を与えることを必要とするものではない」とも述べているからです。ただ，下級審の判決には，行政手続にも31条の保障がおよぶことを明確に認めた判決もみられます。

（乾） 13条を手続的人権の一般的規定としても解することはできないのでしょうか。

（山鹿） 確かにそのように解する学説はあります。しかし，13条が抽象的な規定であることから具体的人権を導き出すのは難しいのではないかとも言われています。一方では，日本国憲法が当然に採用していると考えられる法治国家原理によって行政手続の適正は要請されているとする考えもあります。また，「刑事手続に要請される適正さを基本に，必要な修正をほどこして内容を具体化してゆく，…根拠に13条を援用し，具体化のために31条を準用する」との考え（つまり，13条と31条が相まって行政手続の適正が必要とされるとする考え）も示されています（野中ほか・憲法Ⅰ）。いずれにしても条文の配列上，31条を刑事手続についての総則的規定とみなすわけですが，32条の内容を考えると，33条以下が刑事手続上の諸権利の保障規定だと読むこともできます（南野森）。

実体的デュー・プロセス

（鶴巻） 詳しい内容を覚えていないのですが，アメリカ合衆国憲法修正5条などのデュー・プロセス条項と，31条とは表現が違うし，その内容も異なっていると説明してもらった記憶があるのですが。

（山鹿） アメリカ合衆国では，適正手続の保障が立法権に対する保障（手続的デュー・プロセス），さらには手続だけではなく実体の適正まで要求する内容をもつもの（実体的デュー・プロセス）として発展してきたといわれています。この展開には，司法審査

制度の発展が不可欠です。ところが、ニュー・ディール立法への違憲判断などの経験をふまえて、日本国憲法では、31条のような表現となったともいわれているようです（アメリカでは、連邦最高裁がデュー・プロセス条項を手がかりとして、ニュー・ディール政策を推進しようとする福祉・労働・社会立法を違憲としてきたと言われています）。つまり、日本国憲法では、「法の適正な手続（due process of law）」という文言は避けられ、「法律の定める手続」とされ、その対象も「生命と自由」に限定された（財産権が除かれている）のです。なお、日本国憲法より後に制定されたインド憲法（1949年）も日本国憲法と同様の規定を設けています。これは、社会改革、土地改革などをインド新国家の大きな使命の1つと考えていたことを理由としているのではないでしょうか。

PART 3

統治機構

第15章 「権力の分立」ってあの三角形？

統治の基本原理

はじめに

（鶴巻）　今日の報告テーマは，「権力の分立」です。権力分立とは，国家権力が一部の機関や勢力に集中しては危険なので，国会，内閣，裁判所といった複数の組織に分属させ，抑制と均衡を図る仕組みのことです。みなさんは「ああ，あの三角形でしょ？」と思い浮かべると思います。しかし，三角形で示される権力分立にも様々な種類があります。

　たとえば，アメリカ型の大統領制は，連邦議会，大統領，連邦最高裁の三権が厳格に分立される権力分立です。他方，イギリスや日本で採用されている議院内閣制の場合，議会と内閣が協同関係にある権力分立です。でも，日本の場合，多くの人々が思い浮かべる権力分立のイメージは前者かもしれません。どうしてでしょう。小学校のときから，「権力分立といえば三角形」を想起しているからかもしれません。日本国憲法の基本原理の1つとして「権力の分立」があることは確かですが，それが三角形で表せるものかどうかは，その中身をみてみないと分かりません。私たちは，三角形のイメージが先にあって，それに基づいて日本国憲法を「解釈」しているようなところがあるのではないでしょうか？この報告は，このような問題意識からタイトルをつけたものです。やたら三角形でイメージされる権力分立ですが，その主眼は，恣意的な国家権力の行使を防止する点にあるので，必ずしも三権分立である必要はありません。極端な話，五角形や六角形の権力分立制度であってもかまわないわけです。

I　権力分立の意義

1　立憲主義と権力分立

　立憲主義の背景には，個人の基本的人権を重んじる自由主義や法の支配の思想があります。憲法学の対象となる憲法のことを，立憲的意味の憲法といいます。ただ単に「憲法」という名称が付いているだけでなく，人間が生まれながらにして持つ基本的人権を保障して，独裁的な政治を防ぐ権力分立制度を持つものでなければなりません。たとえば，フランス人権宣言16条は，「権利の保障が確保されておらず，また，権力の分立が定められていない全ての社会は，

憲法を持たない。」と定めています。権力分立の主眼は、恣意的な国家権力の行使を防ぐ点にあります。立憲主義の観点からすれば、法を制定する権力保持者は、専制君主の権力であれ国民の民主的な権力であれ、法に服さなければなりません。そこで、国家権力が立法権、行政権、司法権に分立され、相互に抑制と均衡が図られることになります。

なお、権力の分立の「権力」は、①立法権、行政権、司法権というように、国家権力の機能という意味で用いられる場合と、②立法府、行政府、司法府というように、その作用を担当する機関（組織）という意味で用いられる場合があります。ただし、1つの権力機能を1つの機関が独占的に担うわけではありません。1つの機能を担う機関が他の機能にも何らかの形で関与する場合のあることに注意が必要です。たとえば、日本国憲法の場合、内閣は法律案の提出という形で、立法機能に関与します。

2　権力分立の思想的背景

政治権力の濫用を防ぐために、権力をいくつかに分割し、相互の抑制と均衡を図るという思想は、既にギリシャ・ローマ時代から見受けられます。たとえば、共和政ローマにおいては、元老院、平民からなる民会、および元老院が候補者を選定し、民会の選挙によって選出される執政官によって政治が行われていました。中世の西欧諸国においては、ローマ教皇や君主、封建諸侯といった勢力が群雄割拠の状態にありました。そうした中で、当時の英国のジョン王(1167-1216)の失政をきっかけに、君主と封建諸侯との間で取り交わされたマグナ・カルタ(1215年)は、議会の同意のない課税を禁止する等、君主の権力を抑制し、封建諸侯の自由を確認するものでしたが、同時にそれは王権と封建諸侯の間の権力分立を意味しました。また、フランスの身分制議会であり、僧侶、貴族、一般市民からなる三部会も、君主権力を抑制するための社会的身分に基づく一種の権力分立といえます。16～18世紀の絶対王政の時代に入ると、国王の権力は神から付与されたものであるとする王権神授説に基づいて、君主は常備軍と官僚制を整備して自らに政治権力を集中させ、封建諸侯や聖職者、人民を支配下に置きました。こうした絶対王政の典型例としては、イギリスのエリザベス1世(1533-1603)やフランスのルイ14世(1638-1715)があげられます。

しかし、国王に権力が集中することで、恣意的な政治が行われることの問題点が意識されるようになりました。

社会契約論者であるイギリスのジョン・ロックは、その著書『市民政府二論』(1690年) において、個人の自然権 (生命・自由・財産権) を保障するために国家 (政府) が設立されること、そして国家権力を、法を制定する立法権と、その法を執行する執行権に分立し、さらに、その執行権から外交および軍事を担当する同盟権を分離しました。ロックによれば、立法権は議会に、執行権と同盟権は君主に属します。また、ロックの議論では、立法権が国家権力の中では優位に置かれますが、社会契約論を背景として、その立法権は国民によって委ねられたものであるとされます。ロックの思想を発展させたのが、フランスのモンテスキュー (1689-1755) です。貴族階級出身の裁判官であったモンテスキューは、その著書『法の精神』(1748年) において、権力の濫用・腐敗が必然であることを踏まえ、当時のイギリスの政治制度をモデルとして、国家権力を立法権、執行権、司法権に分立し、相互の抑制と均衡を図ることを主張しました。モンテスキューによれば、君主に執行権が、貴族からなる上院と市民からなる下院によって構成される二院制の議会に立法権が、そして、裁判所に司法権が付与されます。モンテスキューの権力分立論は、上述のフランス人権宣言16条や1791年憲法などに見受けられるように、フランス革命に大きな影響を与えました。ロックやモンテスキューが前提としていたのは、立憲君主制における権力分立でした。たとえば、モンテスキューは、君主権力を抑制するために、身分制社会における国王、貴族、市民という各身分間での抑制と均衡を企図していました。これは国家権力を担う機関ごとの権力分立ではなく、各身分間での社会的な権力分立というべきものでした。ロックやモンテスキューの主張を、身分制社会を解体した市民革命以降の国家にそのまま適用することはできません。しかし、「権力は必ず腐敗する」という権力への懐疑を前提として、国家権力を分立し、各権力間の抑制と均衡によって立憲主義による政治を実現しようとするロックやモンテスキューの思想は、現代においても大きな意味を持ちます。

3 権力分立と国民主権の関係

今日の国家は君主主権ではなく、国家のあり方を最終的に決定する権威や権

力が国民にある国民主権(民主主義)を前提としています。こうした国民主権は，国家権力を分立させる権力分立とは矛盾しないのでしょうか。

　モンテスキューと同様にフランス革命に大きな影響を与えた人物として，社会契約論者のジャン・ジャック・ルソーがいます。ルソーは人民主権（プープル主権）の立場から主権の唯一不可分性を主張し，誤りのない真の人民の意志である一般意志を体現するのが法律であるとして，ロックやモンテスキューのような抑制と均衡を重視する権力分立には批判的でした（ただし，ルソーは，立法権と執行権の分立を主張しています。）。モンテスキューの影響を受けた1791年憲法においては，立憲君主制を前提として，立法権を国民議会に，執行権を国王に，司法権を裁判官に付与していました。これに対して，ルソーの影響を受けた1793年憲法においては，人民主権を前提として，人民を代表する立法府への権力集中が図られました。

　しかし，国民が主権者であるとしても，国民自身がすべての政治を行うのは事実上不可能であり，国民が選んだ代表者による間接民主制（議会制民主主義）が必要となります。通常の政治において，国家権力を行使するのはあくまでも政府機関であり，国家権力が1つの機関や勢力に集中しては危険なので，国家権力の濫用を防ぐために権力分立が不可欠です。このように考えるならば，国民主権と権力分立は矛盾しません。また，権力分立に否定的なかつてのソ連等の社会主義国が極めて抑圧的な政治体制であったことにも留意するべきでしょう。

　なお，憲法の改正という重要事項の決定にあたって，多くの国々の憲法が憲法改正国民投票を規定しています。たとえば，日本国憲法の場合，憲法改正国民投票（96条）が規定されています。憲法改正国民投票は権力分立制度の中で，国民が主権を行使する機会を保障するものといえます（憲法改正については**第3章**を参照）。

II　権力分立の類型

　権力分立の類型は，歴史的背景の違いなどもあり，国によって様々です。立法権と行政権の分立については，大きく分けて，立法権と行政権を厳格に分立

するアメリカ型の大統領制と，両者を分立しつつ，両者が協調・協働するイギリス型の議院内閣制があります。

1 大統領制

　モンテスキューの権力分立概念はアメリカ合衆国憲法に大きな影響を与えました。モンテスキューの思想は君主制を前提としたものでしたが，君主のいない共和政体のアメリカにおいては，イギリス国王や議会からの圧政に反発して独立した経緯から，権力の集中による独裁的な政治を防ぐためにモンテスキューの権力分立制度が参照されました。アメリカ合衆国憲法は厳格な三権分立制度を採用し，立法権を連邦議会に，執行権を大統領に，司法権を裁判所に付与しています。大統領制の場合，行政権の長である大統領は国民から事実上直接選出されるので，その地位の存立について議会の信任は必要とされません。大統領は法案提出権や連邦議会の解散権を持ちませんが，教書によって連邦議会に立法を促し，立法拒否権を行使することができます。上院と下院からなる連邦議会は，立法権や予算議決権のほか，大統領が拒否した立法を3分の2の特別多数決によって再可決する法案再可決権を持ちます。特に上院は，高級公務員の任命の同意と条約締結についての承認を行います。そして，連邦最高裁を頂点とする連邦裁判所は，憲法上の明文規定はないものの，連邦最高裁の判例（1803年のマーベリー判決（5 U.S. 137））によって確立した司法審査権（違憲立法審査権）を持ちます。連邦制国家であるアメリカの場合，連邦政府の各部門間の権力分立だけでなく，連邦政府と州政府の垂直的な権力分立にも配慮しています。たとえば，連邦議会の上院は州代表としての性質を持ちます。

2 議院内閣制

　イギリスでは議院内閣制が採用され，議会は上院（貴族院）と下院（庶民院）からなり，下院が優越します。イギリスにおいては，議会主権と称されるように，議会（下院）が大きい権限を持ちます。行政権を担う内閣は，議会で多数派を占める与党の党首が首相となり，内閣は行政権の行使について議会に責任を負います。内閣が下院の信任を失う場合，総辞職を行うか，あるいは下院を解散して国民に信を問わなければなりません。イギリスの場合，2009年に最高

裁判所が設置されましたが，違憲審査権はありません。

　よく誤解されがちですが，行政権の長に権限が集中し，立法のリーダーシップを発揮しやすいのは議院内閣制の方です。大統領制は本来，権力を分散する制度といえます。たとえば，議院内閣制においては，民意を問うことが必要だと考えたとき，内閣は衆議院を解散して総選挙を行うことができます。衆議院も不信任決議によって内閣の責任を追及することができます。これに対して，大統領制では，大統領に解散権はなく，連邦議会も不信任決議権を持ちません（弾劾制度は刑事責任追及のためのもので，政治責任を追及する不信任決議とは性質が異なります）。内閣は国会の多数派，特に衆議院から選出されるので，行政の長である内閣総理大臣に権力が集中し，立法のリーダーシップを発揮しやすいといえます。他方，大統領制においては，上下両院の中間選挙（大統領選挙のない年におこなわれます）によって分割政府というねじれ現象が頻繁に生じるので，大統領は立法のリーダーシップを発揮しづらいことが指摘されてきました。また，この「ねじれ」現象によって，政府の機能がマヒする事態もしばしば起こります。

3　日本国憲法における権力分立

　日本国憲法はイギリス型の議院内閣制を採用したといわれています。日本国憲法の場合，立法権を国会に（41条），行政権を内閣に（65条），司法権を裁判所に（76条1項）分属させ，抑制と均衡を図ります。内閣は，国会の信任によって成立し，国会に対して連帯責任を負います。国会は裁判官の弾劾裁判を行います（64条）。内閣は最高裁長官を指名し，その他の裁判官を任命します（6条2項，79条1項，80条1項）。裁判所は内閣の行う行政をチェックします（81条）。また，イギリスとは異なり，アメリカに倣って，裁判所には司法審査権が与えられています（81条）。

　国政のみならず地方自治制度も重要です。国家機関の水平的な権力分立だけでなく，中央政府と地方政府の権限配分として，地方自治が垂直的な権力分立（権力分割）として重要となります（日本国憲法第8章以下）。都道府県と市町村の二層構造が採られており，地方公共団体は，法律の範囲内で条例を制定することができます（94条）。地方公共団体には，統括・代表機関であり管理・執

行機関としての長（都道府県知事、市町村長等の長）、議事機関としての議会（都道府県議会、市町村議会）、および各種委員会・委員（教育委員会や、自治体警察を監督する公安委員会、監査委員等）が置かれています（地自法89条、138条の2以下）。憲法93条は長と議会の二元代表制を採用しています。地方議会と長は権力分立に基づく抑制と均衡の関係にあり、長は地方議会の解散権や議会の決定に対する拒否権を持ち、地方議会は長の不信任決議権を持ちます。

4 新二元型議院内閣制（半大統領制）

　かつての内閣は君主にのみ責任を負い、その存立は議会の信任に依存しませんでした（大権内閣制）。しかし、国民の代表である議会が立法に関与するようになると、内閣は君主と議会の双方に責任を負うようになりました（二元型議院内閣制）。しかし、市民革命以降、君主の権力が形骸化すると、たとえば、現在のイギリスや日本の議院内閣制のように、内閣は議会にのみ責任を負うようになりました（一元的議院内閣制）。二元的議院内閣制や一元的議院内閣制に対して、内閣が議会だけでなく公選の大統領にも責任を負う議院内閣制のことを新二元型議院内閣制（半大統領制）といいます。この新二元型議院内閣制において、大統領は儀礼的な行為だけでなく、軍事や外交等の権限を行使します。大統領は内閣を任命しますが、一般的には議会からの信任が必要とされます。大統領は議会の解散権を持つ一方、議会は内閣不信任決議権を持ちます。新二元型議院内閣制を採用している国としてはフランスやロシア、大韓民国があげられます。たとえば、フランスの場合、大統領は、首相の任免（第5共和国憲法8条1項）、国民投票への付託（11条）、国民議会の解散権（12条1項）等の権限を持ちますが、首相は、政府構成員の任免についての大統領への提案（8条2項）、国民議会解散についての大統領からの事前の諮問（12条1項）、法律の発議（39条1項）、憲法改正発議の大統領への提案（89条1項）等を行います。コアビタシオン（保革共存）の場合、大統領と首相の権限配分が問題となりますが、外交については大統領が、内政については首相が行うという慣行があります。

Ⅲ 現代国家における権力の分立

1 行政国家と権力分立

　19世紀の国家は，国防と国内の治安維持を任務とする消極国家でした。しかし，資本主義の発達とそれに伴う貧富の差に対処するために，20世紀以降の先進国は，国民の経済活動に積極的に介入し，社会保障などを実施する福祉国家に変容していきます。こうした福祉国家は，社会的・経済的弱者の救済などの様々な社会経済政策を実施する行政権が主導権を持つことから，立法権優位の立法国家と対比して，行政権優位の行政国家とも呼ばれます。行政国家においては，行政府が法案の作成や審議，予算の作成や運用において大きな影響力を持ちます。しかし，法律で大まかな大綱を定め，委細は政令や省令等の行政立法に委任する委任立法の増加や，各種制度の許認可権を持つ官僚機構の行政裁量が増大することによって，法律による行政の原理が形骸化することが度々指摘されています（委任立法や委任命令の問題点については，**第16章**および**17章**も参照）。そこで，権力分立の観点からは，どのようにして行政権の肥大化に歯止めをかけるかが問われることになります。

　行政国家の弊害を克服するためには，議員立法や国政調査権等の活用による議会の活性化はもちろんのことですが，住民からの行政に対する苦情を受け付け，行政権の活動をチェックして是正を勧告する行政監察官制度（オンブズマン制度），国や地方公共団体の保有する情報の提供を求める国民の知る権利に基づく公文書公開等の情報公開制度の充実，行政関連審議会への国民の参加や公開が重要となります。また，準立法的・準司法的権限を持つ合議制の独立行政委員会も重要な役割を果たします（**第17章**を参照）。

2 政党の位置付け

　政治的な主張を同じくする人々が結成する政党は，党派的な利益を図るものであるとして，かつては国家から敵視されていました。しかし，普通選挙制度が実現した現代の国家において，政党は国民の政治意思形成に大きな役割を果たしており，単なる私的結社ではなく，社会と国家をつなぐ公共的な存在であ

るとされます。ドイツの国法学者H・トリーペル（1868-1946）の4段階論によれば，政党は，敵視，無視，法制化の段階を経て，最終的には憲法上の存在として位置づけられるとされます。たとえば，ドイツ基本法21条やフランス第5共和国憲法は政党の存在を憲法に規定しています。

　日本国憲法21条1項は結社の自由を保障していますが，政党に関する明文規定はありません。また，43条1項が国会議員を「全国民の代表」であると規定し，51条も国会議員の免責特権を規定していることから，憲法が政党の存在について消極的な態度を採っているとの見方もなされます。しかし，日本国憲法は議院内閣制を採用していることから，政党の存在を想定しているといえます。最高裁も，八幡製鉄政治献金事件（最大判昭45年6月24日民集24巻6号625頁）や共産党袴田事件（最判昭63年12月20日判時1307号113頁）において，議会制民主主義における政党の重要性を指摘しています。各種法令においても政党に関する規定が置かれています。たとえば，国会法46条の「会派」，公職選挙法86条の2〜7等，政党助成法や政治資金規正法等の各種法令は政党について規定しています。特に，1994年に成立した政党助成法は，政治資金の調達に伴う政治腐敗を防止するために，政治活動に関する費用の一部を国費（政党交付金）で負担します。このように，現在の日本における政党は，トリーペルの分類に従えば，法制化の段階にあるといえるでしょう。ただし，政党交付金については，既存政党の優遇や小政党の圧迫とならないように，慎重な運用が求められます。

3 違憲審査制の位置付け

　アメリカにおいては早くから導入された違憲審査制ですが，裁判所に対する信頼が低かった大陸法系の諸国では，同制度は民主主義や権力分立に反すると考えられていたために，制度化されませんでした。また，人権は議会制定法である法律によって保障されると考えられていました。しかし，ヒトラーのナチス・ドイツなどに代表される全体主義国家での法律による人権侵害を踏まえ，第2次世界大戦後に制定された各国の憲法には違憲審査制度が導入され，裁判所が行政権や立法権のあり方に大きな影響を与えることになりました。これを司法国家現象といいます。

　違憲審査制については，通常裁判所が具体的な事件の解決に必要な範囲で司

法審査を行うアメリカ型の付随的違憲審査制と，具体的な事件とは関係なく，抽象的に法令の違憲審査を行い，憲法秩序を保護するドイツの連邦憲法裁判所等の抽象的違憲審査制があります。一般的に，日本国憲法81条はアメリカ型の違憲審査制を採用したと考えられています。

憲法81条の規定にもかかわらず，国家の根本にかかわる国会や内閣の行為については，それが法律上の争訟であっても，混乱を回避するために，直接の民主的な基盤を持たない裁判所は違憲審査を行うべきではないとする統治行為論（あるいは政治問題の法理）が主張されることがあります。日本の最高裁は，日米安全保障条約の合憲性が問われた砂川事件（最大判昭34年12月16日刑集13巻13号3225頁）において，同条約が「主権国としてのわが国の存立の基礎に極めて重大な関係をもつ高度の政治性を有する」ので，「一見極めて明白に違憲無効であると認められない限りは，裁判所の司法審査の範囲外のもの」であると判断しました。同判決は留保つきの限定的な統治行為論を採用したと考えられています。また，衆議院の解散の効力が争われた苫米地事件（最大判昭35年6月8日民集14巻7号1206頁）において，最高裁は統治行為論を理由に違憲審査を行いませんでしたが，統治行為論が「三権分立の原理に由来」するとしています。ただし，統治行為論を安易に認めることについては，高度に政治的な問題を扱うのが違憲審査の役割ではないのか，基本的人権の保障が不十分なものとなってしまうのではないかといった批判があります。

むすびにかえて

三角形のイメージから権力分立を考えるのではなく，権力の濫用を防止するという観点から権力分立のモデルを考えることが重要です。特に，現代の行政国家においては，強い権限を持つ行政権を統制するために，議員立法や違憲立法審査だけでなく，独立行政委員会，各種の情報公開制度やオンブズマン制度の一層の活用が求められます。そうなれば，今後，権力分立は正三角形ではなく，むしろ五角形や六角形といった多角形，あるいは立体（多面体）でイメージされることになるのではないでしょうか。

ゼミ風景

「権力分立」ってマジック・ワード？

（山鹿）　憲法学は，他の法学分野よりもキーワードが少なく，一見学習が容易に思えるのですが，このキーワードが「マジック・ワード」になることが多く，そのマジック・ワードを持ちだすと説得力が増すような気がしたり，何か分かったような気になるのです。その最たるものが，今回鶴巻くんが扱った「権力の分立」ではないでしょうか。

（乾）　権力の分立と云えば，モンテスキュー！と単純に結びつけて覚えていたのですが，それも1つの考え方にすぎない，ということですか。

（鶴巻）　モンテスキューは，君主制を前提として，議会の「権力」を限定するという意図をもって権力の分立を唱えたといわれているようです。ただ，報告のなかでも述べたように，「権力は腐敗しがちである」，「権力を抑制，コントロールしなければならない」とする考えは，今日でも重要だと思いますが。

（時導）　近代市民革命より前の，権力分立「的」な考えと政治の仕組みが，現代にも通用するということですか。

（鶴巻）　社会的な権力が分立し，それぞれが統治権の一部を分有し，競い合っているという意味での「権力の分立」と，国民主権のもとで統治権をそれぞれの機関に配分する組織原理としての「権力の分立」とは意味が違うことは当然です。統治機構の全体像をとらえ，その性格を理解するのに権力分立は最も重要な原理と考えられていたことは間違いないと思います。しかし，現代の憲法では，国民主権の原理がより重要な位置を占めるようになっているようです。つまり，それぞれの国の統治機構の比較をするときには，民主政の観点からの類型論の方が重視されるようになってきています。じゃー，今の日本で権力分立論は，何を問題にするのかと云うことですが。これは，印象論なのですけれども，「司法権の独立」を主張するときには意味が大きいと思うのです。しかし，国会と内閣との関係が論議されるときには，さきほど，山鹿先生がいわれたように「マジック・ワード」として使われがちなように思います。

（梟）　どういうこと？

（鶴巻）　ぼくは，この後，「国会」や「内閣」の報告があたっているんだけど，その関係や権限を説明するときに，「困ったときには『権力分立』で」とでもいうか，それぞれの主張の論拠が，憲法条文ではなく，その人の考える「権力分立観」で済まされているような気がするところがあるんです。

（山鹿）　なかなか手厳しいですね。

機能的な権力の分立

（長熊）　これまで聞いてきた伝統的な権力分立論に対して,「機能的権力分立論」が主張されるようになっていると聞いたことがあるのですが。

（鶴巻）　ドイツなどで主張されるようになった考えです。うまく説明できるか分かりませんが…。「権限」ではなく「機能」に着目する考えです。権力分立というと国会対内閣（議会対政府）ととらえられてきましたが,原則として議会の多数派が内閣を構成する議院内閣制のもとでは,機能的な対立軸は（政府＋議会多数派）対（議会少数派）という軸に移っており,このことを前提に国会（議会）の権限の性質や政府統制機能を考えなければならないとするものです。日本でも,「政府・与党は,…」という言い方は一般化していますよね。

中央と地方

（羽生）　僕は,「地方自治」のところの報告があたっているんですけど,「地方自治」の問題も権力分立の形態として扱って良いのでしょうか？

（鶴巻）　報告でも述べたように,国内の統治権の権限配分,機関の分立という意味では権力分立の問題になると思います。中央と地方との権限配分を垂直的権力分立,中央と地方のそれぞれでの権限配分を水平的権力分立,というように説明されていますし。

不真正の権力分立？

（長熊）　ちょっと話は変わりますが,「不真正の権力分立」という表現は,報告中に出てこなかったけど。大日本帝国憲法のような形式の憲法のことでしょうか。

（鶴巻）　もちろん,大日本帝国憲法の「権力分立」は,「不真正」だと思います。「凡テ法律ハ帝国議会ノ協賛ヲ経ルヲ要ス」（37条）,「司法権ハ天皇ノ名ニ於テ法律ニ依リ裁判所之ヲ行フ」（57条）などとされていますが,「天皇ハ…統治権ヲ総攬シ…」（4条）となっていますから（ただ,政体書（1868年）では,「…太政官ノ権力ヲ分ツテ立法行法司法ノ三権トス,…」とされていたことが注目されますね）。したがって大日本帝国憲法は,「外見的立憲主義」の憲法だといわれているのではないでしょうか。「不真正の権力分立」という表現は,大統領制と対比して議院内閣制のような制度をさして用いられてきたと思います。

第16章　国会ってやっぱり「最高機関」なの？

はじめに

(鶴巻)　日本国憲法は，国会が「国権の最高機関」であり，「唯一の立法機関」であること（41条），衆議院と参議院で構成されること（42条），そして，「全国民を代表する選挙された議員」によって組織されること（43条）を規定しています。国会が全国民の代表機関であり，立法権を行使する組織であるというのは周知のことですが，国会の章のはじめの条文の冒頭に「国権の最高機関」とあるのは，なぜでしょうか，またいかなる意味なのでしょうか。文字通りに解釈すると，立法，行政，司法という国家権力の中で1番偉い存在であるという意味にとれますが，本当にそうなのでしょうか。なぜなら，国会の立法は裁判所の違憲審査によってチェックを受けますし，内閣は衆議院を解散させることができるからです（通説ですが）。

　行政国家においては行政権を担う内閣が立法の主導権を握っており，国会の立法機能が形骸化しているという指摘が度々なされてきました。また，二院制についても，法律案の再議決の3分の2のハードル（59条2項）に見られるように，「強すぎる参議院」が最近まで続いた「ねじれ国会」の元凶であり，首相が頻繁に交代する「決められない政治」の大きな原因になっているのではないかという批判がなされています。そこで，本章では国会の地位と権能（権限）についてあらためて考えてみたいと思います。

I　国会ってどんなところ？

1　全国民の代表

　国会は，「全国民を代表する選挙された議員」によって組織されます（憲法43条）。全国民の代表の性質をどのように考えるのかについては，政治的代表とみる立場，社会学的代表とみる立場，半直接制とみる立場があります。国民の意思と代表の意思が事実上類似することで足るとする社会学的代表をベースとした通説的見解によれば，議会を構成する議員はあくまでも全国民の代表であって，選挙区の有権者や後援団体だけの代表ではありません。議員は議会に

おいて，自らの信念に基づいて行動し，特定の選挙母体には拘束されません。これを命令委任の禁止（自由委任の原則）といいます（国民代表については**第2章**を参照）。

2 国権の最高機関

憲法41条は，国会が「国権の最高機関」であると規定しています。統括機関説によれば，国会は最高の決定権を持ち，国政全般を統括する（とりまとめる）機関であるとされます。しかし，「最高機関」であるといっても，それは国会が内閣と司法よりも上位に立つ最高の決定権を持つという意味ではありません。なぜなら，国会は，内閣による衆議院の解散権と裁判所の違憲審査によって抑制されるからです。そこで，通説である政治的美称説によれば，「最高機関」とは，三権の中で国民によって直接選出される国会が，主権者である国民に最も近い存在であり，国政の中心的地位にあることを強調する政治的美称（ほめ言葉）であるとされます。近年，国会の最高機関性を軽視しているとして政治的美称説を批判し，国会の形骸化に歯止めをかけるために，「最高機関」に法的意味を持たせようとする見解が主張されています。たとえば，最高責任地位説によれば，並列関係にある国家機関の中で1番高い地位にある国会が国政の円滑な運営が行われるように配慮し，必要であれば憲法改正の発議を行う立場にあるとされます。また，同説によれば，「最高機関」には，国家機関の相互関係を解釈する際の解釈準則になり，三権のいずれに帰属するのか不明な国家の権限は国会に帰属するとの推定の根拠になるとされます（権限推定説）。

ただし，最高責任地位説に対しては，最高機関ということから国会の権限を推定することは困難ではないか，帰属不明の権限は主権者である国民に帰属するのではないかとの批判がなされています。

3 唯一の立法機関

憲法41条は，国会が「唯一の立法機関」であると規定しています。ここでいう立法とは，単なる「法律」という形式の法規範（形式的意味の立法）ではなく，一定の内容を持つ実質的な法規範（実質的な意味の立法）を意味します。立法の実質とは，不特定多数の人々や事例に適用される一般的・抽象的な法規範であ

るという点にあります。

　国会は唯一の立法機関であるので，議院規則（58条2項）や最高裁判所規則（77条）といった憲法が定める例外を除いて，国会以外による立法は許されません。これを国会中心立法の原則といいます。明治憲法下においては，立法権を持つ天皇に対して，国会は「協賛」（事前に審議し，同意を与える）する存在に過ぎず，行政による立法（法律の委任なく国民の権利を制限可能な独立命令，国会閉会中に法律に代わって発せられる緊急勅令）や天皇による裁可権が認められていました。しかし，日本国憲法においては，内閣の政令は，法律を執行するための執行命令あるいは法律の委任を受けた委任命令でなければならず，象徴天皇制の下で国政に関する権能を有しない天皇に裁可権は認められません（委任命令の問題点については第17章を参照）。法律は衆参両院で可決したときに法律となります（59条1項）。国民に法律の内容を告知する公布は，内閣の助言と承認に基づいて天皇が行います（7条1項）。法律は施行の日から国民に対する拘束力を持ちます。

　立法は国会の議決によってのみ成立し，国会以外の他の機関が関与することは許されません。これを国会単独立法の原則といいます。内閣の法律案提出権については，憲法72条前段の「議案」に法律案が含まれること，内閣構成員は原則として国会議員であること，国会が法律案を修正したり否決したりすることが可能であるので，一般的には合憲であると考えられています。これを受けて，内閣法5条は内閣の法律案提出権を規定しています。ただし，現実の政治においては，国会の立法のほとんどが内閣提出法律案であり，議員が発議する議員立法が少ないことが大きな問題となっています。

4 　委任立法の問題

　専門的・技術的事項に関する事項や迅速な対応が求められる事項について，国会は大まかな指針を定め，細部については行政機関（官僚機構）の定める命令（内閣の政令，内閣府の内閣府令，各省の省令，人事院等の規則）に一任する立法を委任立法といいます。行政国家現象の下では，委任立法は不可避であると考えられています。憲法73条6項但書や内閣法11条は委任立法の存在を前提にしています。しかし，委任立法については，行政裁量の拡大と官僚機構の肥大化

を招き，法律による行政が形骸化してしまうという弊害があります。そこで，特に，許認可の基準等，国民の権利義務にかかわる委任命令の場合，法律による命令への委任は個別具体的でなければならず，委細を行政機関に丸投げする白紙委任は認められません（第17章「内閣」も参照）。

II 国会の組織と国会議員の特典

1 国会の組織

(1) **衆議院と参議院** 国会は衆議院と参議院から構成されます（42条）。衆議院議員（480議席）は任期4年（ただし，任期途中での解散あり。解散制度については内閣の項目を参照）で，小選挙区（定数300）と，政党名を記載する拘束名簿式の比例代表（定数180）からなる，小選挙区比例代表並立制によって選出されます。参議院議員（242議席）（任期6年。3年毎に半数改選）は，都道府県単位の選挙区（定数146）と，政党名あるいは個人名を記載する非拘束名簿式の比例代表（定数96）によって選出されます（選挙制度の詳細や公職選挙法の問題点については，第8章「表現の自由」と第13章「参政権」を参照）。二院制の場合，下院は民選議員で構成されますが，上院の構成，性質をどのように考えるのかは，国によって違います。上院の類型については，①貴族院型（イギリスの貴族院，明治憲法下の貴族院），②連邦型（アメリカ合衆国の連邦議会上院，ドイツの連邦参議院），③民主的第二次院型に分類されます。日本国憲法の場合，法律の制定や予算の議決が国民の生活に大きな影響を与えるものであることから，国民の多種多様な意見を反映し，議論を慎重に行うために二院制がとられています。よって，日本の参議院は③に分類されます。

衆議院と参議院は同時に，かつ相互に独立して活動します（同時活動の原則および独立活動の原則）。衆議院が解散した場合，参議院は同時に閉会となりますが，緊急の場合に，内閣は参議院の緊急集会を求めることができます（54条2項）。ただし，緊急集会での措置については，次の国会開会後10日以内に衆議院の同意が必要となります（同条3項）。衆議院と参議院が対立した場合，妥協・調整を図るために，両院協議会が設けられます。しかし，それでもまとまらない場合には，衆議院が優越することが規定されています。法律の議決（59条3項）

について，両院協議会の開催は任意です。ただし，予算の議決（60条2項），条約の承認（61条），内閣総理大臣の指名（67条2項）については，必ず開催しなければなりません。

衆議院にのみ認められる権限として，予算先議権（憲法60条1項），内閣不信任決議権（69条）があげられます。また，衆議院と参議院が共に行使可能なのですが，衆議院が優越する権限として，法律の議決（59条2項），予算の議決（60条2項），条約の承認（61条），内閣総理大臣の指名（67条）があげられます。ただし，法律の再議決については，衆議院の出席議員の3分の2による特別多数決が必要となります（59条2項）。予算について特別多数決は必要とされないものの，予算関連法案が参院を通過しなければ法律を円滑に執行することはできません。これは非常に高いハードルであり，そのため，衆参の多数派が異なるいわゆる「ねじれ国会」の際に，内閣が国会対策に苦慮して袋小路に陥り，短命内閣が続く大きな要因となりました。

(2) **委員会制度** 国会の活動は，明治憲法下の本会議中心主義とは異なり，現在ではアメリカに倣って，委員会中心主義がとられています。法律案等の議案は，まず委員会で審査され，その後本会議で議決されます（国会法56条2項）。委員会には，各省庁に関連する法務委員会や厚生労働委員会，予算審査を行う予算委員会，議院運営に関する事項を審査する議院運営員会等の常設の常任委員会と，必要に応じてその都度設置される特別委員会があります。

2 国会議員の特典

国会議員に対しては，一般国民や地方議会議員には認められていない様々な特典が付与されています。

(1) **不逮捕特典**

憲法50条は国会議員の不逮捕特典を規定しています。これは，君主や行政権の権力濫用から議員を保護し，議院の審議を確保するためのものです。ただし，院外における現行犯逮捕と，当該議員の所属する議院の許諾がある場合は例外です。議員の逮捕を認めるか否かの判断基準については，①逮捕理由に正当性があるか否で判断すべきとする立場と，②逮捕によって議院の活動に支障が生ずるか否かで判断すべきとする立場があります。議員の逮捕を認めるが，それ

に期限を付する期限付逮捕許諾が認められるか否かについて、②の立場によれば認められることになりますが、①によれば、逮捕許諾を行う以上、その後の手続は刑事司法手続に委ねられるので、期限を付することはできないとされます。判例は期限付逮捕許諾請求に消極的な態度をとっています（東京地決昭29年3月6日判時22号3頁）。

　(2)　**免責特典**　憲法51条は、議員の自由な言論活動を保障するために、議院での発言や表決に対する議員の免責特典を認めています。免責の対象となるのは、本会議だけでなく、各種委員会等での職務行為も含みます。また、「演説、討論又は表決」に限定されず、職務に密接に付随する行為であれば、免責の対象となります。「責任」とは、民事責任と刑事責任を議員が負わないことを意味します。しかし、議員個人が責任を負わないとしても、最高裁判決によれば、議員が職務とは無関係に、違法または不当な目的をもって事実を摘示し、一般市民の名誉を毀損する発言を行ったという特別な事情のある場合には、国家賠償法1条1項に基づいて国の賠償責任が認められるとされています（最判平9年9月9日民集51巻8号3850頁）。暴力行為は免責の対象とはなりません。51条の免責特典はあくまでも議員のものであるので、議院に議席を有しない国務大臣や、議員が国務大臣として行った発言も免責の対象にはなりません。また、院内での懲罰や所属政党による処罰を妨げるものではありません。

　(3)　**歳費受領権**　憲法49条は、議員の歳費受領権を認めています。かつての議員は無報酬の名誉職でしたが、これでは資産家しか議員になることができないので、選挙権の拡大が進むにつれて、歳費の支給が一般的になりました。議員歳費は、議員としての活動に伴う実費に限定されず、議員の地位や職責に見合う金額が支給されると考えられています。

3　国会の活動

　国会は会期制をとっており、常時開会しているわけではありません。憲法上の会期には、毎年1回召集される常会（憲法52条）、臨時の必要に応じて召集される臨時会（53条）、衆議院の解散総選挙後に召集される特別会（54条1項）があります（「特別会」という名称は国会法上のものです）。会期延長は、両議院一致の議決によって、常会は1回、臨時会と特別会は2回まで可能です（国会法12条）。

各会期はそれぞれ独立して別個に運営されます。また、国会法68条は、会期不継続の原則を規定しています。国会法を改正して会期制を常設制に変更することは可能ですが、会期不継続の原則は政府の提出法案を廃案に追い込む野党の対抗手段として用いられてきた側面もあります。ただし、同一会期中に一旦議決された案件は再び審議することはできません。これを一事不再理の原則といいます。

III 国会と議院の権能

1 国会の権能

（1） **法律の議決権**　法律案の発議・提出、審査・審議および議決については上述しました。

（2） **憲法改正の発議権**　第3章を参照。

（3） **条約の承認権**　憲法73条3号は、内閣の条約の締結権を認めつつ、条約を締結する際には、「事前に、時宜によつては事後に、国会の承認を経ることを必要とする」と規定しています。1974年の政府見解によれば、国会の承認を必要とする条約とは、①法律事項を含む国際約束、②財政事項を含む国際約束、③政治的に重要な国際約束であり、国会の承認を必要としない条約とは、④国会の承認を経た条約の範囲内で実施しうる国際約束、⑤すでに国会の議決を経た予算の範囲内で実施しうる国際約束、⑥国内法の範囲で実施しうる国際約束であるとされます。国会で承認が得られなかった条約は国内法としては効力がありませんが、国際法としての効力を持つか否かについては、有効説と無効説が対立しています。この点については、日本が1981年に批准した「条約法に関するウィーン条約」に沿って、国会の承認権の規定の具体的な意味が諸外国にとっても周知である場合には、国際法的にも無効であるとする立場が有力です。国会の条約修正権が認められるか否かについては争いがありますが、条約の修正部分が可分であれば、事前承認の際に修正権が認められると考えられています。

（4） **内閣総理大臣の指名権**　第17章を参照。

（5） **弾劾裁判所の設置権**　憲法64条1項は、国会の弾劾裁判所設置権を規

定しています。裁判官には裁判官の独立の観点から強い身分保障が認められていますが,「職務上の義務に著しく違反し,又は職務を甚だしく怠つたとき」や,「職務の内外を問わず,裁判官としての威信を著しく失うべき非行があつたとき」(裁判官弾劾法2条)に,弾劾(罷免)されます。これまで5件5名の罷免例があります。

(6) 財政の統制権

(i) 財政民主主義と租税法律主義　国家の運営には国民による財政の負担が必要となります。国会による財政の統制は,法律の議決権と同様に,極めて重要であることから,憲法は「財政」の章を設けました。まず,憲法83条は,予算,課税,支出に関する基本的決定を国会(究極的には国民)が行うという財政民主主義を規定しています。次に,憲法84条は,租税法律主義を規定しています。これは,租税の徴収は国民に大きな負担を強いるものであるので,国民の同意が必要であるという「代表なければ課税なし」という政治原理を踏まえたものです。「租税」とは,国・地方公共団体が公共サービスを提供するために強制的に徴収する金銭のことを指します。

租税法律主義の内容としては,納税義務者,課税物件,課税標準,課税率,課税要件,賦課・徴収の手続といった課税要件法定主義と,賦課・徴収の手続は明確でなければならないとする課税要件明確主義があげられます。租税という名称でなくとも,都市計画や道路整備の負担金や旅券発給の手数料等,国民から強制的に徴収される金銭については国会の議決が必要です。ただし,国民健康保険の保険料については,将来の保険給付を受けうることが前提となっているので,憲法84条は直接には適用されないとした判例があります(旭川国保事件・最大判平18年3月1日民集60巻2号587頁)。

(ii) 予算　憲法85条は,財政民主主義の一環として,支出について国会議決主義を採用しています。国の収入・支出は予算という形式で国会によって審議・議決され,財政統制が行われます。予算の作成および提出は内閣が行います(73条5号)。予算の審議・議決は国会が行います(86条)。国会での予算審議は,まず,衆議院で行われます(予算先議権,60条)。衆議院と参議院が対立した場合は,衆議院の議決が優先されます。予算の法的性質については,予算を独自の法形式とみる予算法形式説(予算法規範説)と,法律の一種とみる予算

法律説があります。予算は政府を拘束しますが，一般国民を直接拘束するわけではないこと，予算の効力は一会計年度に限定されること，等の理由から予算法形式説が有力です。予算は成立しているものの，予算の執行を裏付ける法律が制定されない場合や，法律は成立しているものの，法律の執行を裏付ける予算がない場合に，予算と法律の不一致が生じます。通説である予算法形式説によれば，内閣は，補正予算（財政法29条），予備費（憲法87条，財政法24条）等の措置を取らなければなりません。国会の予算修正権については，財政民主主義の観点から，減額修正と，予算の同一性を損なわない範囲での増額修正が可能であるとされています。当該年度の予算が成立しない場合には暫定予算が組まれます（財政法30条）。

　(iii)　公金支出の禁止　　憲法89条前段の「宗教上の組織若しくは団体」への公金支出の禁止は，財政面から政教分離原則（憲法20条1項後段）を保障するものであると考えられています。89条後段の「公の支配に属しない慈善，教育若しくは博愛の事業」への公金支出の禁止は，それらの事業の公共性を口実とした公費の濫用を防止し，教育等の私的事業の自律性を尊重し，国の不当な干渉を排除することが目的であると考えられています。

　憲法89条後段の「公の支配」を厳格に解釈する立場（厳格説）によれば，私的事業の予算の決定，執行，人事という基本方針に国が決定的な影響を及ぼすのでなければ，「公の支配」に服するとはいえないので，たとえば，私学助成制度については私学助成振興法12条の規定する緩やかな監督では足りず，違憲と判断される可能性があります。しかし，「公の支配」を緩やかに解する説（緩和解釈説あるいは財政統制説）の立場によれば，公金支出に際して国の一定の監督が及ぶのであれば，「公の支配」に服することになります。憲法89条後段に関する最高裁の判例は存在しませんが，私設幼児教室への自治体の補助金交付が争われた幼児教室違憲訴訟において，下級審（東京高判平2年1月29日高民集43巻1号1頁）は，「公の支配」を緩やかに解釈する立場を採用しています。

2　議院の権能

　(1)　議院自律権　　各議院は，内部組織や運営について干渉を受けずに自主的に決定できる議院自律権を持ちます。自律権の例としては，議長，副議長等

の議院の役員選任権（憲法58条1項），議員の資格争訟裁判権（55条），議員の逮捕許諾および釈放請求権，衆議院規則や参議院規則といった議院規則の制定権，戒告，陳謝，登院禁止，除名といった議員懲罰権（58条2項）があげられます。

　議院規則と国会法が競合した場合，どちらが優先するのかについて，法律優位説と議院規則優位説が対立していますが，前者が通説的見解です。しかし，衆議院の優越によって参議院の自律が脅かされる危険のあること，また，内閣の法律案提出権によって国会の自律が損なわれる危険のあることを踏まえて，後者の立場も有力です。なお，議員の資格争訟の裁判と議員懲罰については，議院の決定を裁判で争うことはできないと考えられています。

　(2)　**国政調査権**　憲法62条の国政調査権の憲法的性質については，国会の権限をよりよく行使するための補助的手段であるとする補助的権能説と，憲法41条の最高機関性に照らして，国政調査権は単なる補助的権能ではなく，独自の意義を持つとする独立権能説が対立しています。参議院法務委員会がある刑事事件での量刑が不当であるとして調査権を行使し，地裁判決を批判した1949年の浦和事件において，同委員会は独立権能説を主張しましたが，最高裁は補助的権能説の立場から司法権の独立を侵害し，調査権を逸脱するものであるとして反論しました。当時の学説は補助的権能説を支持し，それをきっかけに同説が通説的見解となりました。しかし，最近では，国政調査権を国民の知る権利から再構成する議論や，議院内閣制における内閣・与党に対する野党の統制権としてとらえ直す議論が有力に主張されています。ただし，国政調査権の行使については，司法権の独立に配慮する必要があります。審理中の事件について影響を及ぼすような調査は許されないと考えられています。検察権との関係では，起訴・不起訴について検察権行使に対して政治的圧力をかけることを目的とする等，適正な検察権の行使を妨害する調査は認められません（日商岩井事件・東京地判昭55年7月24日判時982号3頁）。

　公務員の守秘義務との関連では，公務員が守秘義務を理由に書類提出や証言を拒否できるのは，当該公務員の監督庁が疎明（釈明）を行い，それを議院や委員会等が受け入れるか，あるいは内閣声明が出される場合に限定されます（議院証言法5条）。なお，基本的人権を侵害するような調査は認められません。

むすびにかえて

　権力分立制度を三角形のイメージ（国会＝立法権，内閣＝行政権，裁判所＝司法権）ばかりで見ていると，「国権の最高機関」であり，「唯一の立法機関」であり，そして「全国民の代表」である国会の真の姿は見えてきません。予算の議決や条約の承認等，国会の権能は立法権だけに限定されるわけではないことに留意する必要があります。

　特に，「国権の最高機関」や国政調査権の憲法的性質については，前章でふれたように日本国憲法における権力分立のあり方を検討したうえでの，再解釈が求められるのではないでしょうか。

ゼミ風景

国会＝立法機関？

（時導）　鶴巻くんの報告を聞いていると，やはり「国会は立法機関です」，ということを強調しているように聞こえます。

（鶴巻）　それはそうだと思うけど。

（時導）　そう返されると困るのですが。僕の言いたいのは，立法権って大切で最も重要な権限だとは思うけど，現代議会の機能は，たとえば①国民代表機能，②立法機能，③審議機能，④政府監視機能，および⑤内閣創出機能（議院内閣制の場合），に分けられますよね。日本国憲法も国会の地位と権限をほぼこのように想定していると考えると，説明も少し変わってくるのではないのかな。

（羽生）　議会には，1000年とまではいかないけど何百年の歴史があるっていわれますよね。でも，「立法権」（「法」を制定（決定）できる権限）を持つようになったのはそんなに昔ではないでしょう。僕のいいたいのは，「唯一の立法機関」というのは，「立法機関としてだけ」という意味ではないということです。41条の解釈をみても，そこのところが気になります。「国権の最高機関」という表現を，権限と切り離した「地位」を示したものだとしてしまっていいのかな？

（鶴巻）　そこのところは，僕も同感です。「あんたが1番‼」と祭り上げておいて実権を持たせないというのは，やっかいな上役への対応としては認められるかもしれませんが（あっ！このゼミには関係ない嘘（たとえ）です），「全国民を代表する選挙された議員で構成」される機関に対する処遇？としては良くないでしょう。

（山鹿）　この問題は，次の「内閣」の章（第17章）でも再度論議してもらいましょうか。「最高機関」の意味をどのように解するにせよ，国会の権限は「強い」のですが，それらの権限が有効・適切に行使されているのかについては論議がありますね。

国会改革

（鶴巻）　政治学者などからは，多忙な首相や閣僚を1年の大半，国会審議に縛り付ける点，内閣に法律案提出権を認めておきながら，その審議スケジュールや法案修正に内閣が十分に関与できない点，会期不継続や一事不再理の原則のために，審議拒否等の日程闘争で法案がたびたび廃案になる点，国会の外での国対政治，形だけの本会議，予算の審議をせず「何でも委員会」と化した予算委員会等，現在の国会は「決める仕組み」が欠如しているとの批判がなされてきました。

（山鹿）　それらの点について，鶴巻くんは，どう思うのですか？

（鶴巻）　こうした現状認識についてはうなずける点もあります。しかし，問題解決の処方箋として，首相や閣僚の出席を控える，会期不継続の見直しや，法律案や予算等について内閣の主導権を強化すべきだという点は憲法学の立場からは異論が出るのではないでしょうか。

二院制

（梟）　以前の教科書などを調べているとき偶然見つけたんだけど，「参議院を衆議院のカーボン・コピーにしてはならない」という記述がありました。キャッチ・コピーなら知ってるけど，と思ったのですが…。他にも同様の記述があってビックリしました。「弱い参議院」，「参議院存在の意味」などが最近までは論議されていたんですね。それが「強すぎる参議院」とか「ねじれ国会」の問題に変わっているのにもっとビックリしました。

（山鹿）　確かにそうですね。「五五年体制」成立以降は，権限が不対等な二院制だということが強調され，「参議院の活性化」のための論議が盛んでした。近年は「ほぼ対等の関係にある」こと，「例外として」衆議院の優越が定められているということが自覚され，「国会の議決」が必要とされる事項について参議院が衆議院と異なった議決をおこなうことや，参議院の事実上の内閣不信任決議案（問責決議案）の可決などが「ねじれ国会」とか「強すぎる参議院」という表現を生んだようです。

（長熊）　でも，内閣は，衆議院に対してだけでなく「国会」に対し連帯して責任を負わなければならないのだから（66条3項），「ねじれ国会」という表現はちょっと変ではありませんか？

（山鹿）　そうなのですが。不信任権vs解散権となっていないことから，参議院の内閣統制権と衆議院の内閣統制権とは，その内容に違いがあると考えることができます。さっきの「カーボン・コピー」の話ですが，その当時から，衆参両院は全国民の代表によって構成されること（43条），基本的な「同質性」を有することなどから同等の民主的正当性を持つことを重視して両院の対等性を志向する論議が続けられてきました。この基本的な方向は今日でもやはり大切だと思います。しかし，近年では，憲法は「国民の最新の意思を写し出すべき衆議院の政治勢力に合わせて，つねに内閣の組織替えを行うこ

とを体制原理とし」（大石眞），「上院としての参議院は，特に下院によってもたらされる劇的な変化に抗して，これを緩和する役割，すなわち，漸進的で保守的な役割が期待されてきた」（木下和朗）ことが指摘されています。また，政治学者からも参議院が「第二院としての一般原則に適合している部分と，第二院よりも第一院に近い性質を帯びた部分」（待鳥聡史）を併せ持っていることからの指摘がなされています（岡田信弘）。衆議院の内閣形成機能が重視されている近年の論議をふまえれば，「日本の両院制は，二大政党間の二者択一的な政権選択を一定の限度で抑制して，複数の勢力間の合意形成を要求する方向に機能する契機を含んでいるように見える」（林知更）という指摘は重要だと思います。2013年の参議院通常選挙でいわゆる「ねじれ」状態は解消されたのですが，これからも論議を継続すべき問題だと思います。

国政調査権

（乾）　今のお話は，国政調査権の憲法的性格のことと関係して来るんでしょうか？

（山鹿）　私は，補助的権能説が，「何を」補助するのかというとき，国会の「立法権」だけに（あるいは立法権に重点をおいて）論じていることに違和感をもちました。国会の諸権能を一言でいうと，財政統制権なども含めた広い意味での「政府・行政統制権」といえるでしょう。国政調査権は，この政府・行政統制権の1つだと思っています。議院の権限とされていますから，内閣不信任決議権をもたない参議院の国政調査権が，衆議院よりも「行政の統制」にその独自性を求めるのは当然かとも思います（もちろん，内閣は国会に対して責任を負うわけですから，参議院も内閣の統制に重要な役割を果たさなければなりませんが）。参議院では，国政の基本事項に関し，長期的かつ総合的な調査をおこなうための「調査会」の設置が認められています。また，1998年の国会法改正により「行政監視委員会」が新設されました。このようにそれぞれの「議院」の特色を生かした「調査」活動，さらには国会における政府・行政監視機能の充実・強化（たとえば，諸外国にみられる行政監督を目的とした議会オンブズマンなど）のなかに国政調査権を位置づけることが必要だと思っています。

議員の特権 or 特典？

（梟）　議員の不逮捕特権とか免責特権とか，普通は「特権」って言わない？

（鶴巻）　議会政の歴史の中では，まさに「特権」とされ，そのことが議会の独立した活動と議員の身体の自由を守ってきたと思います。しかし，現代民主政の下では，「特権」といえるのかなって思い，「特典」という表現にしました（野中ほか・憲法Ⅱ）。学説にも，「…この特典は，国民全体にとって利益となるとの見地から政策的に認められたものにすぎず，市民の名誉権を侵害するような発言は当然に適法ではありえない」（佐藤幸治）とするものがあります。

第17章　大事なことは，内閣が決める！これって正解？

はじめに

（鶴巻）　19世紀の消極国家においては，国家の主たる任務は国防と国内の治安維持でした。しかし，資本主義の発展による深刻な貧困や失業問題に対処するために，20世紀以降の先進資本主義国は，国民の経済活動に積極的に介入し，雇用の創出や社会保障を行うことで貧困や失業等の解決を図る福祉国家に変容していきます。この福祉国家は，行政機能の拡大に注目する観点からは行政国家とも呼ばれます。このような現代の国家において，行政権を担う内閣は非常に大きな役割を果たすことになります。議院内閣制においては，内閣は国会の信任に基づいて成立しますが，内閣と国会はどのような協同・協力関係に立つのでしょうか。また，近年，国政の主導権を担うのは国会ではなく内閣であるとして，内閣機能の強化論が盛んです。しかし，「大事なことは，内閣が決める！」とはいっても，国会や主権者＝国民との関係で問題はないのでしょうか。そこで，本章では，行政権を担う内閣について報告します。

I　行政権って何？

1　行政権の概念

　日本国憲法は，「行政権は，内閣に属する」（65条）と規定しています。行政権の概念については，国家権力の作用のうち，立法権と司法権を除いた残りの作用であるとする控除説が通説です。この説は，国王の統治権から立法権と司法権が分立し，行政権が残ったという歴史的経緯に適合的であり，また，現代国家における多様な行政活動を網羅的に理解できる点で優れています。しかし，控除説に対しては，行政権の定義が曖昧であり，権力分立制度をどのように捉えているのかも不明確であるとの批判があります。また，控除説によれば，帰属不明の権限は内閣に帰属するとの推定が働く傾向にありますが，憲法41条の国会の最高機関性との関係をどのように理解するのかが問われます。

　行政権を積極的に定義しようとする国家目的実現説によれば，行政権とは，

「法のもとに法の規制を受けながら，現実具体的に国家目的の積極的実現をめざして行なわれる全体として統一性をもった継続的な形成的国家活動」（田中・行政法）であるとされます。また，同説は，行政権が幅広い行政裁量を持つことを前提としています。しかし，国家目的実現説に対しては，行政裁量が行政権の本質とは言い難いこと，現実具体的な活動だけでなく，抽象的な活動もあること，国家目的の積極的実現は立法権にも当てはまること等を理由に，多種多様な行政権の概念を十分に包摂しきれていないとの批判がなされています。

そこで，近年，従来の学説の問題点を踏まえ，行政権の概念を再構成する有力な学説として，法律執行説と執政権説が主張されています。法律執行説（野中ほか・憲法Ⅱ，松井・日本国憲法など）によれば，国会が制定した法律を執行するのが行政権であり，行政権のあらゆる行為が究極的には法律に根拠を持たなければならないとされます。ただし，同説によれば，法律の執行とはいっても，執行権は没政治的な権限ではなく，内閣は法律の執行に際して高度に政治的・政策的な判断を行ないうるし，執行されるべき法律を政策課題として国民に提示し，選挙で国民の支持を受けたときは，国会にその法律の制定を促す役割も果たすとされます。一方，執政権説（佐藤・日本国憲法論，阪本昌成「議院内閣制における執政・行政・業務」佐藤ほか・憲法五十年，渋谷・憲法等）によれば，行政権が執政（政策決定・指揮監督），狭義の行政（行政管理），業務（第1線での執行）の階層から構成されるととらえ，憲法65条の行政権は執政権であるとされます。同説は，65条や対国会責任の66条3項の行政権の英訳が executive power であるのに対して，内閣の指揮監督する72条の行政各部が administrative branches と区別されていることに注目して，内閣が法律の執行だけでなく，国政についての総合的な基本方針や総合政策を決定し，各行政機関を指揮監督する役割を担うと主張します。

なお，73条1号の「国務の総理」とは，内閣が行政の最高機関として，行政事務全般を統括し，行政各部を指揮監督することを意味します。この「国務の総理」については，上述の法律執行説によれば，実現されるべき政策を内閣が国民に提案し，選挙で国民の支持を受けた場合に，その実現を国会に促す役割を示したものとされます。執政権説によれば，行政事務にとどまらず，内閣による国政全体の調整機能や高度の統治作用を示したものとされます。

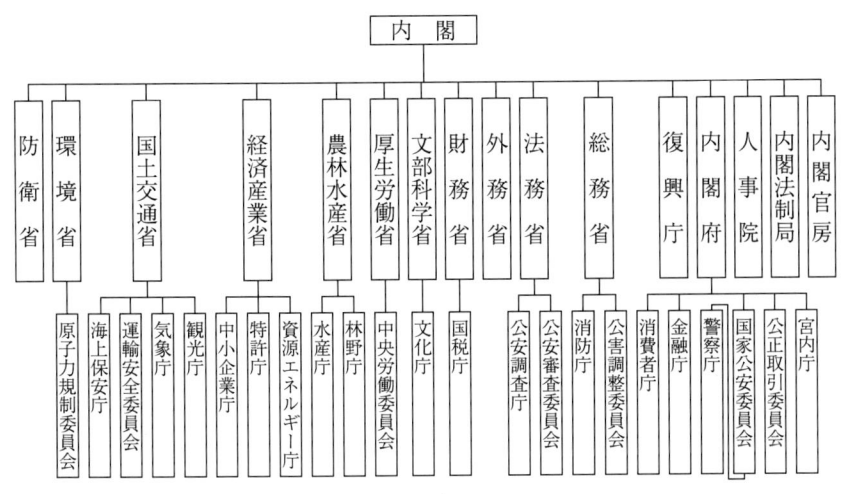

```
                                    ┌──内閣──┐
  防  環  国  経  農  厚  文  財  外  法  総  復  内  人  内  内
  衛  境  土  済  林  生  部  務  務  務  務  興  閣  事  閣  閣
  省  省  交  産  水  労  科  省  省  省  省  庁  府  院  法  官
          通  業  産  働  学                              制  房
          省  省  省  省  省                              局
```
（防衛省）―原子力規制委員会
（国土交通省）―海上保安庁／運輸安全委員会／気象庁／観光庁
（経済産業省）―中小企業庁／特許庁／資源エネルギー庁
（農林水産省）―水産庁／林野庁
（厚生労働省）―中央労働委員会
（文部科学省）―文化庁
（財務省）―国税庁
（法務省）―公安調査庁／公安審査委員会
（総務省）―消防庁／公害等調整委員会
（内閣府）―消費者庁／金融庁／警察庁／国家公安委員会／公正取引委員会／宮内庁

（出典：首相官邸　http://www.kantei.go.jp/jp/joho/）

2　国家の行政組織

　内閣は，73条その他日本国憲法が規定する事務を行います。72条は行政各部の存在を想定しています。行政機関の設置については，内閣府設置法と国家行政組織法が委細を規定しています。また，従来の官僚政治や縦割り行政の弊害を打破し，内閣機能の強化を図るために中央省庁等改革基本法が1999年に制定され，これを受けて，内閣官房の強化や内閣府の設置，省庁再編を柱とする中央省庁改革関連法が2001年から施行されました。2013年8月現在の国家行政組織は上図の通りです。

3　独立行政委員会

　行政権が内閣に帰属する旨を規定する65条との関連で，人事院，国家公安委員会，公正取引委員会といった独立行政委員会の合憲性が問題となります。独立行政委員会とは，内閣の下にあるが，任期制で強い身分保障がなされる合議制の行政機関であり，政治的中立性や専門技術性が必要とされる分野において，程度の差こそあれ，内閣から独立して活動します。また，準立法権や準司法権をも併せ持ちます。こうした独立行政委員会の存在について，多くの学説は合憲説に立ちます。その根拠としては，①独立行政委員会が内閣の任命権や予算

第17章　大事なことは，内閣が決める！これって正解？

権によって統制されている，②司法権に関する76条の場合と異なり，65条はすべての行政権が内閣に帰属すると規定しているわけではない，③法律に基づいて設置され，国政調査権等によって民主的な統制を国会が行い得る，④人事や警察に関する行政は政党内閣から離れた中立的な立場で運営されるべきである，といった諸説が主張されています。また，現代国家における権力分立の主眼が行政権の濫用防止にあることも考慮する必要があります。

II 議院内閣制とは？

1 日本国憲法における議院内閣制

　明治憲法において行政権を担うのは天皇であり，「国務各大臣ハ天皇ヲ輔弼シ其ノ責ニ任ス」（55条）として，国務各大臣が天皇を補佐し，個別に責任を負うとされていました。内閣の地位は憲法上規定されておらず，勅令である内閣官制に基づく存在に過ぎませんでした。内閣総理大臣は首班としての地位にあるものの，「同輩中の主席」であり，他の国務大臣と同等であるとされ，他の国務大臣の任免権を持ちませんでした。また，内閣総理大臣はしばしば元老の推薦によって任命されており，帝国議会や政党に内閣の存立基盤を置く議院内閣制は採用されていません。日本国憲法の下では，天皇は国民の象徴であり，国政に関する権能を有しません（4条）。内閣は，首長である内閣総理大臣とその他の国務大臣からなる合議制機関であり（66条1項），行政権は内閣に帰属します（65条）。内閣は国民の代表である国会の信任に基づいて成立し，行政権の行使について国会に対して連帯して責任を負います（66条3項）。

　日本国憲法は議院内閣制を採用しており，その根拠となる規定としては，立法権と行政権が分立していること（41条，65条），内閣の成立と存続が国会の信任に基づくこと（63条，66条3項，67条1項，68条1項，69条，70条），内閣による衆議院の解散権（7条3号，69条）があげられます。

2 議院内閣制の本質

　議院内閣制の本質をめぐっては，責任本質説と均衡本質説が対立しています。責任本質説は，内閣が議会の信任によって成立していることを議院内閣制の本

質ととらえます。これに対して，均衡本質説は，議会の信任だけでなく，議会と内閣の権力分立を重視して，内閣の議会（下院）解散権も本質ととらえます。現実の政治においては，議会の信任だけでなく，民意を反映する機会を国民に提供するという観点から，内閣の議会解散権を加味して，議院内閣制のあり方を検討する必要があります。なぜならば，内閣の議会解散権と議会の内閣不信任決議権は，内閣と議会が国民の支持を獲得するために競い合うことを促し，内閣と議会が対立した場合には国民が決着をつける機会を保障するからです。

　日本国憲法の議院内閣制については，従来，国会が政策の決定を行い，内閣がそれを忠実に執行するという「決定－執行」図式として理解される傾向にありましたが，決定と執行の双方を内包する「統治」の担い手として内閣をとらえ，この統治に対する統制を担うのが議会であるとする「統治－統制」図式として理解すべきではないかという有力な学説（高橋・国民内閣制，同「現代デモクラシーの課題」岩村ほか・政治過程）が主張されています。上述の行政権についての法律執行説や執政権説も，現代の行政国家における内閣の役割を重視しています。しかし，内閣機能の強化論については，国政の主導権を担うのは，憲法上，「国権の最高機関」（41条）である国会ではないのか，本会議の形骸化，会期不継続の弊害，討議の不在等，国会の機能不全が厳しく批判されているにせよ，まずは国会の改革が先であって，安易な「統治－統制」図式への移行は，「強すぎる行政権」や行政権の肥大化を招くのではないか，といった批判がなされます。また，国権の最高機関性に法的意味を持たせない政治的美称説であればともかく，何らかの法的意味を見出す最高責任地位説等の場合，内閣機能の強化と国権の最高機関性が矛盾しないかどうかを慎重に検討する必要があります。

　なお，議院内閣制においては，国会多数派である与党と内閣の結びつきが強い分，不信任決議による総辞職は少ないので，少数意見を反映する野党の役割が重要となります。仮に，「決定－執行」図式から「統治－統制」図式への移行を前提とするならば，強い権限を持つ内閣と，それを支える与党を抑制するために，野党の国政調査権の行使等，議会の権限強化を図ることが不可欠といえるでしょう。

3 衆議院の解散制度

(1) **解散権の法的性質**　日本国憲法は衆議院の解散制度を規定しています。解散とは，任期満了前に一斉に議員の資格を失わせることを意味します。解散には，解散後に行われる総選挙によって国民の判断を求める民主主義的側面と，内閣と議会の抑制と均衡を図る自由主義的側面があります。

日本国憲法は69条で，衆議院が内閣不信任決議案を可決，あるいは信任決議案を否決した場合に，内閣が衆議院を解散できると規定しています。しかし，この場合以外に，内閣による衆議院解散権を認めた明文規定はなく，かつては解散が69条の場合に限定されるとする説も主張されました。また，国会と内閣の抑制と均衡を重視する立場からは，議院内閣制の本質として内閣に解散権が認められるとされました。現在では，解散後の総選挙によって重要な政策について民意を反映することを重視するという観点から，内閣による衆議院の解散権を認めるのが一般的であり，その根拠を7条3号に求める説が有力です。この7条説によれば，天皇の国事行為である衆議院の解散の実質的な決定を行うのは内閣であるとされます。実際，69条に基づく解散が行われたのは4例（著者注：1948年の第2次吉田内閣による「なれあい解散」，1953年の第4次吉田内閣による「バカヤロウ解散」，1980年の第2次大平内閣による「ハプニング解散」，1993年の宮沢内閣による「政治改革解散」）に過ぎず，それ以外の解散は7条3号に基づいて行われています。苫米地事件においては，7条3号に基づく衆議院解散（1952年のいわゆる「抜き打ち解散」）の効力が争われましたが，最高裁は統治行為論の立場から訴えを退けています（最大判昭35年6月8日民集14巻7号1206頁）。

(2) **解散権の限界の有無**　内閣による衆議院の解散は恣意的に行われてはなりません。有力説によれば，憲法69条以外の衆議院の解散は，①衆議院で法律案や予算案等の内閣の重要案件が否決・審議未了とされた場合，②政界再編等によって内閣の性格が大きく変化した場合，③総選挙の時点では争点でなかった政治的課題に対処する場合，④内閣が基本政策を大きく変更した場合，⑤議員の任期満了時期が接近している場合，等に限定されるべきであり，内閣の一方的な都合や党利党略による解散は不当であるとされます。

衆参同日選挙については，過去2回（1980年および1986年）実施されたことがあります。また，近年，いわゆる「ねじれ国会」を解消する手段としても注目

されています。ただし，この衆参同日選挙については，参議院の独自性を失わせるので権力分立の観点から好ましくない，参議院の緊急集会を困難にする，といった批判がなされます。しかし，強い権限を持つ参議院から，法的効力はないにせよ，内閣や各国務大臣が問責決議を受ける場合のあること，両議院での多数派形成によって「決められない政治」を打破し，国政を安定させる効果のあることを考慮すると，違憲とまでは言い難いと考えられています。判例は，1986年の衆参同日選挙について憲法判断を回避しています（名古屋高判昭62年3月25日行集38巻2・3号275頁）。

III　内閣のしくみ

1　内閣の組織構成

　内閣は，首長である内閣総理大臣およびその他の国務大臣によって組織される合議体です（66条1項）。内閣法上，国務大臣は14名以内，特別に必要な場合は17名以内とされています（内閣法2条2項）。

　(1)　**文民**　　明治憲法下においては統帥権の独立が認められており（明治憲法11条），軍部に対する内閣や帝国議会のコントロールがおよばなかったこと，また，陸海軍大臣の現役武官制度によって軍部の政治介入を許してしまったことへの反省から，日本国憲法は文民統制のために，内閣総理大臣その他の国務大臣は文民でなければならないと規定しています（66条2項）。9条と自衛隊との関連で，文民の意味については議論がありますが，政府見解によれば，職業軍人の経歴を持つ者であっても，強い軍国主義思想の持ち主でなければ文民であるとされます。また，少なくとも現役の自衛官は文民ではないと考えられています。

　(2)　**国会議員**　　内閣総理大臣は，国会議員の中から国会の議決によって指名され，天皇によって任命されます（67条1項）。内閣総理大臣の指名については衆議院が優越します（67条2項）。内閣総理大臣は国会議員でなければなりません。それゆえ，国会議員の地位を喪失した場合，内閣総理大臣としての地位も喪失します。衆議院の解散や任期満了によって議員の地位を失う場合は，内閣総理大臣の地位に影響はありませんが，衆議院の総選挙後に国会が召集され

る際には内閣は総辞職しなければなりません（70条）。国務大臣は内閣総理大臣によって任命され（68条1項），天皇の認証を受けます（7条5号）。ただし，国務大臣の過半数は国会議員でなければなりません（68条1項）。

2　内閣総理大臣の職務権限

内閣総理大臣は首長として内閣を組織し（66条1項），閣議を主宰します（内閣法4条）。「同輩中の首席」に過ぎなかった明治憲法の時と異なり，内閣総理大臣には以下のような強い職務権限が認められています。

(1)　**国務大臣の任免権**　　内閣総理大臣は国務大臣を任命し，任意に罷免することができます（68条）。この国務大臣任免権は閣議にかける必要はありません。

(2)　**国務大臣の訴追に対する同意**　　国務大臣は在任中，内閣総理大臣の同意がなければ訴追されません（75条）。75条の趣旨は，検察による不当な政治的圧力から内閣の一体性を保護する点にあります。

(3)　**内閣の代表**　　内閣総理大臣は，内閣を代表して議案を国会に提出し，一般国務および外交関係について国会に報告します（72条前段）。国会や国民に対する財政状況の報告も，内閣総理大臣が内閣を代表して行います（91条）。

(4)　**法律・政令の署名および連署**　　法律および政令には，すべて主任の国務大臣が署名し，内閣総理大臣が連署する必要があります（74条）。内閣の代表である内閣総理大臣が署名することで，法律の執行責任，政令の制定・執行責任を明確化します。

(5)　**議院への出席および発言**　　内閣総理大臣その他の国務大臣は，衆議院や参議院に議席を有するか否かにかかわらず，いつでも議案について発言するために議院に出席することができます（63条）。

(6)　**その他の権限**　　その他，内閣総理大臣の重要な権限としては，閣議の主宰（内閣法4条1項，同2項），権限疑義の裁定（同7条），処分または命令の中止（同8条），緊急事態の布告と警察統制権（警察法71条，72条），自衛隊の防衛出動または治安出動命令（自衛隊法76条，78条），災害時の非常災害対策本部の設置（災害対策基本法24条1項），裁判所による行政処分の執行停止に対する異議申立て（行政訴訟法27条）などがあげられます。

3 国務大臣の権限

　国務大臣は主任の大臣（各省の大臣）として行政事務を分担管理します（内閣法3条1項）。また，行政事務を分担管理しない無任所大臣も認められています（同2項）。国務大臣は内閣を構成する閣僚であり，閣議に出席し，案件の如何を問わずに，内閣総理大臣に提出して閣議を求めることができます（内閣法4条1項，3項）。また，法律および政令に主任大臣として署名を行い（憲法74条），衆参両院に議席を有するか否かにかかわらず，議院に出席して発言することができます（63条）。

Ⅳ　内閣ってどんな仕事をするの？

1 内閣の権限

　内閣は，閣議の決定に基づいて行政権を行使します。憲法73条は，内閣が処理すべき7つの事務を列挙しています。

　(1)　**法律の誠実な執行と国務の総理**　　内閣は法律を誠実に執行し，国務を総理します（73条1項）。法治国家においては，国会の制定した法律に基づいて行政が行われなければなりません（法律による行政の原理）。法律の誠実な執行とは，内閣の反対する法律であっても，内閣は当該法律を執行しなければならないことを意味します。また，違憲の疑いのある法律であっても，最終的な憲法判断を行う最高裁が違憲判決を下さない限り，内閣はそれを執行しなければならないと考えられています。

　(2)　**外交関係の処理**　　内閣は外交関係を処理します（73条2号）。外交関係の処理とは，外交交渉，外交使節の任免，全権委任状や大使・公使の信任状の発行，批准書その他の外交文書の発行，外国からの外交使節を異議なく受け入れるアグレマン等を指します。重要な外交事務については内閣が処理しますが，日常的事務については外務大臣が処理します。

　(3)　**条約の締結**　　内閣は条約を締結します（73条3号）。条約とは国家間の合意を文書化したものです。条約の締結については，国会による民主的統制の観点から，原則として国会の事前の承認を，それが困難であるならば，事後の承認を得なければなりません（国会の承認が得られなかった条約の効力については

第16章を参照)。なお，条約の承認は衆議院が優先します (61条)。

(4) **国家公務員に関する人事行政**　内閣は官吏に関する事務を掌理します (73条4号)。「掌理」とは，全体的に調和のとれた円滑な事務処理を行うことを意味します。ここでいう「官吏」とは行政権に携わる一般職の国家公務員を指します。権力分立や地方自治の観点から，国会議員や国会職員，裁判官や裁判所職員，地方公務員は，4号の「官吏」には含まれません。官吏に関する事務処理の基準は国家公務員法が規定しています。

(5) **予算の作成と国会への提出**　内閣は予算を作成し，国会に提出します (73条5号)。財政民主主義 (83条) の観点から，予算は国会の審議・議決を経なければなりません (86条) (財政統制については**第16章**を参照)。予算については衆議院に先議権があり (60条1項)，衆議院の議決が優先します (同2項)。

(6) **政令の制定**　内閣は法律の規定を執行するために政令を制定します (73条6号)。行政機関によって制定される法形式である命令のうち，内閣が制定するものを政令といい，命令の中で最高位に位置します。ただし，政令の制定は，執行命令と委任命令に限定されます (**第16章**を参照)。国会を「唯一の立法機関」とする憲法41条との関連で，憲法規定の実現についてはまず法律によるべきであり，憲法を直接執行する政令の制定は認められないと考えられています。委任命令については，法律の委任は明確で個別具体的でなければならず，一般的・包括的な委任は許されません。特に，刑罰の委任については，罪刑法定主義の観点から，明確な委任が必要とされます。

国家公務員の勤務時間外の政治活動の禁止が争われた猿払事件 (最大判昭49年11月6日刑集28巻9号393頁) においては，国家公務員の政治的行為を禁止する国家公務員法102条が禁止される政治的行為の委細を人事院規則14-7に一任しており，それが個別具体性を欠く白紙委任ではないかとして争われました。最高裁は本件の委任を合憲と判断しましたが，学説からは批判がなされています。

(7) **その他の権限**　上記に挙げたもの以外の内閣の権限としては，天皇との関連で，天皇の国事行為に対する助言と承認 (3条，7条)，国会との関連で，臨時会の召集 (53条)，参議院の緊急集会の請求 (54条2項)，国会への議案提出，一般国務および外交関係に関する報告 (72条)，恩赦の決定 (73条7号)，衆議院の解散 (7条3号，69条)，財政との関連で，予備費の支出 (87条)，収入支出の

国会への決算提出（90条1項），国会および国民への財務状況の報告（91条），そして，司法権との関連で，最高裁長官の指名（6条2項），長官以外の最高裁裁判官の任命（79条1項），下級裁判所裁判官の任命（80条1項）があげられます。

2 内閣の責任

(1) **国会に対する連帯責任** 内閣は行政権の行使について国会に対して連帯して責任を負います（66条3項）。また，内閣は天皇の国事行為に「助言と承認」を行い，責任を負います（3条）。ここでいう責任とは法的責任ではなく，政治的責任を意味します。

(2) **責任追及の手段** 国会の内閣に対する責任追及の手段としては，質問や質疑，国政調査権（62条），内閣不信任決議（69条）等があげられます。特に，衆議院による内閣不信任決議，あるいは信任決議案の否決は，法的効果を伴う最も強力な責任追及手段です。衆議院が個別の国務大臣に対して不信任決議を行ったり，参議院が内閣や個別の国務大臣に対する問責決議を行ったりすることは可能ですが，内閣不信任決議の場合とは異なり，辞職しなければならない憲法上の義務はありません。

(3) **内閣の総辞職** 内閣総辞職とは，内閣総理大臣をはじめとする内閣構成員全員が同時に辞職することを指します。内閣が総辞職した場合，国会は「すべての案件に先だつて」内閣総理大臣の指名を行わなければなりません（67条1項）。内閣は，衆議院による不信任決議案の可決，あるいは信任決議案の否決がなされた場合（69条），「内閣総理大臣が欠けたとき」（70条），「衆議院議員の総選挙の後に初めて国会の召集があつたとき」（70条）に総辞職します。

むすびにかえて

近年，「決められない政治」や縦割り行政への処方箋として，内閣機能の強化が盛んに叫ばれてきました。しかし，憲法の観点からは，内閣の機能強化論と国会の最高機関性の関係を慎重に検討する必要があります。現在の国会が多くの問題を抱えていることは事実ですが，内閣機能の強化だけで，「決められない政治」が一挙に解決するわけではありません。また，仮に，「決定－執行」から「統治－統制」図式への移行を前提とするにしても，議院内閣制においては，強い権限を持つ内閣を抑制するために，野党の

国政調査権など，国会の権限強化を一層図る必要があるといえるでしょう。

ゼミ風景

65条の「行政権」
（梟）　「行政権」については，消極的な定義（控除説等）から積極的な定義に変わってきたということでしょうか。

（鶴巻）　必ずしもそうとは言えないと思います。「行政権」(65条)の定義だけではなく，国会(41条)，司法(76条)と合わせて考えることが大切ではないでしょうか。国会を「立法機関」とし（法律を制定する（だけの？）機関としてしまい），かつ「司法」の概念を狭くとらえると，「控除」説というその消極的ネーミングにも拘わらず，国の統治にかかわる重要事項の決定権が65条の「行政権」の内容ということになります。このことを明確に主張し，理論化しようとしたのが近年の「執政権」説などだ，というとらえ方もできるのではないでしょうか。

（梟）　でも，現代国家では（もちろん日本でも），まさに「統治」の主要な主体が内閣なんでしょう。

（鶴巻）　立憲主義は，「統治」の問題を（執政をも含めて）憲法上の権限の問題として処理しようとするものです。ですから，その権限の内容とそれを統制しうるもの（司法的統制と議会的統制）が明らかにされなければなりません。

（梟）　鶴巻くんの説明を聞くと65条の「行政権」と66条3項の「行政権」とが同じもののように聞こえるのですが。

（鶴巻）　民主主義（国民主権）の要請からすると，内閣による行政権の行使を，国会のコントロールの下におくことが求められることになりますから，この2つは同様に解してよいと思います。ただ，そうすると，内閣がおこなう行政以外の作用について，内閣は責任を負わないことになるのか？という疑問が生じます。梟くんの質問は，このことにかかわるものだと思います。65条は権限配分に関する規定だから実質的意味で理解し，66条3項は民主的コントロールに関する規定なので形式的意味に理解すべきだ，というのが一般的な解釈のようです。

内閣制度と内閣総理大臣
（長熊）　日本で内閣制度ができたのは，明治憲法より前(1885年)ですよね。

（鶴巻）　そうですね。1885年の「内閣職権」で，首相は「各大臣ノ首班トシテ機務ヲ奏宣シ旨ヲ承テ大政ノ方向ヲ指示シ行政各部ヲ統督ス」(1条)とされました。内閣の「首班」としての首相に各省統制権その他の強い権限を与える，いわゆる「大宰相主義」を

採用しているのです。明治憲法制定と同年に「内閣官制」（勅令135号）が出され、そこでも内閣総理大臣は各大臣の首班と定められていますが、権限は弱められています。この「内閣官制」は、日本国憲法の施行同日に内閣法ができたことに伴い廃止されています。「首班」という言葉は、今日でもよく使われますが、内閣総理大臣の権限は大きく変化しています。「同輩中の首席」という表現は、明治憲法55条の解釈的表現といえます。

（乾）　でも、憲法上の優越的地位と権限を首相が行使できていないのでは、ということから、首相のリーダーシップを強化するための改革が行われたのではないんですか？

（鶴巻）　「首相のリーダーシップ」は、制度というよりも、その時々の政治状況と個人の資質に負うところが大きいと思うのですが、憲法の想定する「首長」的首相の実現のための制度改革が行われました。一連の流れとしては、行政改革会議の最終報告（1997年）が首相・内閣の強化と省庁再編を提案し、これを受けて中央省庁等改革基本法が制定され（1998年）、これを基礎に中央省庁等改革関連法（1999年）が制定されて、2001年から施行されました。その主要な特徴としては、①内閣官房の強化、②内閣府の設置、および③省庁の再編、が挙げられます。

内閣の対国会「責任」

（羽生）　「解散権の所在」（根拠条文）という重要な憲法事項が明確でないのに、内閣が実質的解散権を有すると決めつけるのはどうかな？

（鶴巻）　確かに、そのように主張する学説もあります。

（羽生）　日本国憲法は、解散を69条の場合に限定しているとまで言い切る自信はないけど。でも、憲法が、内閣の対国会責任（とりわけ衆議院に）、そして国会を通して国民に責任を負っているということが本質的な問題だと思うな。

（鶴巻）　議院内閣制というのは「議会政」と同義だといわれるほど広い概念であることは確かなのですが。僕は、やはり解散権を内閣が持つことによって、衆議院と内閣が国民に対する信任と正当性を競い合う議院内閣制を日本国憲法は採用していると考えています。

国民内閣制論

（時導）　それって、報告のなかで紹介されていた「国民内閣制」論をとるっていうことですか？

（鶴巻）　そういうわけではないけど…。日本の議院内閣制の実態は、政党政治家による議院内閣制ではなく、中央官庁の官僚や族議員などの省庁代表による「官僚内閣制」であり、その縦割り行政のために、内閣が省庁間の利害調整を行う総合調整機能を発揮することが困難であったことが指摘されてきました。「官僚内閣制」への処方箋として「内閣機能の強化論」や国民内閣制論が主張されているのは、これからの時代は「行政権までの民主主義」が必要だと考えている私自身としては、賛同できる部分があります。

(山鹿)　私も「行政権までの民主主義」という言葉を使うことがありますが，「国民の多様な民意」が行政のコントロールにまで及ぶということであって，「国民の多数派の意思」が行政を支配（コントロール）してしまって良いとは思いませんが。
(梟)　もうちょっと説明してもらえませんか？
(山鹿)　国民内閣制論によれば，国政は，選挙時の国民の「多数派の意思」表明に従って行わなくてはなりません。そうすると国会（多数派＝与党と少数派＝野党が存在する）のコントロールは，国政が選挙時の「多数派の意思」に沿っているかどうかをチェックするために行うものとなりますね（この点については本秀紀「『政治主導』と憲法—『国会中心』構想の可能性」憲法理論研究会・政治変動と憲法理論など参照）。もちろん，選挙によって国民の信を得て政権を担当した多数派＝与党が，責任をもって自らの政策を実行することのできるシステムを機能させるということは重要ですが。そのためには，国会における少数派＝野党の役割を明確に位置づける必要があると思っています。
(鶴巻)　「事実上国民が内閣を直接的に選出する」ものであるという「魅力的な」国民内閣制論のフレーズには，その提唱者自身，プレビシット（自己の権力の強化や地位の確立を目的とする人民投票）の危険性があることを指摘しています。また，野党やジャーナリズムの役割の重要性も述べられています。

第18章 「法的な問題は，裁判所に任せましょう」ですか？

はじめに
（乾）本日私に割り当てられたテーマは裁判所です。調べることが多くて大変でした。まず裁判所の組織について説明し（Ⅰ），その後，司法権の性質と範囲を説明し（Ⅱ），司法権の独立に入ります（Ⅲ）。最後に国民の司法参加について整理します（Ⅳ）。

Ⅰ 裁判所のしくみを知ろう

まずは各裁判所の構成や権限等を概観していきましょう。

1 最高裁判所

(1) **構成** 最高裁の建物は，住所でいうと東京都千代田区，皇居の側に建っています。やや皮肉を込めて「奇岩（厳）城」といわれることもあります。憲法79条1項は，「最高裁判所は，その長たる裁判官及び法律の定める員数のその他の裁判官でこれを構成し，その長たる裁判官以外の裁判官は，内閣でこれを任命する。」と定めており，さらに裁判所法が，最高裁に長官1名，その他の裁判官14名を置くと規定しています（裁5条1項・3項）。長官は内閣が指名し，天皇が任命します（6条2項）。その他の裁判官は内閣が任命し（79条1項），天皇が認証します（7条5号）。いずれにおいても，実質的な権限は内閣にあります。日本の最高裁は定年制です（79条5項）。憲法には具体的な年齢の定めがありませんが，裁判所法50条はそれを70歳としています。

(2) **権限** 最高裁は，①上告および（訴訟法で特に定める）抗告についての裁判権，②違憲審査権，③規則制定権，④下級裁判所裁判官指名権，⑤司法行政監督権等の権限を有します。

(3) **審理と裁判** 憲法には規定がありませんが，裁判所法9条1項によると，最高裁の審理・裁判は大法廷か小法廷で行われます。大法廷は15名の裁判官全員で，小法廷は5名の裁判官で構成されます（裁9条2項，最高裁判所裁判

事務処理規則［以下，最事規］2条1項）。すべての裁判官は，就任時にいずれかの小法廷に配属され，退官するまでそこにいます。大法廷では9名，小法廷では3名の裁判官が出席すれば，審理・裁判を行うことができます（裁9条4項，最事規2条2項・7条）。違憲判決を下すには，大法廷の過半数の裁判官（8名以上）の意見の一致が必要になります（最事規12条）。裁判所法11条により，裁判書に各裁判官の意見を表示しなければなりません。裁判官の意見には多数意見と少数意見があります。少数意見には，多数意見に加わった裁判官が個人の意見を付加する「補足意見」，結論は多数意見と同じであるが異なった理由づけを示す「意見」，多数意見の結論に反対する「反対意見」の3種があります。

2 下級裁判所

　下級裁判所の裁判官は，最高裁の作成した名簿に基づいて，内閣により任命されます（80条1項）。各裁判官は，任期10年で「再任されることができる」（同上）とされていますが，再任が原則で，よほどの事情がない限り不再任は許されないと解されています。1971年に熊本地裁の判事補が再任を拒否されて議論を呼びました（宮本判事補再任拒否事件）。2003年に下級裁判所裁判官の指名過程の透明性を高めることを目的として，「下級裁判所裁判官指名諮問委員会」が設けられました。再任の場合にも同委員会による審議が行われます。簡裁の裁判官は70歳，その他の裁判官は65歳で定年です（裁50条）。なお，弁護士任官裁判官制度や非常勤裁判官制度が導入されています。

　各下級裁判所は，憲法が定める例外を除き，一切の法律上の争訟を裁判する権限を有します（裁3条1項）⇒（Ⅲ 1(3)参照）。また，最高裁と同様に違憲審査権を行使できます。司法行政事務は，裁判官会議の議（簡裁に限って1人の裁判官）によります（同20条・29条・31条の5・37条）。

Ⅱ　そもそも「司法権」って何？

1　司法権の意義と本質

　まず「司法権」とは何かについて簡単に報告いたします。

　(1) **司法権の意義**　　憲法76条は，1項で「すべて司法権は，最高裁判所及

び…下級裁判所に属する。」とする一方，2項において特別裁判所を設置すること，および終審として行政機関が裁判を行うことを禁止して，司法権を最高裁とその系列に属する下級裁判所に一元的に帰属させています。

　憲法76条1項の「司法権」は，当事者間の権利義務をめぐる具体的な争訟について，法を適用し，これを裁定する国家作用と考えられてきました。より具体的には，①具体的な争訟，すなわち，(i)当事者間の具体的な権利義務をめぐる，(ii)法による終局的解決の可能な紛争を，②独立した裁判所が正しい法の適用により裁定する権限とされてきました。①の要件は「事件性の要件」といわれます。裁判所法3条1項は，裁判所は，「一切の法律上の争訟」を裁判すると規定しています。法律上も司法権行使において原則として事件性の要件が課されているといえます。

（2）事件性の要件

（a）具体的争訟性　　最高裁は，自衛隊の前身たる警察予備隊が憲法9条に反すると主張された事件で（警察予備隊違憲訴訟・最大判昭27年10月8日民集6巻9号783頁），①の(i)を司法権行使の要件として認めました。

　なお，この要件から，訴えを提起する資格を有するのは原則として「訴えの利益」を持つ者に限られるという原則が派生します。また，訴えの対象事項は訴訟に馴染むだけの「成熟性」を備えている必要があります。訴えの利益は訴訟を開始する時だけでなく，審理係属中常に存在していなければなりません（皇居外苑使用不許可事件・最大判昭28年12月23日民集7巻13号1561頁を参照）。

（b）終局的解決可能性　　続いて①の(ii)です。具体的な紛争であっても，それが法適用により終局的に解決できないものであれば司法権行使の対象にならないと考えられています。判例では，国家試験の合否判定に関する争い，宗教団体の内部紛争に関する争い（特に信仰の対象の価値，または宗教上の教義に関する判断が紛争の核心になっているもの）等が裁判所の審理の対象になり得ないとされています（技術士国家試験事件・最判昭41年2月8日民集20巻2号196頁，板まんだら事件・最判昭56年4月7日民集35巻3号443頁，日蓮正宗管長事件・最判平5年9月7日民集47巻7号4667頁等）。

（c）客観訴訟　　客観訴訟とは，個人の権利・利益の保護を目的とする主観訴訟と異なり，行政活動の客観的な適法性を担保すること等を目的とする争訟

（行訴法5条の民衆訴訟，同6条の機関訴訟）のことです。

2 司法権の範囲

続いて，司法権の範囲について説明します。ここでは特に，特別裁判所の禁止と行政機関による終審裁判の禁止について説明します。

(1) 特別裁判所の禁止　憲法76条2項は，特別裁判所を禁止しています。特別裁判所とは，特殊な身分を持つ人，事件などに関わる争訟を専属的に扱う権限を持つ，通常の裁判所の系列の外にある裁判所のことです。明治憲法のもとで存在した皇室裁判所，軍法会議，行政裁判所などがこれにあたるといわれます。法の統一的解釈の維持，裁判権力の濫用による人権侵害の防止などの要請から，このような規定が定められたものと思われます。ただし，通常の裁判所の系列に属するものとして，特別の種類の事件を専門的に扱う裁判所を設置することは許容されると解されています。そのため，現行法上存在する家裁，知財高裁は合憲です（最大判昭31年5月30日刑集10巻5号756頁参照）。明治時代に存在した行政裁判所のような，行政事件を専門に扱う機関の設置も，通常の裁判所の系列に位置付ける限りは合憲です（通説）。

(2) 行政機関による終審裁判の禁止原則　憲法76条2項は，行政機関による終審裁判の禁止を定めています。これは，反対解釈すれば，行政機関が「前審としてなら」裁判をすることができるということです。現代は行政が高度に専門化，技術化しているので，専門的知識，経験を有する行政機関による行政審判に積極的な意義があります。現在行われている行政審判の制度においては，通常の裁判所への出訴の道が開かれているので憲法上の問題はありません。

ただ，独占禁止法80条が，公正取引委員会の審決取消しの訴えについては，「公正取引委員会の認定した事実は，これを立証する実質的な証拠があるときには，裁判所を拘束する」としている点が問題になります（実質的証拠法則）。というのも，こうなると行政機関の判断が一部最終的になってしまうからです。確かに，行政機関の認定した事実が裁判所を無条件に拘束すれば，司法権を裁判所に専属させる憲法76条1項，行政機関の終審裁判を禁止する同条2項に違反するおそれが生じます。しかし，独禁法80条は，裁判所を拘束するのは「これを立証する実質的な証拠があるとき」に限るとしていましたし，「実質的な

証拠の有無は，裁判所がこれを判断する」（独禁80条2項）としていたため，同条が裁判所の判断を拘束する程度は弱く，違憲とまではいえないと考えられてきました。なお，電波法，鉱業等に係る土地利用の調整手続等に関する法律にも類似の規定があります。

3　司法権の限界

　それでは，司法権のおよばない領域はあるでしょうか。これについては様々な議論がなされてきました。司法権がおよばないとされる領域としては，(1)他の機関の自由裁量に委ねるべき事項，(2)憲法上の独立の機関の内部的自律に関する事項，(3)統治行為，(4)自律的規範によって運営される団体の内部的事項などが挙げられてきました。これらについて，司法権の本質，憲法の明文規定，権力分立原則，人権保障などの様々な理由から正当化が行われています。

　さらに，憲法自身が明文で他機関に裁判権を付与している場合（55条の議員の資格争訟の裁判，64条の裁判官弾劾裁判）もあります。また，国際法上外交使節の治外法権が認められている場合や，条約の特別な取決めによってわが国の裁判権がおよばないとされている場合もあります。これらの場合にも当然司法権はおよびません。以下，(1)～(4)を順にみていきましょう。

　(1)　**自由裁量**　　自由裁量とは，国会，内閣等の自由な判断に委ねることが合理的とされる事項です。これらについては，明らかに不合理でない限りは司法権がおよばないと考えられています。

　(2)　**内部自律**　　内部自律とは，国会両院，内閣等の内部運営に関する事項のことです。よほどの手続違反がない限り，司法権はおよばないとされてきました（警察法改正無効事件・最大判昭37年3月7日民集16巻3号445頁）。

　(3)　**統治行為**　　統治行為とは，国家統治の基本に関する高度に政治性のある国家行為です。憲法には明文規定がないうえ，その理論的根拠が明確でないため，これを否定する説がありますが，裁判所が自分で収拾できない政治的混乱を生むことを「自制」すべきである（自制説）とか，裁判所の置かれた地位から本質的に高度な政治的判断をなすことは「内在的に」不可能である（内在的制約説）などの理由で，これを肯定する説もあります。現在のところ，個別的・実質的論拠を示すことができる場合に限ってこれを認めるのが多数説です。

なお，最高裁はこの法理を留保付きで認めたこともありますが（「一見極めて明白に違憲無効と認められない限りは，裁判所の司法審査権の範囲外」であるとする砂川事件・最大判昭34年12月16日刑集13巻13号3225頁），留保なしで認めたこともあります（苫米地事件・最大判昭35年6月8日民集14巻7号1206頁）。

(4) **私的団体，部分社会**　最後に，自律的規範によって運営される団体の内部的事項です。これは，自律的な規範による組織運営を行う地方議会，宗教団体，大学，政党などの団体内の内部措置に関する事項のことです。これについては，重大な権利侵害に至らない限り司法権はおよばないとされます。

最高裁は，地方議会議員の除名処分は内部規律問題にとどまらないので裁判所の審査権がおよぶが，出席停止処分は内部規律問題なので審査権はおよばないと判示しました（最大判昭35年10月19日民集14巻12号2633頁）。また，国立大学の単位授与行為は「一般市民法秩序と直接の関係を有するものではない」ので，原則として大学内部の問題とし（最判昭52年3月15日民集31巻2号280頁），政党内での処分は，「一般市民法秩序と直接の関係を有しない内部的問題にとどまる限り」裁判所の審査権がおよばないとしました（最判昭63年12月20日判時1307号113頁等参照）。このように，最高裁は当該措置が「一般市民法秩序」に関わるかどうかで線引きを行っています。

III　司法権は独立していなければ意味がない？

憲法は，司法府の独立（76条，77条等）と，個々の裁判官の独立（76条3項）を保障しています。いわゆる「司法権の独立」です。一般に裁判への政治的干渉がなされやすいこと，司法府が国民の権利を保障する任務を負っていることから，重要な原則とされています。憲法78条～80条の裁判官の身分の保障は，司法権行使の独立を支える役割を果たしています。

1　司法府の独立

(1) **概　説**　まず，憲法76条3項は，司法府の外の権力が個々の裁判官に干渉することを禁止しています。司法府に対して外部からの圧力がかけられた有名な事件として，大津事件があります。1891年に，ある巡査がロシア皇太子

を負傷させたところ，ロシアとの国交悪化を恐れた政府が本来適用されない罪を適用して死刑に処すように裁判所に圧力をかけたというものです。当時の大審院長児島惟謙がその圧力を排し，通常の刑が適用されることとなりました。現行憲法下の事件としては「浦和事件」が有名です。参議院法務委員会が国政調査権による調査のなかで，ある殺人事件における量刑が甘すぎたことを批判する決議を行ったところ，最高裁が参議院に当該行動は司法権の独立を侵す旨を述べる申入書を送って抗議したという事件です。

(2) **裁判所の自律的組織運営権** 憲法は，最高裁に規則制定権，下級裁判所の裁判官の指名権を与え，裁判所組織の自律的な組織運営に関する権限を保障しています。これらの権限は司法府の独立を支えるものとして重要です。

(i) **規則制定権** 憲法77条1項は最高裁判所の規則制定権を認めています。この規則制定権は，司法府の独立性を確保するために重要です。また，専門的，技術的な裁判に関する事項について，最も知識，経験の豊かな最高裁にその規律を委ねることに合理性が認められるでしょう（明治憲法下ではこの権限が与えられていませんでした）。この規則は，最高裁の全裁判官が組織する「裁判官会議」（議長は長官）によって制定されます（裁12条）。憲法77条3項はこの権限を下級裁判所に委任することを認めています。

(ii) **下級裁判所の裁判官の指名権** 憲法80条1項によれば，下級裁判所の裁判官は，最高裁の作成した名簿により，内閣が任命します。最高裁は，法律の規定に従って（裁42条以下），裁判官会議の議によって裁判官の指名を行います。通常は名簿に任命数プラス1名の氏名を記載し内閣に提出する方法がとられているといわれます。

ちなみに，先述のとおり2003年に「下級裁判所裁判官指名諮問委員会」が設けられています。

2 裁判官の独立

(1) **概説** 憲法76条3項は，「すべて裁判官は，その良心に従ひ独立してその職権を行」うとしています。この「良心」の意味について，学説上主観的良心なのか客観的良心なのかが争われてきましたが，むしろこの条文は，個々の裁判官が「独立して」裁判を行うことを求めているということが主眼だと思

います。先述の大津事件は，司法府の対外的独立を守った典型的事件でしたが，同時にそこで児島による担当裁判官への積極的働きかけがなされたことが伝えられています。その意味で，個々の裁判官の職権行使の独立が侵害された事件でもあったのですね。その他，司法府内部における裁判干渉に関する事件として吹田黙祷事件が挙げられます。この事件は，ある裁判のなかで，被告人等が朝鮮戦争の犠牲者に黙祷を捧げる等の行為を行ったのを裁判長が黙認したところ，その訴訟指揮が問題だとして裁判官訴追委員会が調査に乗り出そうとしたことを端緒としています。その後，最高裁が司法権の独立を侵すとの申入れを行い，調査が打ち切られましたが，最高裁が間接的にその事件担当の裁判官を批判するかのような内容の通達を，各裁判所宛に出したことが問題になりました。さらに，自衛隊が違憲であるとして争われた長沼事件で，事件担当の裁判官に対してその裁判官の属する裁判所の長が私信を送って裁判内容に関わる助言をしたことが問題となった「平賀書簡事件」も，司法府内部での裁判官の独立に関わるものだといえます。

(2) **裁判官の身分保障**　憲法78条は，裁判官の罷免事由を厳格に限定しているうえ，79条6項，80条2項で，各裁判官の報酬の減額をも禁止しています。これらの裁判官の身分保障のための規定は，裁判官の独立を支えるものとして重要です。

(i) **公の弾劾**　憲法78条は裁判官の弾劾制度を予定しています。憲法64条1項は国会議員によって組織される弾劾裁判所に弾劾の権限を委ねるとともに，その詳細を法律に委任しています（同条2項）。それを受けて，国会法に関連規定が置かれ，裁判官弾劾法，裁判官弾劾裁判所規則が制定されています。

(ii) **執務不能の裁判**　憲法78条は，裁判官が心身の故障のため職務をとることができなくなった場合に罷免されうることを認めつつ，罷免を裁判により決することを求めています。手続の詳細は裁判官分限法に定められています。

(iii) **懲戒**　憲法78条は行政機関による裁判官の懲戒を禁止します。司法権の独立の理念を踏まえると，立法府による懲戒も許されません。懲戒手続は裁判官分限法が定めていますが，憲法が罷免を制限していますので，懲戒による罷免は許されないと解されています。

(iv) **最高裁判所裁判官の国民審査**　憲法79条2項は，最高裁裁判官の国民

審査について規定しています。同条 4 項がその詳細を法律で定めることとしているのを受けて，最高裁判所裁判官国民審査法が定められています。

簡単にこの制度について説明します。まず，衆議院議員の選挙権を有する者に投票権が与えられます（最審 4 条・6 条）。投票する者は，罷免してもらいたい裁判官に×印をつけ，そうでない場合には何も記載しません（同15条）。そして，×印の投票の数がそうでない投票の数を上回るときに，裁判官は罷免されます（同32条。ただし，最低投票数が設定されています。）。要するに，気に入った人に票を入れる人気投票ではなくて，気に入らない人を辞めさせるという制度ですね。裁判官の身分保障の例外となります。

判例は，この制度を裁判官の解職請求制度と理解しています（最大判昭27年2月20日民集6巻2号122頁）。学説のなかには，この制度を①裁判官の任命行為を完結確定させる制度と解する説，②解職を求める制度と解する説，③解職を求める制度としての性質に加えて信任，任命の事後審査等の性格を併せ持つと解する説などがあります。なお，すでに任命され，国民審査を受けた裁判官が新たに長官に任命されたときに，再度国民審査を受ける必要はないと考えられています。

　(v)　**報酬の保障**　　すべての裁判官は報酬を受けること，さらに，それを減額されないことまで保障されています（79条 6 項・80条 2 項）。政治部門に報酬決定権が与えられると裁判官の職権行使の独立が脅かされるおそれがあるから，この規定は当然必要ですね。

Ⅳ　国民も司法に参加できるって本当？

1　裁判の公開

　(1)　**公開原則の意義**　　憲法82条 1 項は公開裁判を保障しています（37条 1 項も参照）。密室裁判が行われると不正な法解釈，法適用がなされ，当事者の権利が不当に侵害されるおそれがあります。ひいては国民の司法に対する信頼が失われることにもなりかねません。そこで，憲法は裁判を原則として公開することとしたのです。

　(2)　**公開原則の例外**　　憲法82条 2 項は公開原則の例外を規定しています。

公開することによって不都合がありうるため，例外的に非公開とすることが許容されているのです。ただ，「対審」の非公開が許容されているにすぎないので，判決の言渡しは公開で行わないといけません（裁70条後段）。なお，「政治犯罪，出版に関する犯罪又はこの憲法第3章で保障する国民の権利が問題となってゐる事件の対審は，常にこれを公開しなければならない。」（82条2項）とされています。これらの裁判は，権力者の圧力による不当な裁判を生みやすいこと，民主政を維持するうえで重要であること，特に重要かつ侵害されやすい権利に関わること等から，この規定が設けられたと考えられます（なお，「国民の権利が問題となってゐる事件」は刑事事件を指すと考えられています）。

(3) **裁判の傍聴**　裁判の公開原則から，国民の裁判傍聴の自由が導かれます。ただし，通説は，憲法82条は傍聴を権利として認めたものではないとします。法令によって，法廷の秩序維持のための傍聴の自由の制限が認められています（裁71条・73条，法廷等の秩序維持に関する法律および同規則，裁判所傍聴規則など）。さらに，刑事訴訟規則215条は，公判廷における写真撮影，録音，放送（民事訴訟規則77条はそれに速記，録画を加えている）について裁判所の許可を得ることを求めています（北海タイムス事件・最大決昭33年2月17日刑集12巻2号253頁ではこれが合憲とされました）。法廷におけるメモ採取の自由は原則として認められています（レペタ事件・最大判平1年3月8日民集43巻2号89頁）。また，裁判記録を公開することも裁判そのものの公開に劣らず重要です。裁判記録を閲覧する権利は法律上すでに保障されています（刑訴53条，刑事記録4条，民訴91条等）。判例（最決平2年2月16日判時1340号145頁）およびかつての通説はこれを憲法上の権利ではないとしてきましたが，そうすると法律上保障された裁判記録閲覧の権利を過度に制約しても違憲にはならないことになり，不合理です。そこで，現在ではこの権利を憲法に根拠づける説が有力です。

2　裁判員制度

(1) **わが国の陪審法**　わが国には1923年制定の陪審法が存在し，そこで事実認定に陪審が参与することが認められていますが，1943年以来その法の執行は停止されたままになっていました。一方，裁判所法3条3項は，「この法律の規定は，刑事について，別に法律で陪審の制度を設けることを妨げない。」

と規定していて，新たな陪審制（あるいはそれに類似の制度）の導入は法律上許容されてきました。

(2) **裁判員制度**　刑事・民事司法制度，法曹養成制度などを大幅に改革することとなったいわゆる司法制度改革の一環として裁判員制度が導入されることになり，2004年に裁判員法（裁判員の参加する刑事裁判に関する法律）が制定され，2009年5月に施行されました。裁判員制度は，地方裁判所において，殺人・強盗・傷害致死・放火等の一定の重大犯罪に関する刑事事件の事実認定，有罪か否かの判断，量刑判断に当該事件限りで選任された国民が参加する制度です。通常は裁判員6名＋裁判官3名，場合により裁判員4名＋裁判官1名で合議体を構成します（裁員2条2・3項）。この制度は陪審制よりも参審制に近いといわれます。

　裁判員の選任は，裁判所ごとに作られた候補者名簿により無作為になされます。選任過程において，欠格事由（同14条）・就職禁止事由（同15条）に該当する者は除外されます。たとえば山鹿先生のように，大学で法学を教えておられる法律専門職の方々を裁判員にすることはこの制度の趣旨にそぐわないので，15条により候補から外されるそうです（15号）。辞退は原則として認められませんが，例外的事由に該当する場合に限り辞退をすることが認められます（同16条）。裁判員を務めることは国民の義務ということです。裁判員に選任された人たちは，公判における証拠調べに立ち会い，証拠・証人を実際に見聞きし，検察側と被告人・弁護人側の主張を聴いたうえで，被告人を有罪にするか否か，有罪であればどのような刑を科すかについて，プロの裁判官とともに議論（＝評議）し，結論を下します。裁判員，裁判官それぞれの意見の重みは同等で，評議を尽くした結果意見が一致しないため多数決による場合にも，各人の意見は平等に扱われます。多数決による場合は，裁判員のみによる過半数の意見で有罪判決（無罪判決は可能）を下すことはできないとされています（同67条1項）。これまでの制度から考えると，本当に大胆な改革を行ったといえますね。

　評議の経過，評議の秘密の漏洩は禁止されています（同70条）。また，裁判員になって休暇を取ったことを理由に，使用者が被用者を不利益扱いすることは許されません（同100条）。何人も，裁判員あるいはその候補者を特定する個人情報を公にしてはいけません（同101条）。この法律の合憲性について，違憲説

と合憲説が対立していますが、合憲説が多数です。最高裁も、この法律が憲法18条、31条、32条、37条1項、76条1項、76条2項・3項、80条1項に違反するとの主張を退け、裁判員制度の合憲性を明確に認めました（最大判平23年11月16日刑集65巻8号1285頁）。

　この制度を始めてからすでに4年が過ぎました。すでに数件の死刑判決が出されたり、裁判員裁判による無罪判決が2審で覆された後、最高裁がそれを破棄し、1審の結論を支持したりする（最判平24年2月13日刑集66巻4号482頁）など、議論は尽きません。公判前整理手続や情報公開のあり方などについて制度改善を求める声もあります。

ゼミ風景

あらためて「司法」とは？

（梟）　僕が報告を担当する部分（第19章）と関係するので、「司法」の定義についてここでちょっと補足しておいてもらえますか？

（乾）　「司法」とは、当事者の真摯な主張を受け、適正な手続を経て、法を適用することによって権利・自由などにかかわる争いを判断・裁定する作用であるといわれてきました。しかし、近年、「司法権」概念に「具体的事件性」の要件を含めない学説もみられるようになってきました。これまで、司法あるいは司法裁判の政策形成機能は、「司法権」そのものの作用ではなく、その事実上の「機能」（役割）と考えられてきたように（それを消極的にとらえるにせよ積極的にとらえるにせよ）思われます。しかしながら、かかる「司法権」概念の再構成によって、これまで司法審査の対象と「なりにくかった」政策事項について裁判所で争いうる余地が広がることが考えられます。たとえば、「司法権は、必ずしも具体的事件性を発動の要件とせず、適法な提訴を待って、法律の解釈・適用に関する争いを、適切な手続の下に、終局的に裁定する作用」（高橋和之）であるとする考えや、76条1項にいう司法権の中に、「救済」もその内容をなすものとして含まれていることを自覚的に意識すべきだ、と主張する説（大沢秀介）などもみられるからです。これらの考えは、1つは、「司法」の政策形成機能、制度改革機能の問題を、もう1つは、「権利あるところ救済あり」との命題は、「権利が確定できなければ救済なし」が引き出される命題ではなく、「被害あるところ救済あり」との対応をなすべき司法の役割を否定する命題でもない、という問題を提起しているのではないかと思っています。

「客観訴訟」って？

(臭) 乾くんが紹介してくれたことは、「客観訴訟」をめぐる論議とも関係するんでしょうか？

(乾) そうかもしれません。当事者間の権利義務をめぐる具体的な争訟とはいえない客観訴訟を、裁判所が扱うことができるのか？という問題でもあるからです。客観訴訟の代表的なものとして、民衆訴訟と機関訴訟が挙げられます。民衆訴訟とは、「国又は公共団体の機関の法規に適合しない行為の是正を求める訴訟で、選挙人たる資格その他自己の法律上の利益にかかわらない資格で提起するものをいう」（行訴法5条）とされています。また、機関訴訟は、「国又は公共団体の機関相互間における権限の存否又はその行使に関する紛争についての訴訟をいう」（同6条）とされています。いずれも、「法律に定める場合において、法律に定める者に限り、提起することができる」（同42条）ものです。民衆訴訟の代表的なものは、公選法における選挙無効訴訟、当選無効訴訟、それに地方自治法の住民訴訟です。これらの訴訟は、選挙人あるいは住民の資格で提起できるので、議員定数不均衡訴訟や政教分離訴訟などのような憲法訴訟にも活用されています。

学説としては、①客観訴訟の裁定権限は、政策的見地から裁判所に与えられた例外的、周辺的権能と位置づけられるとする説（佐藤幸治、伊藤正己など）、②憲法上の司法権の概念には、事件性の要件が含まれないという前提に立ち、客観訴訟の裁定を通常の司法権行使の例外の問題とはみなさない説（高橋和之）、③憲法上の司法権の対象となる「具体的争訟」は、裁判所法3条にいう「法律上の争訟」よりも広範であり、客観訴訟は具体的な公権力の行為をめぐる争いとして「具体的争訟」に該当すると考える説（野坂泰司）などがあります。

裁判所規則と法律とはどっちが上なの？

(長熊) 話題を変えるけど。最高裁判所の規則制定権って、憲法が認める国会中心立法の原則の例外ですよね（41条、77条1項）。最高裁判所規則と法律が競合することはあるのでしょうか、あるとすればどちらが優先するんですか？

(乾) 裁判所規則で制定できる事項は、①訴訟に関する手続、②弁護士、裁判所の内部規律、③司法事務処理に関する事項です（77条1項）。規則制定権限は、憲法41条が国会を唯一の立法機関としているにもかかわらず、例外的に認められたものですので、これらは限定列挙と解されています。多くの学説は①～③の事項に関して法律でその内容を定めることも可能だと考えています。そうすると、ある事項に関して法律と規則の重複が生じることがありえます。その場合には法律が優位するとする説（通説）と、一部の事項に限って規則が優位するとする説等があります。

司法権の独立——裁判官の独立

(鶴巻) 他にも「司法権の独立」,「裁判官の独立」が問題になった事例はないの？

(乾) 寺西判事補事件（最大決平10年12月1日民集52巻9号1761頁）があります。仙台地方裁判所の寺西判事補が,「組織的犯罪対策法案」に反対する市民集会の会場の一般参加者席から職名を明らかにしたうえで,「当初この集会にパネリストとして参加予定だったが, 事前に所長より, 集会に参加すれば懲戒処分もありうるとの警告を受けたことから, パネリストとしての参加は取りやめた。自分としては, 仮に法案に反対の立場で発言しても裁判所法に定める積極的な政治運動に当たるとは考えないが, パネリストとしての発言は辞退する」との趣旨の発言を行ったことについて, 分限裁判において裁判所法49条所定の職務義務違反を理由に戒告処分を受けたことを争ったものです。最高裁は, 裁判所法52条1号により禁止される積極的政治活動とは,「組織的, 計画的または継続的な政治上の活動を能動的に行う行為で, 裁判官の独立と中立・公正を害するおそれがあるもの」をいうとしました。そして, 猿払事件の基準をあてはめ, 裁判所法上の規制は必要やむをえない限度にとどまるものと判断しました。本件発言については, 個人の意見の域を超え厳に避けるべきもので, 積極的政治活動に当たると結論づけたのです。

第19章 「憲法の保障」って何のこと？

　はじめに

（梟）　司法権の本質，憲法保障って何のことでしょう？憲法の保障について報告します。憲法の保障が大事だといわれてもピンときませんよね？憲法保障とは，裁判所は事件を解決するのも仕事ですが，国会や内閣が憲法を守っているかどうかを裁判所がしっかり監督するのも裁判所の大事な仕事だよね，という意味です。まずは司法権の中身を探っていきます。

I　司法権とは？

1　司法権の本質って何？

　司法権は，当事者間の具体的な法律関係または権利・義務の存否について，実体法（民法，刑法や商法）の定めるところに従い，それ特有の当事者主義的構造・手続を通じて，客観的に確定し，当該事件・争訟を解決します。この司法権の本質とは何なのかを説明しておきます。フェアな裁判官が，適正な手続にしたがって，関係する当事者の立証と法的推論に基づく弁論とに依拠して決定します。理性の求められる特殊な参加と決定過程です。具体的な紛争の当事者がそれぞれ自己の権利義務をめぐって理を尽くして真剣に争うことを前提にフェアな裁判所が，法原理的な決定を下し，当事者がそれに拘束されるのです。

2　受動的な機関，能動的な機関って？

　私たちの生活にかかわる，この国の政策をどのように組み立て，どのように税金を費やして将来の私たちの生活を組み立てようか，と自ら進んで働くという意味で国会や内閣は能動的な機関です。他方で，紛争がないと仕事をしませんよ，という意味で，裁判所は受動的な機関です。裁判所は，民主的機関の判断を原則として尊重します。政治的な判決で，国民に直接的に責任を負わない

裁判所が政治的な問題に踏み込んでしまい，混乱を招いてはなりませんから。日本では裁判官は，国民から選ばれているわけではありません。国民審査で×を記入するのは最高裁の裁判官15名（79条2項）だけです。国民から選ばれていない裁判所が，国民が代表者を選んだ国会のつくった法律を「ダメだよ！」なんて言ってしまってよいのでしょうか？ 裁判所の違憲審査は「ヤバい（無制限に行使されるときわめて危険である）」ので，慎まなければならないという意見もあるようです。しかし，この論客とされるビッケルは，司法府には世論を導く役目もあり，司法府以外の他の機関と対話して共働する役割もあるのだ，とも述べているので，慎重一本ではない！と山鹿先生の講義で聞いた気がします。

　フェアであるべき裁判では中立性が要請されます。裁判所は紛争解決に必要な限度でのみ仕事をします。裁判所の主たる仕事は，当事者の救済（自己の権利・私権保障）です。しかし，裁判所の仕事は私権保障だけなのでしょうか。鶴巻くんが第16章で報告しましたが，41条の国会の決定が国民多数の意思というのはあくまでフィクションですよね。議会の多数派が常に国民の多数派とは限りません。女性議員はすべての国会議員の半分いませんよね。社会保障といった個別の争点についての議会の決定が，必ずその争点についての国民の多数派の決定なのだ，という保証なんかありません，あくまでフィクションです。自分の想っている政治的思想を表明しただけで逮捕されたり，多数派の常識とはあわない少数派の生き方が否定されていたりする場合があればどうでしょうか。選挙を通じて闘って問題を正しい方向に向けていこうと国会に期待しにくい場合だってあります。たとえば，ハンセン病訴訟（熊本地判平13年5月11日判時1748号30頁）では，社会と完全に断絶された療養所で生活してきた患者たちの声が国会に届かず，法改正は遅れてしまいました。

　政府は私たちの税金をしっかり私たちの生活に沿うように使ってほしいものです。しかし，行政国家現象（これまで幾つかの報告の中ででてきましたよね）のもとでは，私たちの利益や侵害は広く拡散されてしまい，訴訟になりにくくなる傾向があります。福祉国家を口実にして不当な処分が下されてはなりません。最高機関である国会（41条）の意思決定機能が低下する現象が指摘されています。国会のつくる法律は，最大多数の最大利益のためにつくられることがあり，少数者が生きにくくなってしまう場合もあります。憲法はあらゆる法律のトッ

プ（98条の最高法規性）であって，公務員には憲法尊重擁護義務が課せられています（99条）。憲法に反する法律が制定されていないか，処分が下されていないか，は裁判所が憲法に従って監督すべきです。

3 違憲審査は国によっていろいろ？

違憲審査は，国会のつくった法律を裁判所がノックアウトする権限でした。それぞれの事件で，当事者が真剣に対立して，理を尽くして争います。「紛争」が存在する，と考える場合だけ裁判所は解決しようとしてくれます。紛争に必要な限り（事件に付随する）紛争に登場する法律や処分が憲法に違反しているかどうかを審理するのが付随的違憲審査制です。法律が憲法に違反してダメだよ（違憲無効だよ），という裁判所の判決は，当該事件に関係する当事者にだけおよぶ，と考えます。他方で，法令の違憲審査にあたって紛争を必要としない司法審査も存在します。ドイツでは通常の裁判所と区別される憲法裁判所が具体的な訴訟事件を離れて法令を審査します。韓国，タイランドもそれぞれ独自の制度を持っています。またスイスでは，最高裁判所の中に憲法問題を扱う特別部が設けられています。

4 憲法裁判所は日本にできないの？

日本に憲法裁判所はできないのでしょうか。原則として，裁判官の目の前にある事件の当事者だけでなく，社会一般に共有されるような利益や負担だな，と裁判所が考える場合，真剣に対立する当事者が存在しない，と考え，請求を却下します。警察予備隊違憲確認訴訟（最大判昭27年10月8日民集6巻9号783頁）で，最高裁は，司法権の範囲内で違憲審査が行使され，この点において最高裁と下級審は同じ立場にあると考えました。わざわざ最高裁に出訴しなくても下級裁判所も違憲審査権を行使していると理解できます。他方，憲法裁判所を通常の裁判所の系列とは別の管轄権を有する裁判所が憲法に違反しているかどうかを判断する機関と定義すれば，警察予備隊訴訟は，個別の事件を離れて，一般的に法律の違憲審査を行う権限を最高裁に認めているのかもしれない，とも読むことができます。憲法を改正することなく裁判所法を改正すれば，ドイツ型の憲法裁判所の機能を日本の最高裁も併有することが可能だという考えもあ

りえます。

5 大法廷と小法廷の間に憲法部を創設する？

　日本の最高裁判所は司法消極主義であると批判されることがあります。司法消極主義とは，政策を決定する国会や内閣の判断を裁判所はできるだけ尊重して踏み込まないという考え方をいいます。憲法の価値や理念に裁判所が国会や内閣の判断に踏み込んで判断すべきだという考え方を司法積極主義といいます。日本はどちらがふさわしいのでしょうか？

　「我が国における理想的な裁判官像は，ヨーロッパ大陸におけるのと似て，顔のない裁判官，共通した画一性のある裁判官職のもつ良心に従ってできる限り没個性的な裁判をする…大陸型の官僚裁判官制度を取るところでは個性的判断を要求される憲法裁判に積極的態度を望むことは，いささかないものねだりの感じがするし…」

　と最高裁裁判官だった伊藤正己も評価しています（伊藤・裁判官）。

　通常の裁判所と独立して憲法裁判所を創設するためには憲法を改正する必要があります。憲法を改正することなく，最高裁の中に憲法部を作ろうという提案もあります。裁判所法3条を改正すればよいだけです。中二階案と呼ばれています。「最高裁」を「大法廷（9名）」と「小法廷（30名）」に分け，別組織にします。小法廷は中二階と考え，憲法上の最高裁判所の裁判官は大法廷専属の裁判官と考えるわけです。大法廷は，違憲審査に関係する重大事件に絞って審理します。なぜ中二階が提案されるのでしょうか？憲法問題について，小法廷の処理が日常化し，大法廷での事件処理は特別視され，余分な負担のように誤解される傾向があります。憲法判断を求められても先例同種の大法廷判決を拡大解釈して，引用することで，小法廷で憲法判断を行っていると批判されるからです。憲法解釈の判例変更には大法廷で判断しなければなりませんが，公務員の政治活動で扱った世田谷判決や堀越判決は小法廷の判断でしたよね。司法消極と積極，どちらが日本にふさわしいのでしょうね，価値判断なのかしら。

6 法律を改廃するのは国会の仕事だけど？

　法律を制定，改廃するのは国会の仕事です。しかし，国会がきちんと仕事をしないで救済が遅れてしまう場合もあります。前掲ハンセン病国賠訴訟を説明

します。らい予防法が1953（昭28年）年に制定され，1996（平8）年に廃止されるまでハンセン病の患者は，強制的に隔離され，自由が制限されてきました。熊本地裁は少なくとも1965（昭40）年以降に隔離規定を改廃しなかった立法不作為につき国賠法上の違法性を認めました。他方で，民法の再婚禁止期間の規定については，「立法の内容が憲法の一義的な文言に違反しているにもかかわらず国会があえて当該立法を行うというように，容易に想定しがたい場合」に該当しないと判断しています。（最判平7年12月5日判時1563号81頁）

Ⅱ 二重の基準論と三段階審査って，いったい何なの？

1 三段階って？

　最近，流行の三段階審査論について簡単に紹介します。保護領域，制限，正当化と審理するので三段階審査と呼んでいます。三段階審査では，第一段階として，基本権の保護領域を画定します。保護領域とは，憲法上の防御権の保障によって，国家による妨害・制裁が禁止される国民の行為の範囲のことです。

　第二段階では，国家行為の基本権の制限（介入または侵害の有無）を検討します。防御権の制約（防御権の保護範囲に含まれる行為に対する妨害や制裁）は，基本的に違憲の評価を受けます。ただし，防御権の制限を正当化する場合（権利者の同意・公共の福祉）もあります。

　第三段階では，制限が正当化できるか？（正当化の可否）を検討します。形式的要件として，法律の根拠，規範の明確性を検討します。実質的要件として，規制目的の正当性，広義の比例原則を検討します。広義の比例原則とは，制限手段が制約目的を達成する手段として役立つか（目的適合性原則・関連性），制限手段が制約目的を達成するのに本当に必要かどうか（必要性原則）：他に緩やかな手段があるかどうかを審査する（LRAが存在しないかどうか）を検討します。そして，制限の目的と手段が互いに均衡を保った適切な関係にあるか（狭義の比例原則），規制によって得られる利益と規制によって失われる利益の較量（相当性）を検討するのです。

2 二重の基準論で解決できないの？

　日本で注目されつつあるドイツ型の三段階審査も魅力的ですが，二重の基準論と接近しているような気もします。二重の基準論でも，裁判所は法原理機関として，すべての権利の保全を図らなければならないと考えます。精神的自由の領域では，基本的に合憲性の推定が排除され，違憲性の推定が働きます。合理性の基準は働きませんから，規制する政府は，重い立証責任を負います。規制目的の正当性と手段の最小限度性を裁判所は厳格に審査します。2つの違憲審査基準だけを機械的に使い分けると「窮屈」なので，編み出されるのが中間審査基準です。中間審査基準は，二重の基準の補充的な役割を担っていると考えておくべきかもしれません。二重の基準の起源とされるアメリカでもダブルスタンダードという単語は悪い意味をもつので，あまり使われてないと山鹿先生がおっしゃっていました。中間審査の運用が注目されている点はアメリカも同じです。

　裁判所は，法律の規制目的，手段，手段と目的の関連性を審査します。厳格審査では，目的がきわめて重大（やむにやまれぬ）で，手段が目的を達成するうえで必要最小限度でなければアウトということです。裁判所は，当事者の提出する証拠に基づき事実と法を判断します。裁判所は，それ以外に立法事実（法律を支える事実）も考慮することがあります（以下の法令違憲を参照）。国会の判断を裁判所が受け入れることもあれば，国会の分析が不十分だ，と判断する場合もあります。法律を支える事実を盲目的に認めてしまえば，法律の目的の正当性は無条件で支持されてしまうことになるでしょう。他方で，国会の分析が不十分であれば，法律の目的を疑ってかかるべきでしょう。裁判所がどの程度，立法事実に対する国会の判断を尊重するのかどうかを把握し，その限界を見極めれば，二重の基準論でも十分解決可能なのかもしれません。どちらの当事者が裁判所を説得できるのか，という主張責任，立証責任の問題ともいえそうですね。（長谷部恭男・憲法の円環）

Ⅲ　裁判官の違憲審査の方法ってどんなもの？

(1)　付随的違憲審査上の適用審査と文面審査？　　裁判所は法律の文言を解

釈するのですが，文面審査と適用審査の2種類の方法があります。日本の文面審査は，提起された具体的事件・争訟の事実関係だけにとらわれず，立法事実も考慮して法令の合憲性を審査しているような理解もあります。付随的違憲審査では，司法権が仕事（審理）するには，紛争の存在が必要となります。本来は，適用審査（事件への法律の適用に限って法令の合憲性を判断する）が原則ですが，場合によっては，漠然性ゆえに無効の法理のように，法律の文言の明確性そのものを問題にすることもあります。適用審査と文面審査のどちらが先になるかは，事件の性質，事件の政治的・社会的背景，関係する憲法規定，問題の法律の規定の方法や内容に照らして判断されます。

　1つの分析として，日本の最高裁は，適用違憲を例外に，法令違憲を限定的に用いてきたことは，多かれ少なかれ憲法裁判所として機能してきたのかもしれません。付随的違憲審査制度をとりながら「憲法裁判所」として機能できるのか？という疑問があるかもしれませんが，この報告の最初の「憲法保障」としての法秩序の維持と貫徹に関係あるのかもしれません。

　(2)　**法令違憲の事件はどんなものがあるの？**　最高裁が法令違憲と判断した中で，国籍法3条1項違憲判決（最大判平20年6月4日民集62巻6号1367頁）は「文言上の一部違憲」，郵便法責任免除・制限規定違憲判決（最大判平14年9月11日民集56巻7号1439頁）や在外邦人選挙権制限規定違憲判決（最大判平成17年9月14日民集59巻7号2087頁）は，意味上の一部違憲と分類されるそうです。

　(3)　**適用違憲って？**　第1に，法律を機械的に適用してしまうと違憲になってしまうので，救済的な解釈（合憲限定解釈）が可能なのに，それをしないまま法律を適用してしまった場合が全逓プラカード事件第1審判決（東京地判昭46年11月1日行集22巻5号680頁）です。第2に，救済的な解釈が不可能な場合もあります。適用してはいけない事件に法律を適用してしまった場合です。猿払事件第1審判決（旭川地判昭43年3月25日下刑集22巻12号1402頁）があります。第3に，法律の想定していない事案に対して法律を適用してしまう場合です。論者によって分かれますが，第2次教科書検定第1審判決（東京地判昭45年7月17日判時604号29頁）がこれに該当するという分析もあるようです。

　第三者所有物没収事件は，法令違憲と考える分析もあれば適用違憲の一種とみる分析もあります。また「法令違憲」，「適用違憲」にくわえて，処分違憲と

いう類型を考える分析もあります。公権力の行使の結果としての個別具体的な行為（処分）が違憲であるという手法です。愛媛県玉串料訴訟（最大判平成9年4月2日民集51巻4号1673頁），空知太(そらちぶと)神社訴訟判決（最大判平22年1月20日民集64巻1号1頁）がこれに含まれます（佐藤「憲法」）。

(4) **明確性と合憲限定解釈ってどういう意味？** 制限を正当化する法律の文言（言葉）は明確でなければなりません。どの程度の明確性が要求されるのか，については権利によって異なります。どんな法律であっても，その文言は明確でなければなりませんが，あらゆる法律のどの文言もパーフェクトに明確であるべきだ，とは言えません。法律には解釈が伴います。「駅に集合！」と山鹿ゼミで呼びかければ，みなさんは渋谷駅に集合しますか，それとも新大久保駅に集合しますか。法律は一般的，抽象的な法規範ですから，いくつかの解釈があります。複数の解釈のうち，憲法にもっともピッタリくる解釈を採用するのが合憲限定解釈です。裁判所の仕事は法律の文言を解釈することです。しかし，法律の書き換えになるようなあまりにかけ離れた解釈はダメです。違憲部分が合憲部分よりも不当に広い場合，違憲部分が合憲部分と不可分な場合，解釈が文言に明らかに矛盾している場合，解釈が法律の目的を明らかに損なう場合，規制が精神的自由に関わる場合，合憲限定解釈はダメです。

(5) **裁判所が憲法判断を回避する場合ってあるの？** 裁判所が憲法判断を回避するのにも何か理由がありそうです。恵庭(えにわ)事件（札幌地判昭42年3月29日下刑集9巻3号359頁）では，紳士協定を破って砲撃演習を行った自衛隊に憤慨した被告が自衛隊の敷地内の通信線を切断した行為について，札幌地裁は，自衛隊法121条の「その他の防衛の用に供する」に該当しないと判断しました。構成要件の該当性さえ判断できれば，わざわざ憲法問題を扱う必要はないでしょう。ただあらゆる法律は最高法規である憲法の下位にあるとも考えられますよね。自衛隊のイラク派遣の差止め，違憲確認，平和的生存権の侵害に対する国賠訴訟で名古屋高裁（名古屋高判平20年4月17日判時2017号28頁）は，差止め・違憲確認は不適法，国賠について請求に理由なしと判断しておきながら，イラクでの航空自衛隊の活動はイラク特別措置法，憲法9条に違反すると判断しています。2013年12月26日に安倍首相が靖国神社を参拝しました。靖国神社の参拝についての精神的損害の請求については，福岡地裁が参拝は違憲であるといい

ながらも，違憲合憲にかかわりなく被侵害利益は認められないと判断しています。さて負けているのはどちらでしょうね？

IV 違憲判決の効果は何におよぶ？

違憲判決が下された後に，もし似たような事件で，同じような訴訟が提起されたら，どうすべきでしょうか？尊属殺違憲判決では，刑法200条が憲法14条に違反し違憲だ，と判断されました（1973年）。刑法200条はしばらくの間，残っていました。法律をつくるのは国会の仕事だからです。判決後似たような事件で検察官は，刑法200条は使わないで通常の殺人罪199条で起訴したのです。また200条で有罪になった人を個別に恩赦しました。国会はその後，刑法200条を削除しました（1995年）。空白になった200条の位置に199条が繰りあがりそうですが，200条は，野球の背番号でいう「欠番」になっています。

違憲判決が過去に向かって一般的に遡るという考え方を一般遡及的一般的効力説といいます。他方で，事件当事者に違憲判決の効力はおよぶが，過去に向かって一般的に無効にはならないというのが当事者遡及的一般的効力説です。法律は国民の代表者がつくり，紛争を裁判所が審理するのですから，違憲無効の効果は当該事件にのみ遡及すると考えるべきでしょう。以前，僕が議員定数不均衡のところ（**第13章**）で報告した純粋将来効では，事件の当事者にも違憲無効の判決の効果は遡及しません。

V 緊急事態法制とは何か？

1 ゾンビは非現実でもテロや台風はありえるかな？

この前，映画で，伝染病が蔓延し，疾患した人がゾンビとなり，人々を次々に襲う映画を観ました。怖かった。ゾンビとまではいかないけれど，テロ，地震，台風などの自然災害，他国からの武力攻撃といったリスクに私たちの生活はさらされています。最近だと，アルジェリアの人質事件では，多国籍の天然ガス関連施設が襲われ，日本人10人を含む39人の命が奪われました。また，中国艦船の射撃用の火器管制レーダー照射について防衛省から外務省に連絡な

かったことが問題になったこともありました。

　国家緊急権とは，戦争や内乱といった非常時において立憲主義の前提となる国家の存在が脅かされた場合の秩序回復手段をいいます（辻村）。自然権の立場から国家の緊急権が認められる，という考えもありますが，僕は，「いまは緊急事態なのだから法律は無視していいのだ（権力分立の停止），多数派の利益のために権利，人権を無視してもいいのだ！（人権保障の停止）」という論調にどのように限界を設定するのか，という視点を重視して報告します。

2 明治憲法と現行憲法を比べてみると？

　明治憲法時代には，戒厳大権（明治憲法14条），非常大権（同31条），緊急勅令（同8条）が用意されていました。現行憲法には，このような規定は存在しません。緊急事態時の国会の規定は，参議院の緊急集会が規定されているだけで，内閣の章にも特別の規定は存在しません。現行憲法では，内閣が合議体であり，首相の権限が弱いのではないか？緊急事態だからこそ前文「平和を愛する諸国民の公正と信義に信頼して，われらの安全と生存を保持しようと」いう緊急権が認められるのだ，という考えもあります。他方で，憲法はあえて具体的規定を意図的に排除しているという考えもあります。

3 緊急事態で考察すべきことって何？

　明治憲法時代には存在していました。緊急事態時に問題となる争点は次の点かもしれません。

　第1に，国家の緊急事態をどのように認定するのか？第2に，緊急事態であると認定された場合，どのような権限がどの国家機関に与えられるのか。たとえば立法手続きはどうするのか？財政はどうするのか？緊急事態に関係する個人を裁判所はどのように審理するのか？第3に，自衛隊の行動にどれだけの限界を用意しておくべきなのか。緊急事態には迅速な意思決定と，その執行が求められます。レーダー照射事件や福島の原発事故では，政府内部の情報の錯綜が問題となりました。そこで，国家安全保障会議で一元的な情報収集と分析，政策立案を行うことが必要ではないかという論議が出てきました。また，アルジェリア人質事件では，武器使用基準の緩和が議論されました。他方で，外交

による解決で十分なのか。武器使用基準の緩和を議論する前に，そもそも自衛隊の海外派遣と国際協力を議論すべきだという意見もあります。さらには，緊急事態には地方自治の本旨が無視されやすいという意見もあります。

4 国家緊急権をどのように考えるべきなのか？

　国家緊急権を議論すべきことは大事なことです。常日頃から，私たちは議論すべきです。雨が降れば傘をさすように，いつどこで緊急事態が発生するかもしれません。次のような見解を参考に，今後検討していければ，と思っています。

　ありとあらゆるリスクをあらかじめ想定して準備しておくことはできるでしょうか。はたして憲法改正は必要でしょうか。あらかじめ想定しうる緊急事態であれば，立法で準備しておくという解決策もあるのではないでしょうか。特定のリスクに対する対抗措置が，別のリスクにすりかえられたりはしないかも警戒すべきです。内閣総理大臣の権限を国会がどのように承認するのでしょうか？国会による民主的なコントロールをどのように整備しておけば，私たちは安心できるのでしょうか。緊急事態では，どうしても「公共の福祉」が「多数派の利益」と読みかえられてしまい，公共の福祉を口実にして，人権の制約が容易に認められやすくなってしまいます。ケースバイケースで判断する利益較量の弱点でもあります（第4章VI3．「裁判において具体的に適用される場合はどのようになる？」で長熊くんが報告しました）。

　公共の福祉の中身を常日頃から意識しておく必要があります。人権・権利の制約が必要最小限にとどめなければならないのはごく当たり前のことです。補償で済む問題もあれば，精神的自由やハンセン病訴訟のように補償では済まないこともありえます。リスクを回避するための日ごろの努力が必要ですし，平和主義と結びつけて考えていくべきかもしれません。そして，国家緊急権を認める場合でも，国家の存立目的ではなく人権保障目的に限定されるべきであり，その最終的な権限が留保されることこそ，人権の究極の核心があると銘記されなければなりません。

ゼミ風景

「司法」の憲法保障機能

(時導) 「憲法保障」っていう言葉に違和感はなくなってきました。司法による保障だけでないということは分かったんですが、「司法」そのものを狭くとらえると、「憲法保障」も不十分になってしまいませんか？前回の続きの論議みたいになるのですが。

(梟) 司法権は、法律関係または権利義務の画定だけをその内容としているわけではないと思います。深刻な被害を受けて真摯な申し立てをしてきた人に対して「救済」を与えることも、その使命だと考えることができます（大沢秀介）。近年の行政事件訴訟法の改正は、この考えを反映しているのかもしれません。客観訴訟、選挙訴訟の展開も、憲法保障機能の議論を展開させることになりました。したがって、付随的審査制度であっても憲法保障機能は果たすことができると思います。

「最高裁判所憲法裁判部（仮称）」ができたとしたら？

(鶴巻) 「最高裁判所憲法裁判部（仮称）」ができたとしたら、下級裁判所の憲法判断とかはどうなるの？

(梟) 81条は、通常の司法裁判所に加えて、憲法裁判所（あるいは最高裁判所憲法裁判部（仮称））の並立を認めているという考えもあります。ドイツ型の具体的規範統制を採用すれば、具体的事件を処理している各裁判所が独自の判断で憲法裁判所（あるいは最高裁判所憲法裁判部（仮称））に移送できるので迅速な判断が可能になります。下級裁判所が違憲かもしれない、と判断した場合は、憲法裁判所である最高裁判所に移送決定されます。この具体的規範統制手続であれば、憲法を修正することなく採用することは可能でしょう（畑尻剛、戸波江二など）。しかし、これに対しては、人権感覚に優れた下級裁判所の判断が生かされない、合憲判断だけが迅速に下されることになってしまい、最高裁の体制支持機能が一段と強化される、あるいは政治の裁判化が進むなどの問題点も指摘されています（奥平康弘、佐藤幸治など）。

三段階審査

(乾) 「三段階審査」の話をはじめて丁寧に説明してもらったような気がします（編集者梶原ひとり言：「でも難しすぎませんか？」）。この審査論の前提として、以前から論議されてきた「基本権の保護領域」とかいう話があったと思うのですが。

(梟) うまく説明できるかどうか分かりませんが…。

三段階審査論の前提として、基本権の保護領域に含まれる行為が制限される場合には、その制限が正当化されるかどうかを比例原則で審査します。もし保護領域に含まれない行為が制限される場合は、基本権の内在的制約ですから、わざわざ比例原則で制限を正

当化する必要はありません。保護領域に含まれない場合もあります。だけど，「保護領域に入らない」ということは，その権利を制約しても問題ないじゃん（容易に認めてしまう）ということになりますから，例外的な場合ですね。

　三段階審査では，自由権を2つに分類します。ひとつは，防御権（国家行為の類型を問わずあらゆる国家行為から国民の特定の行為を保護する自由権）で，表現の自由や職業選択の自由がこれに該当します。もう1つが特定行為排除権（特定類型の国家行為を禁止する自由権）で，検閲の禁止や拷問の禁止がこれに該当します。自由権の場合は，第一段階と第二段階を満たすことを前提にして，自由権を制約する国家行為が正当であるかどうか，国家行為が目的を実現するのに役立つかどうか（適合性），同じ程度にその目的を達成するほかにより制限的でない方法がないかどうか（必要性），その目的が制約される自由権よりも価値が高いと評価できるかどうか（相当性），を審査することになるわけです（木村草太）。

「速やかに決定できる政治」と緊急事態法制

（鶴巻） 近年の「決断と決定を速やかにできる政治」というフレーズのなかで，この緊急事態法制の問題は，どう考えたらいいのかな。

（梟） そんな大きな問いを僕に投げかけないでください。

　安倍政権では，緊急事態における国家戦略を政府内で一元的かつ継続的に構築するための国家安全保障会議を発足させました。内閣官房に，国家安全保障局を新設し，内閣総理大臣，官房長官，外務大臣，防衛大臣の4名が参加します。この国家安全保障局は官房長官の指揮下に置かれます。現在の安全保障会議の9大臣会合は残されます。ただし，緊急事態の内容に応じて，出席者を変更する緊急事態大臣会合を新設します。領海侵入，不法上陸，放射能物質テロ，大量避難民等の事案に応じて，招集される大臣は異なります。警察，海上保安庁，国家公安委員長，国土交通大臣が参加することもあり，日本版NSCと呼ばれます。2013年12月には，「国家安全保障戦略」と「防衛計画の大綱」「中期防衛力整備計画」を決定しています。国家安全保障計画は今後10年程度の外交・安全保障改革の基本方針となります。国内外の緊急事態に対応するという必要性を認めるとしても，その緊急措置に対する国会の統制（コントロール）のあり方を工夫すること，国民の権利・自由の問題をたえず重視することが大切だと思います。緊急事態への対応ということでいつの間にか統治の基本的な仕組みの原則が変わってしまっていたら大変です。

（羽生） 緊急事態ということで，有事法制（軍事法制）の問題を災害緊急事態の問題と連動させて論じていいのかな？

（梟） そのような論議は当然あるでしょうね。

第20章 「自治体」は憲法には無いけれど？

自治と分権

はじめに

（羽生）　大日本帝国憲法には，地方自治に関する規定がありませんでした。しかし，大日本帝国憲法制定に先立つ1888年には市制，町村制が制定され，また，1890年には地方公共団体としての府県制・郡制が制定されています（なお，地方公共団体としての郡制は1921年に廃止されます）。市町村会議員は公選とされ，1899年には，それまで府県内郡市の複選制選挙で選出された府県会議員も各選挙区から選出されるようになりました。さらに1926年には，府県会，市町村会議員の普通選挙制度が導入されています。

ただし，県知事は，内務省管轄の勅任官として，天皇が任命していました。そのため，戦前の日本では，地方政治は存在していたものの，それは地方「自治」と呼ぶには，甚だ不十分なものでした。しかし，地方自治は，いわゆる「民主主義の学校」論に見られるように，人権保障と民主主義の担い手の修養の場でもあり，また，住民の民主政治の実現にとっても不可欠なものです。さらには，中央政府への権力の集中を抑制する権力分立原理においても，非常に重要なものだと考えられます。実際，日本国憲法では，地方自治に関する章を設け，これを保障しています。また，近年は，地方分権が大きな政治的課題にもなっています。

それでは，日本国憲法で保障する地方自治とは，具体的には，どのようなものでしょうか。また，近時，進められている地方分権とは，どのようなもので，それは，憲法とどのような関係にあるのでしょうか。この報告では，これらの問題について考えていきたいと思います。報告にあたっては，まず，憲法上の地方自治権の意義について検討していきたいと思います。そして，憲法上の地方公共団体とは，どのようなものなのかについて，考えていきたいと思います。次に，地方公共団体の組織と権限を概観し，最後に，憲法で保障される地方自治と地方分権との関係について，考えていきたいと思います。

I　地方自治権って何？

さて，憲法上の地方自治制度を報告するにあたって，まず，憲法上の地方自治権の意義について考えていきたいと思います。日本国憲法92条では，地方自

治権に関する一般原則として,「地方公共団体の組織及び運営に関する事項は,地方自治の本旨に基いて,法律でこれを定める」としています。この92条の一般原則の解釈に関する代表的な学説として,以下のものがあります。

1 固有権説と承認説って？

まず,固有権説と呼ばれる考え方です。これは,自然法的固有権として,地方自治権を理解するもので,フランス革命期の「地方権」を起源とするものとされています。しかしながら,この固有権説は,近代憲法の公理と考えられた主権の不可分性の考え方との整合性や,憲法改正によっても変更できないとする自治権の説明が不十分であることなどから,支持できないと思われます。

次に,承認説(伝来説)と呼ばれる考え方があります。これは,地方自治権は国家の主権・統治権から伝来したものと理解したうえで,憲法92条は,地方自治制度を許容したものに過ぎないと解釈するものです。したがって,法律によって,地方自治制度を完全に否定することも可能であるとします。つまり,国家に承認される限りにおいて,地方自治制度が認められるとするのです。しかし,この立場では,憲法で地方自治制度を明文で規定した意味がなくなることになり,やはり,支持できるものではありません。

2 制度的保障説って？

承認説と同じように,地方自治権を国家の主権・統治権に伝来するものと理解し,法律による地方自治制度の改変を認めながらも,憲法で保障する地方自治の本質的内容あるいは中核部分は,法律によって変更できないとする立場もあります。制度的保障説と呼ばれるもので,現在,通説とされています。

この制度的保障説によれば,法律によって変更できない本質的内容あるいは中核的部分,すなわち「地方自治の本旨」は,団体自治と住民自治とによって構成されるとされています。団体自治とは,地方自治が国や他の自治体から独立した団体に委ねられ,その団体自らの意思と責任でなされるとするもので,自由主義的,あるいは権力分立的な要素をもつものです。それに対して,住民自治とは,地方自治がその地方の住民の意思に基づいて行われるとするもので,民主主義的な要素をもつものです(なお,住民自治や団体自治の考え方は,制度的

保障説だけのものではなく，固有権説や，後で述べる新固有権説，あるいは，市町村最優先の原理を考える諸学説においても，否定されるわけではありません）。しかし，この立場では，地方自治の本旨に反しなければ，法律による変更が認められるため，極端な場合には，地方自治制度さえ残しておけば，地方自治体の権限を大きく縮減したとしても，必ずしも憲法違反だといえなくなります。したがって，憲法で地方自治を保障した趣旨からすれば，なお，不十分なものだといえます。また，制度的保障説では，憲法上どのような地方自治が求められ，正当化されるのかに関する説明が，必ずしも十分ではないともいわれています。

3 新固有権説って？

次に，新固有権説と呼ばれる立場があげられます。これは，普通選挙制度を定める日本国憲法15条3項と国民主権を定める憲法前文第1段，そして，13条後段の包括的人権規定である幸福追求権を根拠に，住民自治を前国家的な権利だとします。また，団体にも人権享有主体性が認められるものとし，憲法の人権保障の諸規定を根拠に，団体自治も前国家的権利だとします。したがって，議会の設置や選挙制度を定める93条や，地方公共団体の権限を定める94条は，住民自治と団体自自治を前国家的権利として保障することを確認した規定と理解されます。この立場では，住民自治や団体自治による地方自治制度は，前国家的権利である以上，法律はもちろんのこと，憲法改正によっても否定できないことになります。この新固有権説は，自治権を自然権と理解することで，固有権説にみられた主権の不可分性による批判を避けることができます。しかし，本来，地方自治制度は，個人の人権の保障に資するための制度であるはずですが，この立場によれば，仮に個人の人権保障のために地方自治制度の改廃が必要と考えられた場合でも，それができないことになり，問題が生じるように思われます。

4 市町村最優先の原理って？

最後に，地方自治における直接民主主義の制度化や，市民に身近な決定を保障するための基礎的地方自治体への優先的な事務配分（市町村最優先の原理）を，憲法上の要請だと理解する立場があります。この立場では，固有権説や新固有

権説のように，法律によって地方自治体の権限を国家へ移譲することを，まったく認めないわけではありません。しかし，仮に国家へ権限移譲などをする場合には，国家の側に立証責任を負わせます。また，後述のように憲法93条1項では，地方公共団体に議会の設置が要請されています。しかし，地方自治法94条では，条例によって，議会を町村総会（選挙権をもつ者の総会）に代えることができるとしています。このことに関しても，この立場からすれば，直接民主制を進めるものとして，その合憲性を説明し易いと考えられます。なお，この立場は，主権論における人民主権説と適合的だともいわれており，そのため，人民主権説と呼ばれることがあります。

私としては，「市町村最優先の原理」などを憲法上の要請だとするこの立場が，地方自治制度の正当性を説明し，かつ国家と地方自治体とのバランスにも配慮するもっとも妥当な立場だと考えています。つまり，直接民主主義の制度化や，市民に身近な決定を保障する基礎的地方自治体への優先的事務配分こそ，憲法が要請する地方自治権，あるいは地方自治制度のあり方だといえるのではないでしょうか。

II 地方公共団体にも色々あるの？

ところで，憲法92条を受けて，地方自治法では，普通地方公共団体と特別地方公共団体とを規定しています。普通地方公共団体には，都道府県および市町村があります。特別地方公共団体には，（東京都の）特別区，地方公共団体の組合，財産区，地方開発事業団があります（なお，地方開発事業団に関しては，すでに地方自治法における規定は削除されており，そのため，新たに設置することはできず，同法の附則で既存の地方開発事業団の存続のみが認められています）。しかし，これらの地方公共団体のすべてが，憲法上の地方公共団体だというわけでありません。それでは，どの地方公共団体が，憲法上の地方公共団体なのでしょうか。また，現行制度では，都道府県と市町村による二層制（二段階構造）がとられていますが，そうした二層制は，憲法上の要請なのでしょうか。

1 憲法上の地方公共団体ってどんなもの？

かつて東京都の区長公選制が廃止された時期があったのですが，そのことが憲法違反かどうかが争われた事案で，最高裁（最大判昭48年3月27日刑集17巻2号121頁）は，次のように述べています。すなわち，憲法上の地方公共団体は，「単に法律で地方公共団体として取り扱われているということでは足らず，事実上住民が経済的文化的に密接な共同生活を営み，共同体意識をもっているという社会的基盤が存在し，沿革的に見ても，また現実の行政の上においても，相当程度の自主立法権，自主行政権，自主財政権等地方自治の基本的機能を附与された地域団体であることを必要とする」とし，当時の状況では，東京都の特別区は，憲法上の地方公共団体ではないので憲法93条の保障を受けないとしたのです（なお，1974年の地方自治法改正によって，東京都の特別区の区長公選制は復活しています）。この判例の立場にしたがえば，特別地方公共団体のうち，組合，財産区，地方開発事業団が，憲法上の保障を受ける地方公共団体に該当しないことは，明らかだといえるでしょう。問題は，東京都の特別区ですが，この判例が出された当時ならともかく，今日，東京都の特別区が，判例で示されたこれらの要件を満たさないとは考え難く，したがって，現在は，東京都の特別区も，憲法上の地方公共団体だと考えなければならないものと思われます。そのため，今後，もし，東京都の特別区の区長公選制を廃止することがあれば，93条1項違反となるものと考えられます。

2 都道府県ってなくても良いの？

次に，都道府県と市町村による二層制が，憲法上の要請なのかを考えていきたいと思います。もし，二層制が憲法上の要請だとすれば，たとえば，都道府県を廃止して，憲法上の地方公共団体とは異なる道州組織を設置することは，憲法違反ということになります。1つの考え方としては，二層制の有無を立法裁量だとする立場があります。憲法92条は，地方公共団体の組織を，地方自治の本旨に基づきながらも，あくまで「法律」で定めるとしています。そこで，この立場では，地方自治の本旨として，全国が市町村などの基礎自治体によって区分され，それらが団体自治および住民自治の要件を満たすまでが，憲法の要請だとします。したがって，それを超えて，都道府県などの二層制まで

は要請されていないと考えるのです。また，憲法上，二層制は要請されているものの，それをどのように編成するのかは立法裁量だとして，都道府県を否定して，より広域の道州制を導入することは可能だとする考え方もあります。しかし，日本国憲法制定前に，知事の公選制が実施され，そのことを前提にして，日本国憲法と同時に施行された地方自治法によって，都道府県制は設置されたのです。それらに鑑みれば，日本国憲法は，都道府県の存置と二層制も含めて，地方自治を保障しているものと解するべきだと思われます。したがって，都道府県を廃止して，憲法上の地方公共団体とは異なる道州組織を設置することは，憲法違反になると考えます。

Ⅲ 地方公共団体の組織と権限ってどんなもの？

では，憲法上の地方公共団体の組織と権限は，どのようなものでしょうか。

1 地方公共団体の組織は？

住民自治の要請を具体化するため，憲法93条1項では，地方公共団体に議事機関として議会を設置するとされ，同条2項では，地方公共団体の長や議会の議員などを，その地方公共団体の住民による直接選挙で選ぶとされています。そして，長も議会も，それぞれが住民の民意を直接代表する機関として，原則として，相互に独立し，対等な関係をもつと考えられています。ただし，地方自治法178条では，長に対する議会の不信任を条件に，長による議会の解散権などを認めており，その意味では，法律によって議院内閣制的な要素が加味されています。

2 地方公共団体の権限は？

また，団体自治の要請を具体化するため，憲法94条では，地方公共団体に財産管理や事務処理，行政執行の権限があること，そして，法律の範囲内で条例を制定できることが定められています。

(1) **国・地方公共団体の役割分担と相互関係って？** こうした地方公共団体の権限に関しては，まず，国との役割分担と相互関係が問題となります。

1999年の地方分権一括法による改正前の地方自治法では，本来，国の権限を地方に委任して実施させる「機関委任事務」がありました。この「機関委任事務」では，主務大臣・知事・市町村長の順に従属関係があり，主務大臣や知事に包括的な指揮監督権が認められていました。しかも，「機関委任事務」は，都道府県の処理する事務の多くを占めており，団体自治の理念からすれば，大いに問題だったといえます。

　さて，かつて，いわゆる駐留軍用地特措法では，駐留米軍の軍用地の収用に土地所有者が応じない場合，市町村長が署名（市町村長が署名を拒否した場合には都道府県知事が署名）することで，国が当該土地の使用権原を所得できました。そして，この市町村長，または都道府県知事の署名は，機関委任事務とされていました。しかし，沖縄県で使用権原の期限が切れる土地に関して，当時の沖縄県知事は署名を拒否したため，職務執行命令訴訟が提起されたことがあります。訴訟では，1996年に沖縄県知事の敗訴が確定しましたが，これは，国への地方の従属関係を示すもっとも不幸な例の1つだといえるでしょう。しかし，地方分権一括法による地方自治法の改正によって，「機関委任事務」は廃止され，新たに「法定委託事務」などが設けられました。「法定受託事務」では，国の関与について法律または法律に基づく政令の根拠が必要とされ，かつ，その関与は必要最小限度でなければならないとされています。また，国と地方公共団体との関係も対等なものとされ，国の関与に関する紛争に対応するため，第三者機関である国地方係争処理委員会が設置されました。ただし，先ほどの駐留軍用地特措法に基づく収用は国の直接執行事務とされただけで，沖縄の声を反映させるという意味では，根本的な解決には至っていません。

　(2)　**上乗せと横出し？**　　ところで，先ほども述べたように，憲法94条では，法律の範囲内で条例制定権を認めています。そのため，法律と条例との関係が問題となります。たとえば，公害規制などでは，地方の実情に合わせて，国の規制基準よりも厳しい規制が求められることがあります。その場合，国が定める法律の基準よりも厳しい基準を条例で定めることは可能なのでしょうか。また，法律では規制対象となっていない行為を条例で規制対象とすることは可能なのでしょうか。前者を「上乗せ規制（条例）」，後者を「横出し規制（条例）」と呼びます。

このことに関して、最高裁（最大判昭50年9月10日刑集29巻8号489頁）は、「条例が国の法令に違反するかどうかは、両者の規定対象と規定文言を対比するのみでなく、それぞれの趣旨、目的、内容及び効果を比較し、両者の間に矛盾抵触があるかどうかによってこれを決しなければならない」とし、「特定事項を規律する国の法令と条例が併存する場合でも、後者が前者と別の目的に基づく規律を意図するものであり、その適用によって前者の規定の意図する目的と効果をなんら阻害することがないときや、両者が同一の目的に出たものであっても、国の法令が必ずしもその規定によって全国的に一律に同一内容の規制を施す趣旨ではなく、それぞれの普通地方公共団体において、その地方の実状に応じて、別段の規制を施すことを容認する趣旨であると解されるときは…条例が国の法令に違反する問題は生じえない」としており、この基準で、それらの可否の判断がなされます。

(3) **条例で決めてしまっていいの？** また、憲法上、法律に留保されている事項を条例で規制できるのかも問題となります。たとえば、財産権の制限については、条例も民主的立法の一種であることから、憲法29条2項の「法律」に条例も含まれると考えるべきだと思われます。奈良県ため池条例事件の最高裁判決（最大判38年6月26日刑集17巻5号521頁）でも、条例による財産権の制限を認めています。賦課徴収も問題となりますが、地方自治権のなかには、課税権も含まれていると理解すべきだと思われます。したがって、租税法律主義を定める憲法84条の「あらたに租税を課し、又は現行の租税を変更するには、法律又は法律の定める条件によることを必要とする」の「法律」には、条例も含まれると解釈するべきだと考えます。ただし、憲法94条から、それらは、法律の範囲内でなければならないでしょう。また、科刑の問題もあります。憲法31条の「法律」に条例は含まれないと思われます。しかし、条例も民主的立法であることから、法律による一般的な委任があれば、条例による科刑も認められると考えます。実際、地方自治法14条3項も、そのことを前提としているといえます。

3　住民の権利は？

住民自治および団体自治の双方に関わるものとして、憲法95条は、特定の地

方公共団体のみに適用される法律の制定には，その地方公共団体の住民の投票で過半数の同意が必要としています。その他にも，住民自治の要素として，長や議会議員などの直接選挙が規定されていますが，地方自治法では，それ以外にも，いくつかの住民の権利を規定しています。たとえば，直接請求権として，その地方公共団体の有権者の一定数以上の署名を集めることなどで，条例の制定・改廃の提案ができ，また，議会の解散や長や議員のリコール請求などができるとされています。さらに，地方公共団体の住民には，監査請求や住民訴訟が認められており，それらを通じて，その地方公共団体の活動をコントロールすることができます。このように，地方自治では，国政に比べ，住民による直接民主制的な要素が広く認められています。

Ⅳ 地方分権ってどんなもの？

　以上の地方自治に関する検討を踏まえて，憲法と地方分権との関係について，考えていきたいと思います。

　さて，1999年の衆議院・参議院の両院での「地方分権の推進」に関する決議以降，地方分権は，重要な政治課題の1つとなっています。「地方分権」とは，中央政府から地方政府へ統治権を移管することで，住民にとって身近な行政サーヴィスに関しては，その地域で決められるようにすることです。そして，実際に，様々な議論がなされ，かつ推進されています。たとえば，従来の地方分権推進法などの成果を踏まえて，地方分権改革を進めるために，2006年には，地方分権改革推進法が制定され，それに基づき，地方分権改革推進本部が設置され，4つの勧告と2つの意見が出されています。また，その後，2009年には，地方分権改革推進本部に代わって，地域主権戦略会議が設置され，その議を経て，地方分権改革推進計画が閣議決定されています。そして，実際，先述の地方分権一括法の制定によって，機関委任事務の廃止，国の地方への関与の制限がおこなわれ，国から地方への権限移譲なども進められました。しかし，それらは，必ずしも財源を伴うものではなく，地方交付税の削減も重なって，かえって，地方自治の実効性を損なったともいわれています。また，国は合併による特例措置などによって市町村合併を促進してきました。しかし，国主導の市町

村合併は，地方自治のあり方として，決して妥当なものだとは思われません。

地方分権の理念そのものは，妥当なものだと思います。なぜなら，現代社会においては，日本国民としてのアイデンティティを保ちながらも，地域ごとに多様なアイデンティティをもつ国民・住民の考えやニーズに，いかにして応えていくのかが，重要なことだと考えるからです。日本と一口にいっても，たとえば，沖縄と東京では生活様式も異なります。歴史においても，地域によって，大和朝廷や江戸幕府の歴史もあれば琉球の歴史もあります。少なくとも，明治期までの歴史は地域によって大きく異なっているはずです。地域によって，人々の考え方や認識，ニーズや期待も様々です。それにも関わらず，国レベルで民意を集約すれば，地域ごとの多様性は，かき消されてしまいます。

そして，こうした地域ごとに多様化した人民を前提としたうえで，地方分権を進めていくことこそ，憲法は要請していると考えます。こうした「分権 (devolution)」は，「退化 (devolution)」ではなく，大きな進化 (evolution) だといえるでしょう。

V 地方自治・地方分権の進むべき方向は？

今回の報告では，憲法上の地方自治権の意義について検討してきました。地方自治権の意義に関して，通説とされる制度的保障説は，憲法上，どのような地方自治が求められ，正当化されるべきなのかを示すものではありません。それに対して，いわゆる人民主権説は，憲法上，直接民主主義の制度化や，市民に身近な決定を保障するための基礎的地方自治体への優先的事務配分が求められるとするもので，日本国憲法における地方自治のあり方を示すものだといえるでしょう。また，ここでいう「人民」は，地域ごとの多様性を前提としたものであるべきだと思います。そして，こうした憲法上の地方自治のヴィジョンは，これからの地方分権の進め方にも関連しているものと考えています。

ゼミ風景

地方政府？

(山鹿) タイトルにある「自治体」という表現で，地方公共団体が団体自治の主体であることを示そうとしたわけですね。「地方政府」という言い方もあるようですが。

(羽生) 「地方政府（local government）」という表現は憲法学ではあまり使わないようです。一般的には中央政府との対比で使われていますが，連邦制をとっているわけでもないし，政府（government）というには権限も限られていますので，「自治体」と言う表現にしたわけです。

民主主義の学校

(鶴巻) 地方自治は「民主主義の小学校」っていわれませんか？

(羽生) それはちょっと不正確でしょう。イギリスのジェームズ・ブライスの「地方自治は民主政治の最良の学校，その成功の保証人なり」という言葉からきたものです。また，フランスの政治思想家のアレクシ・ド・トクヴィルは，「地方自治制度の自由に対する関係は，小学校の学問に対するそれと同じである」と述べています。自由・学問と地方自治制度・小学校が対比的に述べられているのであって，地方（小学校）と中央（大学？）が対比されているわけではないのです。

(梟) 地方自治体が裁判所を持っているわけではないから，地方自治の主な内容は，「地方行政」ということになりますね。憲法65条で「行政権は内閣に属する」とされていることとの関係はどうなるの？

(羽生) 学説の中には，早くから65条の「行政権」に地方行政権は含まれないと主張するものもありました。しかしながら，政府がそのことを公的に認めたのは橋本内閣時の政府答弁です（1996年12月6日）。そこでは，「（65条の意味）…地方公共団体に属する地方行政執行権を除いた意味における行政の主体は，最高行政機関としては内閣である」と述べられています。このことからも，国と地方との関係は「対等の政府間の関係」と主張されるときもあるようです。

「主権論」との関係

(鶴巻) このゼミで，「主権論」に関係する報告を担当したのは僕なんですが（本書第2章）。「人民主権」論と「地方自治の本旨」の解釈論，つまり羽生くんの紹介した「人民主権説」って結びつくんですか？

(羽生) 主権論における「人民主権」論と，ここでいう「人民主権説」との理論的な結びつきはうまく説明できません。すみません。「住民の人権を実現するための『人民主権』原理に適合的な『市町村最優先の原理』に即して解釈する人民主権説と称すべき見解が

有力に展開されてきた」（辻村みよ子）と記述したものがあったので，報告のように紹介したわけです。

（長熊）　そういえば，『憲法の争点』で，鶴巻くんと羽生くんとの今の論議に関係することが書いてあったような記憶があるよ（大津浩）。

首長制と議会

（長熊）　「議会」って聞くとすぐ「立法機関」って反応してしまうけど，地方議会って立法機関とはされていないんだね。

（羽生）　そうです。「議事機関」（93条）とされています。

（長熊）　でも，条例を制定してるでしょ。

（羽生）　正確にいうと，条例制定権は，議会ではなく，地方公共団体の権限です（94条）。住民の直接選挙によって選ばれる長が制定するのか，議会が制定するのかは憲法上明記されていません。地方自治法では，議会が制定するものを「条例」とよび（地自法14条），長の制定するものを「規則」とよんでいます（同15条）。したがって，憲法でいう「条例」と地方自治法でいう「条例」とは必ずしも同じとはいえません。

（時導）　地方自治は，「二元的代表制」をとっているとか，「首長制」とよばれることと関係あるんですね。

（羽生）　「二元的代表制」をとっていることは確かですが，「首長制」については，ちょっと論議があるようです。地方自治法は，長の権限を「当該普通地方公共団体を統括し及びこれを執行する」（147条），「当該地方公共団体の事務を管理し及びこれを執行する」（148条）と定め，長の行うべき具体的な事務を定めています。それは，「首長制」と呼ぶにふさわしい内容だと思います。以前は，議会と対立したときなどに十分にそれらの権限が行使できず，長が公約した住民への施策がとれず，住民から直接に選ばれ，当該自治体を代表する「長」であることが強調されたときもありました（制度上，地方議会で長の「与党」・「野党」という表現はおかしいとは思いますが）。しかしながら，近年，憲法上必ずしも「首長制」をとることは要請されていないのではないか，という主張もみられるようになりました。「長」といっても，名目的・象徴的な地位もありますし，憲法は，執行機関と議事機関との関係や両機関の組織形態について明記していないからです。

「二層制（二段階制）」の自治は憲法上の要請？

（梟）　日本の中心（人口でもかなりの比率を占めている）東京23区が必ずしも「二層制」というわけではないのに，どうして「二層制」が憲法上の原則といえるの？

（羽生）　日本だけでなく，首都が特別の扱いを受けている国は多くあります。「地方自治の本旨」に反しない限り，「一層制」にしても「三層制」にしても立法政策の問題だとする見解もあります。しかし，「市町村最優先の原則」の重要性からすれば，道州制などによる広域化は，問題が多いと感じています。

事項索引

あ

- 旭川学テ事件 …… 139
- 朝日訴訟 …… 127
- 違憲審査(権) …… 180, 211, 226
- 違憲判決の効果 …… 233
- 石井記者事件 …… 104
- 石に泳ぐ魚事件 …… 101
- 萎縮効果論 …… 91, 98
- 泉佐野市民会館事件 …… 87
- 委任命令 …… 186, 206
- 委任立法 …… 179, 186
- 宴のあと事件 …… 63, 67
- 浦和事件 …… 193
- 上乗せ規制(条例) …… 244
- 営業の自由 …… 109
- 営利的言論 …… 99
- 愛媛玉串料訴訟 …… 79
- NHK記者取材源開示拒否事件 …… 104
- 大津事件 …… 216
- 屋外広告物条例事件 …… 94
- 押しつけ憲法 …… 28
- オンブズマン制度 …… 179

か

- 海外渡航の自由 …… 160
- 会期制 …… 189
- 会期不継続の原則 …… 190
- 外見的立憲主義 …… 8
- 外国人 …… 53, 60
- 外務省秘密漏えい事件 …… 102, 107
- 下級裁判所 …… 212
- 学習権 …… 138
- 学習指導要領 …… 144
- 学問の自由 …… 134
- 過度の広汎性ゆえに無効の法理 …… 92
- 川崎民商事件 …… 166
- 環境権 …… 69, 72
- 間接民主制 …… 19, 175
- 議院自律権 …… 192
- 議院定数不均衡 …… 152
- 議院内閣制 …… 176, 200
- 議会制民主主義 …… 150, 175
- 機関委任事務 …… 244
- 義務教育の無償 …… 142
- 逆転事件 …… 102
- 客観訴訟 …… 213
- 教育権 …… 139
- 教育の自由 …… 140
- 教育を受ける権利 …… 123, 138
- 行政権 …… 197
- 行政国家 …… 8, 179, 226
- 行政手続 …… 166, 168
- 京都府学連事件 …… 63
- 居住・移転の自由 …… 113, 159
- 近代立憲主義 …… 7
- 勤務条件法定主義 …… 126
- 勤労の権利 …… 123
- 国法学 …… 2
- 君主主権 …… 174
- 形式的平等 …… 56
- 軽犯罪法違反事件 …… 94
- 検閲 …… 90
- 厳格な違憲審査 …… 153
- 厳格な合理性の基準 …… 110
- 現代立憲主義 …… 8, 31
- 剣道実技拒否事件 …… 77
- 憲法改正 …… 20, 29, 190, 235
- 憲法裁判所 …… 227
- 憲法尊重擁護義務 …… 4, 129, 227
- 憲法判断回避 …… 232
- 憲法保障 …… 225

権力的契機	15
権力分立	172, 182
公共の福祉	46, 50, 85, 109
公金支出の禁止	192
合憲限定解釈	232
公平な裁判所の迅速な裁判を受ける権利	163
小売市場距離制限事件	87, 111
合理的期間	153
国政調査（権）	179, 193, 196
国籍離脱の自由	160
告知と聴聞	166
国　民	51
国民主権	14, 174
国民代表	17
国民内閣制論	210
国務大臣	205
国務大臣の任免	204
個人主義	41
個人の尊重	41, 62
国　会	184
国会単独立法の原則	186
国会中心立法の原則	186
国家緊急権	234
国旗国歌法	75
国権の最高機関	185, 201
戸別訪問の禁止	152

さ

在外国民選挙権訴訟	149
最高裁判所	211
最高裁判所裁判官の国民審査	20, 218
財産権	114
財政民主主義	126, 191
在宅投票制度	149
裁判員制度	220
裁判官	
――の弾劾	177, 218
――の独立	217
――の身分保障	218
裁判所	211

裁判の公開	219, 220
裁判を受ける権利	162
歳費受領権	189
酒類販売免許事件	112
参議院	187
――の緊急集会	187
残虐な刑罰	164
死　刑	164
事件性の要件	213
自己決定権	68
自己実現の価値	88
自己統治の価値	88
事後法の禁止	165
事情判決の法理	152
自然権	38
事前抑制	90
思想の自由市場論	89
思想良心の自由	73
実質的平等	56
実体的デュー・プロセス	168
自白の証拠能力	164
司法権	212, 225
司法消極主義	228
司法積極主義	228
司法府の独立	216
社会契約説	38
社会権	121
謝罪広告事件	74
衆議院	187
――の解散	202, 207
住居等の不可侵	161
住民自治	239
主　権	14
取材の自由	103
消極目的規制	110
小選挙区	154
象徴的言論	100
証人審問権	163
証人喚問権	163
情報公開制度	104, 179

条　約
　　——の承認 …………………………… 190
　　——の締結 …………………………… 206
将来効判決 ………………………………… 153
職業選択の自由 …………………………… 109
知る権利 …………………………… 95, 104
信教の自由 ………………………………… 76
人権の私人間効力 ………………………… 42
人権の分類 ………………………………… 44
人身の自由 ………………………………… 159
森林法共有林事件 ………………………… 115
生活保護 …………………………………… 129
税関検査事件 ……………………………… 90
政教分離 …………………………………… 77
青少年保護条例 …………………………… 101
精神的自由 ………………………………… 85
生存権 ……………………………………… 126
政　党 ……………………………………… 179
正当性の契機 ……………………………… 15
正当な補償 ………………………………… 117
制度的保障 …………………………… 118, 136
生命，自由および幸福追求に対する権利 … 64
積極目的規制 ……………………………… 110
接見交通権 ………………………………… 163
絶対的平等 ………………………………… 57
全国民の代表 ………………………… 180, 184
全農林警職法事件 ………………………… 125
相対的平等 ………………………………… 57
租税法律主義 ……………………………… 191
空知太事件 …………………………… 79, 82

た
大学の自治 ………………………………… 135
大統領制 …………………………………… 176
大日本帝国憲法（明治憲法）
　………………… 30, 76, 134, 147, 183, 200, 234
滝川事件 …………………………………… 134
立川テント村事件 ………………………… 94
弾劾裁判所 …………………………… 190, 218
団体自治 …………………………………… 239

地方公共団体 ………………………… 177, 238
地方自治 ……………………………… 177, 241
地方分権 …………………………………… 246
重複立候補 ………………………………… 151
徴兵制 ……………………………………… 161
直接民主制 ………………………………… 19
津地鎮祭事件 ……………………………… 78
適正な手続 ………………………………… 166
適用違憲 …………………………………… 231
伝習館高校事件 …………………………… 144
天　皇 ………………………………… 51, 200
天皇機関説事件 …………………………… 134
党議拘束 …………………………………… 19
東京都の特別区 …………………………… 242
道州制 ……………………………………… 243
東大ポポロ事件 …………………………… 136
統治行為 ……………………………… 181, 215
投票の価値の平等 ………………………… 152
徳島市公安条例事件 ……………………… 92
特別裁判所の禁止 ………………………… 214
特別地方公共団体 ………………………… 241
独立行政委員会 ……………………… 179, 199
トリーペル ………………………………… 180
奴隷的拘束・その意に反する苦役からの自由 … 160

な
内　閣 ……………………………………… 203
　　——の権限 …………………………… 205
　　——の総辞職 ………………………… 207
　　——の法律案提出権 ………… 173, 186
内閣総理大臣 ……………………… 190, 200, 203
内閣不信任決議 ……………………… 188, 207
内容規制 …………………………………… 93
内容中立的規制 …………………………… 93
ナシオン主権 ……………………………… 22
奈良県ため池条例事件 ……………… 116, 244
成田新法事件 ……………………………… 166
二院制 ……………………………………… 187
二重処罰の禁止 …………………………… 165
二重の基準論 ………………………… 47, 85, 229

事項索引　253

日曜日授業参観事件……………… 77
日本テレビ事件…………………… 103
入国の自由………………………… 54
任意選挙…………………………… 148
ネット選挙………………………… 156
ノモス……………………………… 21

は

博多駅フィルム事件……………… 103
漠然性故の無効の法理…………… 91
八月革命説………………………… 27
ハンセン病国家賠償訴訟………… 119
非拘束名簿式比例代表制………… 150
1人別枠方式……………………… 155
秘密選挙…………………………… 148
表現の自由……………………… 85, 98
平等選挙…………………………… 148
平賀書簡事件……………………… 218
比例代表…………………………… 154
広島市暴走族条例事件…………… 92
プープル主権……………………… 22
不逮捕特典………………………… 188
普通選挙…………………………… 147
普通地方公共団体………………… 241
部分社会…………………………… 216
プライバシー権…………………… 66
フランス人権宣言………… 7, 16, 172
不利益な供述強要の禁止………… 164
プログラム規定説………………… 127
平和主義…………………………… 32
弁護人依頼権……………………… 163
法　人……………………………… 52
法治主義………………………… 5, 11
法定受託事務……………………… 244
報道の自由………………………… 103
法の支配………………………… 4, 11
法律による行政の原理…………… 179
法律の留保………………………… 30
法令違憲…………………………… 231
ポツダム宣言…………………… 27, 76

堀木訴訟…………………………… 127

ま

マグナカルタ…………………… 38, 173
マスメディア……………………… 105
未成年者…………………………… 52
三菱樹脂事件……………………… 44
民主主義…………………………… 9
民主主義の学校…………………… 238
明白性の原則……………………… 110
名誉権……………………………… 66
免責特典…………………………… 189
目的効果基準……………………… 78
黙秘権……………………………… 164
モンテスキュー…………………… 174

や

薬事法事件………………… 87, 109, 111
靖国神社公式参拝……………… 79, 80
八幡製鉄政治献金事件…………… 180
唯一の立法機関………………… 185, 206
横出し規制（条例）……………… 244
予　算……………………………… 191
　　──の法的性質………………… 191
予備費……………………………… 207

ら

立憲主義…………………… 2, 7, 12
立憲的意味の憲法………………… 172
立法裁量…………………………… 128
両院協議会………………………… 187
臨時会……………………………… 207
ルソー……………………………… 38
令　状……………………………… 161
労働基本権………………………… 124
ロック……………………………… 38

わ

わいせつ性………………………… 106
ワイマール憲法…………………… 40

判例索引

最高裁判所

最大判昭23・3・12刑集2巻3号191頁 ·· 165, 168
最大判昭23・6・30刑集2巻7号777頁 ·· 164
最大判昭24・5・18刑集3巻6号839頁 ·· 99
最大判昭25・9・27刑集4巻9号1799頁 ·· 152
最大判昭27・1・9刑集6巻1号4頁 ·· 117
最大判昭27・8・6刑集6巻8号974頁（石井記者事件） ·· 104
最大判昭27・10・8民集6巻9号783頁（警察予備隊違憲訴訟） ··································· 213, 227
最大判昭28・7・22刑集7巻7号1562頁 ··· 35
最大判昭28・12・23民集7巻13号1561頁（皇居外苑使用不許可事件） ································ 213
最判昭29・1・22民集8巻1号225頁 ·· 117
最大判昭30・1・26刑集9巻1号89頁 ·· 112
最大判昭30・2・9刑集9巻2号217頁 ·· 158
最大判昭31・5・30刑集10巻5号756頁 ·· 214
最大判昭31・7・4民集10巻7号785頁（謝罪広告事件） ·· 74
最大判昭32・3・13刑集11巻3号997頁（チャタレー事件） ·· 100, 106
最大決昭33・2・17刑集12巻2号253頁（北海タイムス事件） ·· 220
最大判昭33・9・10民集12巻13号1969頁（帆足計事件） ·· 114
最大判昭34・12・16刑集13巻13号3225頁（砂川事件） ·· 181, 216
最大判昭35・6・8民集14巻7号1206頁（苫米地事件） ······································ 181, 202, 217
最大判昭35・10・19民集14巻12号2633頁 ··· 216
最大判昭36・2・15刑集15巻2号347頁（鍼灸広告制限事件） ·· 99
最大判昭37・3・7民集16巻3号445頁（警察法改正無効事件） ·· 215
最大判昭37・11・28刑集16巻11号1593頁 ··· 166
最大判昭38・5・28刑集17巻4号370頁（東大ポポロ事件） ··· 136
最大判昭38・6・26刑集17巻5号521頁（奈良県ため池条例事件） ································ 116, 245
最大判昭38・12・4刑集17巻12号2434頁（白タク営業事件） ··· 112
最大判昭39・2・5刑集18巻2号270頁（議員定数不均衡訴訟） ··· 152
最大判昭39・2・26民集18巻2号343頁 ·· 142
最大判昭39・5・27民集18巻4号676頁 ·· 58
最大決昭40・6・30民集19巻4号1089頁 ·· 162
最判昭41・2・8民集20巻2号196頁（技術士国家試験事件） ·· 213
最大判昭42・5・24民集21巻5号1043頁（朝日訴訟） ··· 127
最大判昭43・12・18刑集22巻13号1549頁（屋外広告物条例事件） ······································ 94
最大判昭44・10・15刑集23巻10号1239頁 ··· 106
最大決昭44・11・26刑集23巻11号1490頁（博多駅フィルム事件） ····································· 103

最大判昭44・12・24刑集23巻12号1625頁（京都府学連事件） ……………………… 63
最大判昭45・6・17刑集24巻6号280頁（軽犯罪法違反事件） ………………………… 94
最大判昭45・6・24民集24巻6号625頁（八幡製鉄政治献金事件） …………………… 180
最大判昭47・11・22刑集26巻9号586頁（小売市場距離制限事件） ………………… 87, 111
最大判昭47・11・22刑集26巻9号554頁（川崎民商事件） …………………………… 164, 166
最大判昭47・12・20刑集26巻10号631頁（高田事件） ………………………………… 163
最判昭48・7・19民集28巻5号790頁（昭和女子大事件） ……………………………… 44
最大判昭48・12・12民集27巻11号1536頁（三菱樹脂事件） …………………………… 44
最大判昭49・11・6刑集28巻9号393頁（猿払事件） …………………………………… 206
最大判昭50・4・30民集29巻4号572頁（薬事法距離制限事件） ……………………… 87, 111
最大判昭50・9・10刑集29巻8号489頁（徳島市公安条例事件） ……………………… 92, 245
最大判昭51・4・14刑集30巻3号223頁（議員定数不均衡訴訟） ……………………… 152
最大判昭51・5・21刑集30巻5号1178頁（岩手教組学テ事件） ………………………… 126
最大判昭51・5・21刑集30巻5号615頁（旭川学テ事件） ……………………………… 139
最判昭52・3・15民集31巻2号280頁 ……………………………………………………… 216
最大判昭52・5・4刑集31巻3号182頁（全逓名古屋中郵事件） ……………………… 126
最大判昭52・7・13民集31巻4号533頁（津地鎮祭事件） ……………………………… 78
最決昭53・5・31刑集32巻3号457頁（外務省秘密漏えい事件） ……………………… 102
最大判昭53・10・4民集32巻7号1223頁（マクリーン事件） …………………………… 54
最判昭55・11・28刑集34巻6号433頁（四畳半襖の下張事件） ………………………… 106
最判昭56・3・24民集35巻2号300頁（日産自動車事件） ……………………………… 44
最判昭56・4・7民集35巻3号443頁（板まんだら事件） ……………………………… 213
最判昭56・7・21刑集35巻5号568頁 ……………………………………………………… 152
最大判昭57・7・7民集36巻7号1235頁（堀木訴訟） …………………………………… 128
最大判昭58・6・22民集37巻5号793頁（よど号ハイジャック新聞記事抹消事件）…… 108
最大判昭60・11・21民集39巻7号1512頁 ………………………………………………… 149
最大判昭61・6・11民集40巻4号872頁（北方ジャーナル事件） ……………………… 66
最大判昭62・4・22民集41巻3号408頁（森林法共有林事件） ………………………… 115
最判昭63・12・20判時1307号113頁（共産党袴田事件） ……………………………… 180, 216
最判平1・1・20刑集43巻1号1頁 ………………………………………………………… 112
最決平1・1・30刑集43巻1号19頁（日本テレビ事件） ………………………………… 103
最判平1・3・7判時1308号111頁 ………………………………………………………… 112
最大判平1・3・8民集43巻2号89頁（レペタ事件〈法廷メモ採取事件〉）………… 90, 220
最判平1・9・19刑集43巻8号785頁 ……………………………………………………… 101
最判平2・1・18民集44巻1号1頁（伝習館高校事件） ………………………………… 144
最判平2・2・6訴月36巻12号2242頁（西陣ネクタイ事件） …………………………… 113
最決平2・2・16判時1340号145頁 ………………………………………………………… 220
最大判平4・7・1民集46巻5号437頁（成田新法事件） ……………………………… 166, 168
最判平4・12・15民集46巻9号2829頁（酒類販売免許制事件） ………………………… 112
最判平5・2・26判タ812号166頁 ………………………………………………………… 55

最判平5・9・7民集47巻7号4667頁（日蓮正宗管長事件）･････････････････････････････213
最判平6・2・8民集48巻2号149頁（逆転事件）･････････････････････････････････････102
最判平7・2・28民集49巻2号639頁･･55
最判平7・3・7民集49巻3号687頁（泉佐野市民会館事件）････････････････････････････87
最判平7・12・5判時1563号81頁･･229
最判平8・3・8民集50巻3号469頁（剣道実技拒否事件）･･････････････････････････77, 141
最判平8・7・18判時1599号53頁･･68
最大判平9・4・2民集51巻4号1673頁（愛媛玉串料訴訟）･･････････････････････････79, 232
最判平9・9・9民集51巻8号3850頁･･189
最判平10・3・13裁時1215号5頁･･55
最大決平10・12・1民集52巻9号1761頁（寺西判事補事件）･･････････････････････････224
最大判平11・11・10民集53巻8号1441頁（議員定数不均衡訴訟）････････････････････156
最判平12・2・29民集54巻2号582頁（エホバの証人輸血拒否事件）･･････････････････69
最大判平14・9・11民集56巻7号1439頁（郵便法制限規定違憲訴訟）･････････････････231
最判平14・9・24判時1802号60頁（石に泳ぐ魚事件）･･････････････････････････････101
最判平15・6・26判時1831号94頁（アレフ信者転入拒否事件）･･････････････････････114
最判平15・9・12民集57巻8号973頁･･67
最大判平16・1・14民集58巻1号1頁･･･150
最大判平17・1・26民集59巻1号128頁･･56
最大判平17・7・14民集59巻6号1569頁･･96
最大判平17・9・14民集59巻7号2087頁（在外国民選挙権訴訟）･････････････････149, 231
最大判平17・11・10民集59巻9号2428頁（和歌山カレー毒物混入事件）･･････････････102
最大判平18・3・1民集60巻2号587頁（旭川国保事件）･････････････････････････････191
最決平18・10・3民集60巻8号2647頁（NHK記者取材源開示拒否事件）････････････104
最判平19・2・27民集61巻1号291頁（「君が代」ピアノ伴奏拒否事件）････････････････75
最判平19・9・18刑集61巻6号601頁（広島市暴走族追放条例事件）････････････････92
最判平19・9・28民集61巻6号2345頁（学生無年金障害者訴訟）････････････････････128
最判平20・2・19民集62巻2号445頁（メイプルソープ写真集税関検査事件）･････････90, 106
最判平20・4・11刑集62巻5号1217頁（立川テント村事件）････････････････････････94
最大判平20・6・4民集62巻6号1367頁（国籍法違憲訴訟）･････････････････････58, 231
最判平21・11・30刑集63巻9号1765頁（葛飾ビラ配布事件）････････････････････････94
最大判平22・1・20民集64巻1号1頁（空知太事件）･･････････････････････････79, 82, 232
最大判平23・6・6民集65巻4号1855頁･･･81
最大判平23・11・16刑集65巻8号1285頁･･222
最判平24・1・16判時2147号127頁･･75
最判平24・1・16判時2147号139頁･･75
最判平24・2・13刑集66巻4号482頁･･222
最判平24・2・28民集66巻3号1240頁･･128
最大決平25・9・4判時2197号10頁（婚外子相続分差別規定違憲訴訟）･････････････････58

高等裁判所

名古屋高判昭45・8・25判タ254号99頁（愛知大学事件） ……………… 137
大阪高判昭50・11・10行集26巻10・11号1268頁（堀木訴訟） ………… 129
名古屋高判昭62・3・25行集38巻2・3号275頁 …………………………… 203
東京高判平2・1・29高民集43巻1号1頁 …………………………………… 192
名古屋高判平20・4・17判時2017号28頁 …………………………………… 232
東京高判平23・9・29判時2142号3頁 ……………………………………… 107

地方裁判所

東京地決昭29・3・6判時22号3頁 ………………………………………… 189
東京地判昭39・9・28民集15巻9号2317頁（宴のあと事件） …………… 63
札幌地判昭42・3・29下刑集9巻3号359頁（恵庭事件） ……………… 232
旭川地判昭43・3・25下刑集22巻12号1402頁（猿払事件） …………… 231
東京地判昭45・7・17判時604号29頁（第2次教科書検定訴訟） …… 140, 231
東京地判昭46・11・1行集22巻5号680頁（全逓プラカード事件） ……… 231
東京地判昭49・7・16判時751号47頁（第1次教科書検定訴訟） ……… 140
東京地判昭55・7・24判時982号3頁（日商岩井事件） ………………… 193
東京地判昭59・5・18判時1118号28頁 ……………………………………… 119
東京地判昭61・3・20行集37巻3号347頁（日曜日参観事件） ……… 77, 141
大阪地判昭62・9・30判時1255号45頁 ……………………………………… 119
福岡地判平1・4・18判時1313号17頁 ……………………………………… 119
富山地判平10・12・16判時1699号120頁（天皇コラージュ事件） ………… 95
大阪地判平13・1・23判時1755号101頁（高槻市パネル展事件） ………… 95
熊本地判平13・5・11判時1748号30頁（ハンセン病国家賠償訴訟） … 119, 159, 226
東京地判平22・4・9判時2076号19頁 ……………………………………… 107
東京地判平25・3・14判時2178号3頁 ……………………………………… 148

執筆者紹介（＊は編者）

＊孝忠　延夫（こうちゅう・のぶお）関西大学名誉教授
＊大久保卓治（おおくぼ・たくじ）大阪学院大学法学部准教授
　大江　一平（おおえ・いっぺい）東海大学総合教育センター准教授
　小林　直三（こばやし・なおぞう）名古屋市立大学大学院人間文化研究科教授
　辻　雄一郎（つじ・ゆういちろう）筑波大学大学院人文社会系法学専攻准教授
　奈須　祐治（なす・ゆうじ）西南学院大学法学部教授
　守谷　賢輔（もりや・けんすけ）福岡大学法学部准教授

Horitsu Bunka Sha

憲法実感！ゼミナール

2014年5月10日　初版第1刷発行
2018年3月10日　初版第3刷発行

編　者　孝忠延夫・大久保卓治
発行者　田靡純子
発行所　株式会社　法律文化社

〒603-8053
京都市北区上賀茂岩ヶ垣内町71
電話 075(791)7131　FAX 075(721)8400
http://www.hou-bun.com/

＊乱丁など不良本がありましたら，ご連絡ください。
　お取り替えいたします。

印刷：亜細亜印刷㈱／製本：㈱藤沢製本
装幀：仁井谷伴子
ISBN 978-4-589-03588-2
ⓒ2014 N. Kochu, T. Okubo Printed in Japan

JCOPY 〈(社)出版者著作権管理機構 委託出版物〉

本書の無断複写は著作権法上での例外を除き禁じられています。複写される
場合は，そのつど事前に，(社)出版者著作権管理機構（電話 03-3513-6969，
FAX 03-3513-6979, e-mail: info@jcopy.or.jp）の許諾を得てください。

〈18歳から〉シリーズ ●学問の世界への第一歩

具体的な事象を18歳の目線でとらえ、基礎となるエッセンスを解説。

＊B5判・カバー巻・100～120頁

18歳からはじめる憲法〔第2版〕	水島朝穂 著	2200円
18歳から考える人権	宍戸常寿 編	2300円
18歳からはじめる情報法	米丸恒治 編	2300円
18歳からはじめる民法〔第3版〕	潮見佳男・中田邦博・松岡久和 編	2200円
18歳から考える消費者と法〔第2版〕	坂東俊矢・細川幸一 著	2200円
18歳から考えるワークルール〔第2版〕	道幸哲也・加藤智章・國武英生 編	2300円
18歳からはじめる環境法	大塚直 編	2300円
18歳から考える日本の政治〔第2版〕	五十嵐仁 著	2300円

播磨信義・上脇博之・木下智史・脇田吉隆・渡辺洋編著

新・どうなっている!? 日本国憲法〔第3版〕
――憲法と社会を考える――
B5判・114頁・2300円

憲法にかんする重要な48のテーマを、歴史的事実や社会状況に照らし、資料をふんだんに用いて丁寧に解説。憲法と現実との結びつきを市民の目線で考える工夫を凝らす。憲法の取り巻く状況変化をふまえて全面的に改訂。

石埼 学・笹沼弘志・押久保倫夫編

リアル憲法学〔第2版〕
A5判・288頁・2500円

人びとの言葉にならない声を汲みとり、憲法の世界の言葉に翻訳。抽象的で難解な憲法学を具体的にイメージするために最適な入門書の最新版。知識だけではなく、リアルな世界に刺激され生成・展開する人権の理解を促す。

――法律文化社――

表示価格は本体（税別）価格です